湛庐CHEERS

与最聪明的人共同进化

HERE COMES EVERYBODY

各方赞誉

杨东平

21 世纪教育研究院名誉理事长 / 国家教育咨询委员会委员

顾远不愧是教育创新的大家。他的新作《教育 3.0》一跃而超越了理念和概念，从思辨进入实操，将每一个现场视作教育创新的媒介，激起社会化学习的涟漪。他认为“好的教育不仅要说出来，而且要做出来”“不仅要做出来，而且要写出来”。这样，群岛教育创变者社区不再仅是一个训练营，所有的群岛正汇聚成一片自由的新大陆！

薛野

通识教育实践者 / 西西弗书店创始人

所有人都在焦虑教育怎么办，如果要找当下最有第一原理式启发的人，我们会找到两个，那就是顾远和周贤。我认为他们的革新意义，不亚于百年前陶行知的倡行。我不想用“完美”这个词，事实是，顾远和周贤这对组合有全球视野，有现实的理解，有做事的觉悟，有理想的坚毅，有生活的丰盛，他们本身就示范了好的教育的样子。

对所有想做教育创新的人来说，这是一本必读书。

蔡朝阳

教育学者 / 亲子作家

教育亟需一场深刻的观念变革，以面对现实和未来的挑战。新的学习模式已经呼之欲出，行将触发教育的根本性改变。这一切，“群岛”的实验已经先声夺人。顾远与周贤两位教育思想家，一直是我尊敬的先行者，其新书《教育 3.0》记录了众多贴地飞行的教育实践，以珍贵的思考，给读者带来一场又一场头脑风暴。我们由此了解，一种新的教育范式正在喷薄欲出，将极大地解放我们的学习力。教育拓宽社会的空间，实现个体的价值，推进生命的飞跃，正如我常引用的那句名言：“教育，财富蕴藏其中。”

徐智明

作家 / “真心爸妈”创始人

研究教育的人一定会对顾远和周贤兄的新书《教育 3.0》感兴趣，但我更想把这本书推荐给爸爸妈妈们。教育最重要的主体力量——学校，不可能快速和全面地改变，但家庭教育不然。希望父母都能了解未来的教育，从小培养孩子的强大阅读力、学习力，为孩子创造“教育 3.0”的条件，让孩子能从容应对未来的变化。

刘晓伟

先锋学习社区创办人

社会化学习就是教育本质的回归。作者不愧为中国教育创新先锋，其著作《教育 3.0》是我读到的，关于未来教育的最好解读。它应该作为每一位关注未来教育者之案头书。

教育3.0

顾远　周贤　著

中国纺织出版社有限公司

成为，而不仅仅是在做

这篇序言是这本书里最短的一篇文字。作为一名写作者，我常常会想，现在还有多少人愿意阅读严肃的长文？作为一名教育者，我常常会想，现在还有多少人愿意耐心地陪伴着孩子慢慢地成长？

本书里收录的文章大都很长，每一篇都在回应一个教育的真问题，合在一起就形成了教育 3.0 的完整体系。

尽管书中包含了丰富的实践案例和行动建议，但是这本书并不是在工具、技法层面上探讨教学之术，而是希望能启发读者打破教育的底层范式，重塑对教育的想象，反思何为“好的教育”，让教育帮助我们“成为人”，成为一个自由的、活泼泼的人。

这样的教育是如此重要，以至于它不能只由专职从事教育工作的人去完成。事实上，教育从来都不仅是学校和老师的事情，家庭、社区和社会也理应参与其中。区分一个人是不是教育者的关键不是体制内外或专职与否的身份，而是这个人如何看待教育、如何理解孩子、如何助力成长。这正是本书中反复提及的“社会化学习”的要旨所在：学习在窗外，他人即老师，世界是教材。

令人欣喜的是，已经有很多人走在了教育的进化之路上。这些年里，我在世界各地探访过百余家教育机构，也和几百位教育 3.0 的践行者有过深度交流，特别是来自群岛教育社区的各位伙伴。他们的思考和实践既验证了，也丰富了这本书里探讨的内容。最令我触动的是，这些实践者在自己一点一滴的行动中，不仅帮助孩子，也在让自己，慢慢地成长为自己想要成为的样子。

推动教育的进化需要一个生态系统的支持。澳门同济慈善会长期支持着各种教育创新的探索，21 世纪教育研究院一直致力于研究如何通过教育创新实现教育公平，日敦社幼师学院使教育创新在学前领域大有可为……

构建教育 3.0 的体系是一个自下而上“生长”的过程。它并非是预先构想出了一个高屋建瓴的思想体系，再去现实里寻找印证；而是基于长期的实践、反思和对话交流，一个主题衍生出另一个主题，一个问题驱动着另一个问题，如拼图一般，逐渐呈现出一个丰富、细密而内在自洽的教育体系。

这本书中的文章写于不同的时期，围绕着 5 个大的主题，既有对教育本质的探讨，也有教育在新时代所面临的期待和挑战；既有教育工作者们必须做出的转型，也有教育创新者们亟待提升的能力，以及与教育的进化紧密相关的教育组织的进化。虽然被归入了不同主题，但是你将不难发现，很多章节都会从不同的角度相互关联（编辑甚至考虑过在每章的末尾附上那些相互关联的其他章的标题，但最终还是决定把这个发现、探索的乐趣留给读者）。

你完全可以按照自己的兴趣和需要，从任何一个主题进入，开始自己的

“拼图”过程；如果你对某个主题特别有兴趣，还可以扫一扫章末的那些二维码，你会发现更多内容。这种精读泛读结合、必读选读由人的安排方式，也是对教育 3.0 理念的一种呼应。

正如教育的进化永无止境，这本书当然也不可能穷尽对教育 3.0 各种主题的探讨。它更像是一种邀请，邀请你提出自己的主题，分享你的思考与实践；邀请你加入让好的教育发生的行动中来，并在这个过程中享受创造与成长的快乐。

顾远

目录

EDUCATION 3.0

第三部分 角色转变：从广播员到教育创变者

第四部分 能力升级：教育创变者如何修炼进化

第五部分 应对挑战：教育创变者如何开创可持续的模式

第一部分

教育的新范式：
从教育 1.0 到教育 3.0

EDUCATION

3.0

教育有且只有
一个目的，
即帮助人们获得自由。

EDUCATION 3.0

01 教育 3.0 时代的“教”与“学”[①]

任何好的教育，不管基于怎样的教育理念、采用怎样的教学形式、使用怎样的教育产品，都必须做到两点：帮助学习者明了自己为什么学习，并帮助他们学会学习。

我在教育创新领域工作，同时也是一个科幻迷，所以我会特别留心人们是如何想象未来的教育的。

图 1-1 是法国插画家让－马克・科泰（Jean-Marc Côté）在 1900 年前后绘制的未来教育场景：一个成年人把书本倒进一台机器里搅拌，知识就会化作电波直接传输到学生的头脑里。

这样的想象在今天看来可能很可笑。2017 年的现代人也设计了一幅未来教育场景：幽蓝色的科技之光照耀着整间教室。这会不会更符合我们的想象呢？

① 此章由顾远撰写，原为 2017 年 GET 教育科技大会上的演讲。

图 1-1 1900 年的法国人想象的未来教育[①]

现在主流的教育体系诞生于大工业时代，距今已有百年历史。这 100 多年来，人类在技术上取得了巨大的飞跃，脑科学、认知科学、行为科学的研究也有了丰硕成果，各种教育创新实践和产品层出不穷，但是整体而言，教育似乎并没有发生根本性的改变。

很多在今天看起来颇具创新的教育理念，其实 100 多年前，在约翰 · 杜威（John Dewey）、阿尔弗雷德 · 诺思 · 怀特海（Alfred North Whitehead）和陶行知生活的年代就已经被提出并实践过了。而今天我们听到的很多对现行教育体系的批判之词，在这 100 多年间也从未间断。于是问题来了，为什么教育如此难以改变？

① 此图出自《在 1900 畅想 2000 的世界》（*Futuredays: a Nineteenth Century Vision of the Year 2000*）一书。

教育为何难以改变

教育难以改变，是因为教育的范式还没有发生改变。“范式”是一个领域里人们对现实的基本假设，这些假设隐藏在我们的潜意识里，成了我们思考和行动的默认前提，并进而塑造着整个领域的基本形态，影响着它的发展方向。

范式就像计算机的底层操作系统。如果操作系统不改变、不升级，仅靠不断开发新的 App 并不能给系统的效能带来质的提升。

一直以来，我们的教育范式和大工业体系背后的运行逻辑高度拟合。它暗含了如下 4 个假设：

- 教育等于学校教育；
- 教育的目的是传递学科知识；
- 教育唯一正确的方式是作为知识权威的教师的灌输，以及学生大量的反复训练；
- 教育唯一正确的评价方式是标准化的考试。

明晰了这些假设，我们就会理解为什么“哈利·波特”系列作品里的霍格沃茨学校明明是一所魔法学校，它的教育方式看起来却和我们身边的学校没什么两样。

明晰了这些假设，我们就会明白，**如果不改变教育的范式，即便教育技术再进步，我们对教育技术应用的想象也不会比 100 年前的人高明多少。**

有一家机构对未来的教育做出预测，他们预言 250 年后，知识能够通过植入大脑的生物芯片传递，人类再也不需要死记硬背了，受教育的时间将从十几年缩短为几周。我简直要怀疑做出这个预测的人是不是得到了 1900 年那位法国插画家的真传。

对教育的 4 个新认知

爱因斯坦说过："问题是不可能在产生这个问题的原有框架中被解决的。"人类在每一个领域的重大突破都源自对该领域原有范式的突破。要想改变教育，我们必须先明确教育的新范式。这个新范式包含以下 4 点对教育的新认知。

第一点，教育是一件错综复杂的事情。

如果教育就是传递信息这么简单，那么在谷登堡改进印刷术之后，教育这件事就可以终结了。影响教育的因素有很多，而且彼此会产生相互作用。指望某一类教育机构、某一种教育产品或者某一项教育技术系统性地解决教育问题，是一种理性的自负。人工智能也许已经可以准确判断一个孩子对某个知识点的掌握程度，但很难判断这个孩子没有掌握好某个知识点的原因究竟是什么：是因为被同学霸凌了，还是因为没有吃早饭导致完全没心思学习。

第二点，教和学的界限将变得越来越模糊。

> 过去，学习是纯粹的单向输入；现在，学习正逐渐变成一个"输入、创造、分享"的综合体验过程。

这个过程可以通过简单的形式来实现，比如让学习者观看一段教学视频，然后针对这个学习素材进行评论、分享、做标签、评分，还可以让他和其他学习者一起讨论，或者去教别的学习者。

这个过程也可以更加复杂。比如由我联合创办的群岛教育社区的学习社群，这里的学习内容和学习方式都是我和这些学习者共同设计、不断迭代的。在每次学习的过程中，学习者都会相互交流各种问题，主动提供更多相关的学习资源；我们的学习成果公开发布后，会收到来自公众的反馈，所有这些内容又构成了未来新的学习社群的学习材料。这样一来，教和学就高度地融合在一起了。

第三点，教学将以分布式的方式在不同场景下发生。

其实，让学习在学校发生不过是一种从经济成本的角度考虑不得已而做出的选择，因为教师、教室、教具、实验室等学习资源由学校集中提供所花费的成本最低。但是教育太重要了，不能全部交给学校。新范式下，教育将在更广阔的场域里发生，是线上、线下的混合式学习。教育的场景不局限于学校课堂，也可以在家庭、剧院、公园、博物馆、图书馆……学习将无处不在，无时不在。

有人曾问管理大师彼得·德鲁克（Peter Drucker）：“您闲暇时间都做些什么？”德鲁克反问：“告诉我什么是闲暇时间？”也许未来我们也会同样反问：“告诉我什么是学习时间？”因为生活中经历的每一件事情都可以变成一次学习的体验。

在未来的新范式下，学习不再只集中于个人生命历程中的一段特定时间，如青少年时期的专职学习、中年时期在工作中的学习、老年时期退休享乐式的学习……学习将会是终身的。人类的教育职能也不再只集中于教师这一职业角色身上。很多人不是专职教师，但他们的经验、能力、热情都足以使他们在某个领域或某些方面承担起教育的职责，他们可以在合适的场景下，以合适的方式参与到教学之中。我把这些来自教育领域之外，却承担了教育职责的人称为“共享式教师”。简而言之，教育将变成一个更加开放的系统。

第四点，好的教育是通向自由的教育。

长期以来，我们的教育体系激励学习的方式要么是利诱式的："书中自有黄金屋，书中自有颜如玉。"要么是恐吓式的："不好好学习，工作就要被人工智能抢走了。"事实上，**教育有且只有一个目的，即帮助人们获得自由。**获得学习的自由，获得思想的自由，使人类从个人的本能中解放出来，从他人的奴役中解放出来，进而获得人生的自由。

自由不是"想做什么就做什么"。首先，自由是一种能被自我感知的动力，自己知道自己喜欢什么，能够被什么激发；其次，自由是一种权利，一种"我自己可以选择什么值得做、什么可以做、什么不该做以及如何去做"的权利；最后，自由也是一种能力，一种分辨、思考和行动的能力。学习者在学习的过程中体会并行使作为权利的自由，同时也在掌握和实践作为能力的自由。

> 任何好的教育，不管基于怎样的教育理念、采用怎样的教学形式、使用怎样的教育产品，都必须做到两点：帮助学习者明了自己为什么学习，并帮助他们学会学习。

教育范式的转变

显然，范式的转变不会一蹴而就，教育从旧范式到新范式的过渡是逐渐进化的，如图 1-2 所示。图中的横坐标体现的是范式的逐渐转变，纵坐标体现的是基于不同范式的教育所呈现的不同形态。

不同的教育机构和不同的教育产品所面对的环境以及自身的条件是不一样的，因此它们所基于的范式在具体内容上也会有差异，比如教和学融合到了什么程度，教学在多大程度上体现出分布式的特点等。

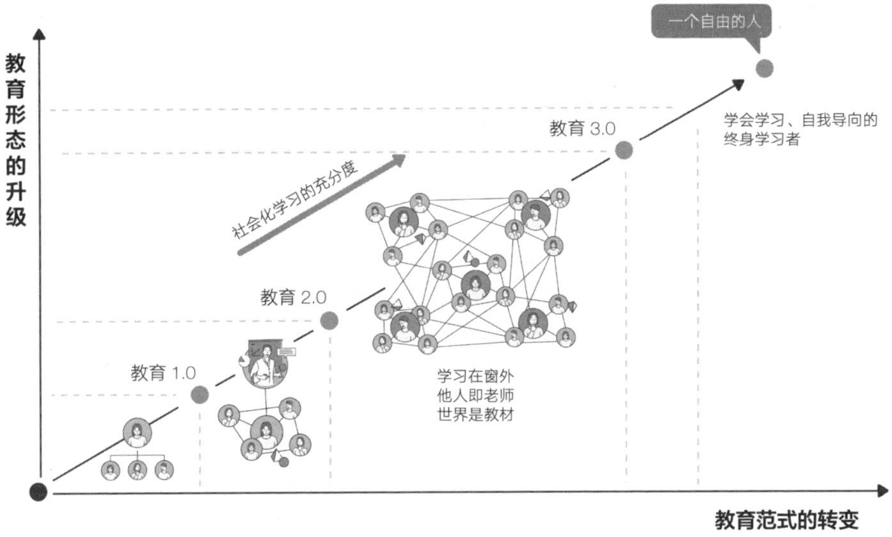

图 1-2 教育范式进化图谱

教育 1.0 的形态是我们最熟悉的，如图 1-3 所示。在这种方式里，教师扮演的是全知全能的知识输出者，学生就像一个个被动的信息接收器，主要的动作就是“接收、回应、反刍”。这是典型的旧范式下的知识教育形态。

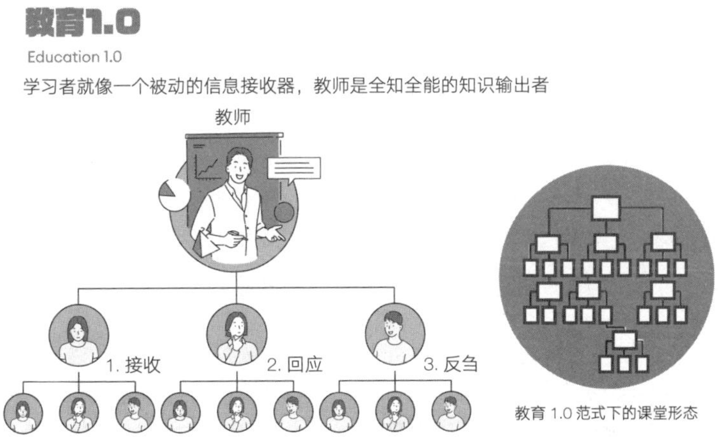

图 1-3 教育 1.0 形态

有意思的是，这种形态如今在一些教育科技产品的“加持”下变得颇具迷惑性。很多老师在教学过程中已经用上了微信群、直播、多媒体等新手段，学生也可以在网上约课、约家教、找习题、找学习资料，但是教育的方式、教师扮演的角色以及教与学的二元对立关系都没有发生本质的变化。

教育 2.0 的形态是目前很多正在进行的教学改革和教育创新所采用的教育形态，比如项目制学习（Project-Based Learning，简称 PBL）、探究式学习、STEAM 教育[①] 的教学模式等，如图 1-4 所示。

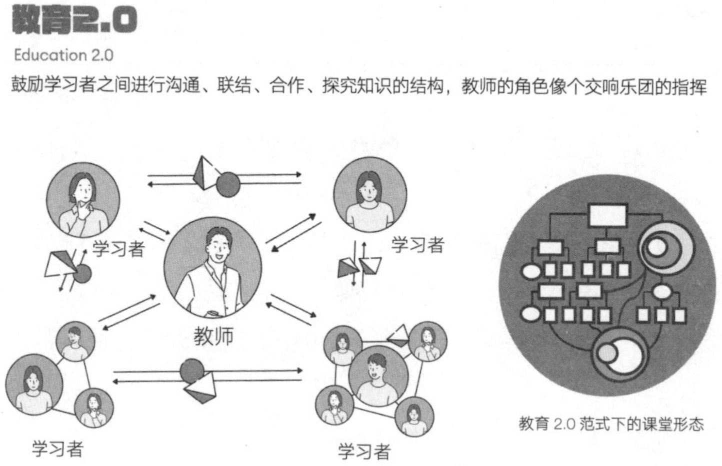

图 1-4　教育 2.0 形态

这种教育形态非常鼓励学习者彼此之间进行交流、分享、合作、探究，形成“学习社群”。同时，教学过程也更加开放，开始走出学校，走进社区，走向社会。此时，教师的角色更像一个交响乐团的指挥，教师来设定相应的学习

① STEAM 是 Science（科学）、Technology（技术）、Engineering（工程）、Arts（艺术）、Mathematics（数学）的首字母缩写。STEAM 教育就是集科学、技术、工程、艺术、数学多领域融合的综合教育。——编者注

框架、节奏和方向，并鼓励学习者彼此之间互动交流，从而增进知识的学习和能力的提升。

在教育 3.0 的形态中，教师就像一个学习社群里的导游、导师或协作者。学习者自己就是学习网络的连接者、学习内容的创造者、学习体系的建构者，如图 1-5 所示。

图 1-5　教育 3.0 形态

具体来说，就是每个人都有权利和能力自由地在社群中基于自己的兴趣和需求，创造属于自己的学习体系和独特的学习节拍；同时，学习者又通过自己的智力活动以及与他人的合作和创造，来丰富和扩展所在的学习社群。这种形态的教育对教育者和学习者都提出了非常高的要求，目前也只有很少的教育机构在进行这种尝试。

图 1-2 中间的那条斜线体现的是从学习者的角度来说社会化学习的充分程度。在新旧范式的转变过程中，学习将越来越明显地以“社会化学习”的形态

出现。“社会化学习”可概括为以下三句话：

- **学习在窗外**——打破学习时空场域的限制，学习可以在任何地方、任何时间，以各种各样最适合的形式进行。
- **他人即老师**——打破教与学的二元对立关系，让更多的人参与到教学过程中。
- **世界是教材**——学习的内容不限于教科书上的知识，真实世界里的各种事物都可以作为学习的素材和对象。过去，教材是我们的全部世界；今天，全世界都可以是我们的教材。

在不同的教育形态下，社会化学习都有可能发生。哪怕在教育1.0形态下，学校也可以请校外的某个名人来做讲座，教师也可以用某部电影来讲解某堂课的知识，但这些行为是偶发的、零星的、点缀式的。在教育 2.0 形态下，社会化学习会以更深入、更主动的方式发生。而到了教育 3.0 形态，社会化学习将是一种常态化的学习形式，社会资源参与教学将基于一种社会机构与学校的长期、稳定的关系。比如在芬兰，博物馆参与当地学校的课程开发实际上体现了博物馆与学校的一种有制度保障的稳定关系，而学校的音乐教育往往是由独立的第三方音乐教育机构提供的，经常在当地的音乐厅进行。

教育的最终目的、“社会化学习”的最终结果就指向了图 1-2 的右上角：一个学会学习、自我导向的终身学习者，一个自由的人。

图 1-2 完整而简约地展示了我想表达的教育理念，给我的教育创新实践提供了路线图，也在我观察和评估各种教育创新项目和产品时提供了坐标。

这几年我参与创办了群岛教育社区，支持了近百家教育创业团队。尽管他们所在的具体领域不同，在这张图谱上分布的位置也不同，但他们都在努力地探索新教育范式下的新教学形态。

从图 1-2 中不难看出，在新旧范式的转变过程中，存在着大量教育创新、创业的机会；反过来，这些教育创新、创业活动也会加速推动新旧范式的转变，推动教育的变革。

范式决定了一个领域的现实状况和发展方向，也决定了什么是被忽视的，以及什么会被视为麻烦的意外。

新旧范式的转变本质上是一种此消彼长的过程。在旧的范式里，很多教育创新的实践被看作只有少数人参与的例外，它们是“另类教育”或者“补充教育”。而在新的范式下，我们会发现，这些“例外”才是真正的教育。

随着教育范式的转变，这些真正的教育将会在更大的范围内更多地发生，而我们也将迎来教育真正的改变。

EDUCATION 3.0

02 教育 3.0 的第一性原理[①]

每个人天生都是爱学习的，教育就是要帮助学习者充分地发挥自己的学习天性。这就是我所认为的教育的第一性原理。

1959 年 12 月，在美国物理学年会上，物理学家理查德·费曼（Richard Feynman）提出了一个问题：“制造一台机械装置最少需要多少个原子？”同时，他向所有物理学家提出了两个挑战。第一个挑战是：如何将某本书上一页纸的内容放置到只有这页纸的 2.5 万分之一的面积上，也就是一个针尖大小的面积上，并且可以借助电子显微镜来阅读？第二个挑战是：制造一台能够从外部进行操作的旋转电机，这台电机的体积不超过 4 立方厘米。这两项挑战听上去像是不可能完成的任务，但是，在这场演讲之后不到一年，一个年轻人就完成了第二个挑战。26 年后，第一个挑战也完成了。

费曼在那场演讲中缜密地论证了自己提出的这两个挑战。它们虽然看上去

① 此章由顾远撰写，原为 2017 年“蒲公英·破壳”教育创新论坛上的演讲。

很不可思议，但是费曼把问题做了层层分解，还原到最本质的物理学原理，透过对本质的分析，证明了用当时已有的物理学知识和技术手段，完全可以实现这两个挑战，而且指出了实现的方法。费曼的这种思维方式就是所谓的“第一性原理”思维。费曼用这样的思维和他的两个挑战，开启了一个崭新的技术领域，那就是“纳米技术”。

50年后，另一个人运用同样的思维，开启了另一个崭新的领域。2009年，一个叫埃隆·马斯克（Elon Musk）的人决定开发电动汽车。这个想法在他之前已经有人提出过，但是电池组的成本居高不下，而且人们普遍预测电池组技术已经发展到了尽头，成本再也无法下降，因此没有人真正将此想法付诸实践。马斯克不这么想，他问自己：电池的组成材料是什么？不过就是碳、镍、铝和一些化合物，并没有什么特别的，而电池的每个组成部分都可以优化和改进。所以他判定电池的整体成本一定可以大幅下降。事实证明马斯克的想法是对的。

马斯克在一次访谈中解释过自己的这种第一性原理思维方式。他说很多人遇到问题时用的是“类比性思维”，就是看看别人都做过什么，然后去想自己可以做些什么。而他遇到一个问题时，总是先层层剥开事物的表象，去探寻问题的本质，然后再一层层往上走，寻找最有效的解决方案。

教育问题纷繁复杂，各种教育理念和创新实践层出不穷，那么在教育领域是否也可以应用第一性原理思维呢？

教育的“第一性原理”是什么

在费曼的故事里，还有一个让我觉得很有意思的地方：既然当时的物理学知识和技术手段足以实现那两个挑战，为什么之前从来没有人在这个研究方向上做过尝试呢？费曼给出的回答是：因为过去从来没有人想到要这么做。费曼在演讲中详细描绘了在小尺度上操作机械在未来具有的广大应用前景，并且为了激励更多人，特别是年轻的物理学专业学生在这个领域的深入探索，他提出了那两个很有意思的挑战。

在我看来，费曼的这种行为很好地体现了我所认为的教育的第一性原理，那就是：**每个人天生都是爱学习的，教育就是要帮助学习者充分地发挥自己的学习天性。**从这个角度上看，费曼可以说是非常好的教育者。我这么说不是因为他去教了什么，而是因为他设定了一个有挑战、有意义的目标，激发了众多学习者去主动学习，解决问题，探索未知的领域。

有一本书叫《黑猩猩告诉我们：什么是人类》，是一个研究黑猩猩几十年的日本科学家写的。从生物进化的角度来说，黑猩猩是和人类最接近的物种。书里提到，研究发现，人类在记忆物体细节的能力上其实比不上黑猩猩，原因是人类大脑中负责这种机械记忆的部分随着进化逐渐变小，腾出来的那部分脑区被用来进行更抽象、更深刻的思维和学习。所以，人类天生就是学习的动物。

如果我们稍稍留意一下取得过了不起成就的那些人就会发现，**那些越早发现自己感兴趣的领域、能提出好问题的人，就越能够充分发挥自己的学习天性，享受发现和探索的乐趣。**爱因斯坦在相对论上的伟大发现，源于 16 岁那年他给自己提出的一个问题："如果我能赶上光线，它看上去会是什么样子？"大爆炸理论的奠基人之一乔治·伽莫夫（George Gamow）给自己提出的问题是："如何才能找到证据证明宇宙发生过大爆炸？"我是古罗马史爱好者，读过很多相关的书。有一位日本女作家叫盐野七生，她关心的问题是："罗马人智力不及希腊人，体力不及高卢人和日耳曼人，技术不及埃特鲁利亚人，经济不及迦太基人，为什么最终能够成就霸业？后来又为什么走向衰亡？"为了寻找答案，盐野七生定居罗马，毕生研究罗马史，最终写出了皇皇 15 册的《罗马人的故事》。

好的教育应该尽早、全面地激发学习者的好奇心、创造力，鼓励他们多问为什么，创造机会让他们在真实的世界中实践并反思，帮助他们找到自己真正感兴趣的领域并为之持久发展。

拿我自己来说。我很不擅长绘画，因为这项能力在我上小学时就已经停止发展了。我的美术作业得过全班最低分，一个“丁”，原因是我把太阳涂成了绿色，老师非说我是成心捣乱。后来我才知道，那是因为我天生色弱，分不清红绿；再后来，我才知道太阳的光线根本就不是红色，而是一个光谱。但是，这个“丁”让我从此讨厌上美术课，很可能一个中国的“印象派大师”就这样被生生地扼杀在了萌芽之中。

更糟糕的是，传统的这种教育模式容易培养出假的学习者，以及真的功利主义者。有一次，一个研究生找到我，让我给她的毕业论文选题提提意见。我问她：“这个论文选题是你真正感兴趣的吗？你为什么认为它是一个值得研究的问题？”她回答我：“因为这个选题现在是国家重点扶持的课题，容易申请科研经费，也容易发表。”像这样为了拿资助、评职称而做的“课题”研究显然不在少数。

费曼可不是这样。费曼说过，他研究物理不是为了荣誉，也不是为了奖金，而纯粹是因为发现大自然的运行规律非常有趣。他后来出版过一本演讲文集，就是《发现的乐趣》（*The Pleasure of Finding Things Out*）。

以“第一性原理”评判教育产品

自从我想清楚了教育的第一性原理，在面对层出不穷的新的教育理念、教学方式、教育产品时，我都会用这条原理进行分析和判断，层层剥开外表，从本质上判断它们是不是真的可以充分地发挥学习者的学习天性，从而实现好的学习效果。在内容上，好的教育应该带给学习者有意义的学习内容，与其真实生活有关，有助于他们解决真实的问题、应对未来的挑战。在形式上，好的教育必须能够激发学生主动参与、主动学习、主动探索未知的热情。

2014 年，我开始参与创办群岛教育社区。这是一个发掘、赋能和联结全国各地教育创新创业者的学习社区。通过群岛教育社区，我深度接触了大量的教育创业者。每一年，我们都会收到千余份加入社区的申请。我的教育第一性原理就是我们在评估这些申请时的重要标准。

比如，有的团队在做 STEAM 教育，这是现在教育创业非常火的一个领域，他们在介绍自己的教育产品时，强调学生学完了课程就可以做出一个机器人模型，或者可以去美国参加比赛。这样的团队我们是不会考虑的，因为我们看不到它是如何激发孩子的学习天性的。

再比如，游戏化学习和游戏类教育产品目前也很流行。我从来不反对玩游戏，我曾经说过：**“当我们指责孩子沉迷游戏时，更应该思考的问题是，为什么学习没有让他们同样着迷？”**但是，同样是游戏与教育的结合，有的游戏化学习和教育产品只是在用外界刺激来吸引学习者的注意力，让他们玩得不亦乐乎，却没有真正激发他们主动的思考和反思，而我们知道，主动的思考和反思才能带来真正的学习。这就不符合教育的第一性原理，不管这种产品或教学形式看上去多么有趣，我们都不感兴趣。

还有，每到暑假，就有各种各样的游学、夏令营等活动，每一个活动都宣称可以开阔孩子的眼界、锻炼各种能力，让家长和孩子选择起来着实困难。但如果我们进行深入了解，就会发现很多游学活动根本就是“游而不学”，孩子们走马观花地去各地“打卡式”参观，除了留下一堆照片和可以炫耀的谈资，几乎对当地的人文、自然、历史、社会没有任何深入了解。好一些的夏令营也不过是一堆活动的堆砌，孩子们玩得热闹开心，活动结束后，反馈表上全都是满分评价，可是新鲜劲儿和热情一过，孩子们大概也很难说得清楚到底经历了什么，收获了什么。

群岛教育社区里有一个叫“青蓝共学社”的团队。2020 年暑假，他们带着一群小学四、五年级的孩子做了一场完全不同的西安游学。这次游学没有老师提前设计好的行程，所有行程都由孩子们根据自己的兴趣自行策划、设计（见图 1–6）。于是对历史感兴趣的孩子去了博物馆，对“西安的出租车为什么有不同颜色”这个话题感兴趣的孩子设计了一次街头调研之旅。当出现意见不一致的情况时，也没有老师出面充当仲裁者和调解员，而是由孩子们自己召开理事会，学习用民主议事的方式协商解决。

图 1–6　青蓝共学社的孩子正在策划西安游学

在这个过程中，孩子们主动学习了关于西安的知识，更学习了如何自由地表达、开放地探讨，与他人协作去完成一个项目。这样的游学就符合教育的第一性原理。

当孩子真正被激发时，学习就会自主地发生，而老师要做的是适时地提出好的问题，协助他们思考，让他们能更勇敢而自信地向前探索。

近几年，PBL 也非常流行，学习者在完成一个真实的项目、解决一个真实的问题时，去主动学习，培养各种能力。比如学习几何，学习者不是因为要应付考试才去做大量的习题，而是因为他可能要制作一个手工作品，要用到几何知识，所以主动去学习。这样的学习方式就符合教育的第一性原理。

群岛里有不少团队都采用了这种方式。福建省漳州市港尾镇有一个团队叫作“大儿童”，他们在菜市场、洗车店、超市、古镇、古厝内开展 PBL 课程。课程的主题来自社区的真实场景，课程的素材来自社区的真实环境，孩子们从身边的事物开始，从了解到熟悉，从熟悉到喜爱，学习就自然地发生了（见图 1-7）。

图 1-7 “大儿童”在古镇中进行的学习课程

群岛里还有一个团队叫“蜂窝儿童宇宙”，他们做的事情是帮助孩子提升“核心素养”，有一整套自己研发的关于未来世界所需能力素养的框架。他们希望未来每个孩子的学习都是这样的：被自己的一个主意或者问题强烈地激励，然后组成一个个学习团队、项目团队甚至创业团队，共同解决问题、寻找答案，在这个过程中提升能力。最终，每个孩子都会变成学习的“永动机”。为了实现这样的愿景，蜂窝团队提出了一系列“我们该如何”的问题，这些问题始终引导着这个团队去设计更好的学习体验和学习产品（见图 1-8）。

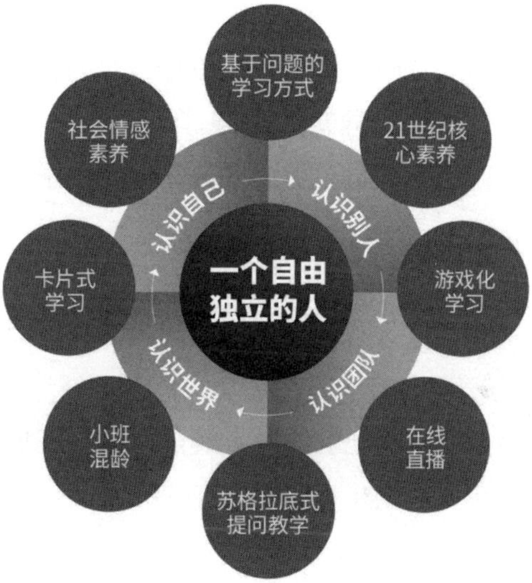

图 1-8　蜂窝儿童宇宙的教育模式

人的学习能力、创造力和好奇心是每个人尚未被充分发掘的天性。好的教育就是要复苏、激活并充分发挥这种天性。用独立教育者蔡朝阳老师的话来说，这叫“原力觉醒”，我很喜欢这个表达。为此，每一个教育者都必须时常追问自己：“我该如何帮助学习者充分发挥他们的学习天性呢？”

EDUCATION 3.0

03 教育的终极目的是使人成为自由的终身学习者[①]

一个受过教育的人，应该是一个学会了学习的自我导向的终身学习者，一个有权利也有能力自由学习，且面对未知勇敢探索的人。

我和几个朋友经常不定期地组织沙龙聚会，边喝酒边聊一些听起来没什么实际意义的话题，但是我们乐在其中。有一次聚会，我们聊到了“忒修斯之船”。

这可能是人类历史上最古老的悖论，说的是古希腊人为了纪念英雄忒修斯，把他曾经乘坐的一艘船停泊在码头供人瞻仰。时间长了，船体有损坏，古希腊人就陆续把损坏的部分去掉，换上新的木板。这个悖论说的就是，如果有一天整个旧船体都被换掉了，那么这艘船还是原来的那艘船吗？人们还有必要来瞻仰它吗？如果不是原来那艘船了，那么它是从旧船体被更换到什么程度的时候，开始“不是”的呢？

---

① 此章由顾远撰写，原为 2017 年 11 月在听道讲坛上的演讲。

我们一开始聊的其实不是这个悖论，而是在讨论面对很多现实压力的时候，人可以在多大程度上妥协且同时不失本色，而妥协到了什么程度，这个人就不再是原来的自己了。聊着聊着我们发现，这不就是典型的“忒修斯之船”悖论吗？

后来，我们又进一步引申出另一个有趣的话题。我们现在应该还很容易区分人和机器，但是随着科技的发展，终有一天人类可以制造出机械假肢为断臂的残障人士更换新的机械臂，跟阿诺德·施瓦辛格演的“终结者”一样。科技会进一步地发展，我们可以预料，以后内脏器官坏了也可以换成机械的，甚至没坏也可以换成新的，因为机械的更耐用，更有力量。

按照这个趋势发展下去，我们不可避免地会遇到一个问题：人体器官更换到什么程度的时候，人就不再是人，而是机器了呢？人和机器的区别到底是什么？如果我们的大脑也可以更换，或者脑机接口变成了所有人的标准配置，那么什么又会是我们“生而为人”所该保有的特质呢？

整齐划一的教育，让人成为“机器”

自从 2016 年 AlphaGo 在围棋比赛中战胜了人类顶尖棋手，这几年来，我们每个人都或主动或被动地注意到了人工智能。**在我看来，人工智能对人类最大的意义就在于帮助我们反思“何为人”，而教育的意义正在于帮助我们“成为人”。**可悲的是，近百年来，教育起到的实际作用却是让我们成为“机器”。

2017 年，群岛教育社区引进了一部非常棒的教育纪录片——《极有可能成功》(*Most Likely to Succeed*)[①]。它被很多影评人誉为“有史以来最值得一看

① 这部纪录片的战略顾问托尼·瓦格纳（Tony Wagner）及制片人泰德·丁特史密斯（Ted Dintersmith）合著的纪录片同名书《为孩子重塑教育》(*Most Likely to Succeed*)，其中文简体字版已由湛庐引进，浙江人民出版社 2017 年出版。书中将纪录片的片名译为“更有可能成功的路”。——编者注

的教育纪录片”。事实上，由于被这部影片的制片方授予了“变革大使”的角色，我已经在不同的合作伙伴那儿和播放场次里累计把这部影片看了 30 多遍。

影片开头是导演的女儿出场，小姑娘一脸厌学的表情，而旁边的老师还在循循善诱地教导她：“学习就别怕吃苦，这是在塑造你的品格呢。”接下来，导演带着观众追溯了一遍现代教育制度的起源。原来，我们如今习以为常的现代教育制度不过只有 100 多年的历史。这种制度最早诞生于德国，那个时候德国还叫普鲁士，设计这种制度是为了给国家培养服从命令、遵守纪律的士兵。到了 19 世纪晚期，一些美国顶尖的企业家到德国取经，把这个制度照搬到了美国，为美国的大工业化生产输出流水线上的产业工人。

了解了现代教育制度的起源，我们就明白为什么这种教育制度如此强调统一和标准化了：要在统一的年龄入学，学生要按年级和班级统一划分，学习要按不同学科统一划分，学校要使用统一的教材、统一的课表、标准化的考试。

这种制度荒唐到了什么程度呢？我记得陈丹青讲过一件事，那时候他还是清华大学美术学院的教授。他上午教油画课，下午想去看看学生画得怎么样了，结果来到教室发现一个学生都没有，因为下午的课表上排了别的课，学生都放下画笔跑去上那些课了。陈丹青气坏了，因为画油画是不能中断的，一旦画布上的颜料干了，画就没法再改了。这样的课程安排完全不符合油画学习的实际情况，而在陈丹青之前居然没有任何人指出过。

这样的教育其实不是教育，而是培训，训练出来的是听话的士兵和流水线上的工人，而不会像曾任北京大学校长的蒋梦麟先生所说的那样：**“教育应该培养出活泼泼的人。”**

教育和培训乍一看确实很像，都是在教授某种知识技能。但本质上它们是完全不同的。

真正的教育，让人成为“人”

真正的教育一定是通向自由的教育，是让人有动力、有权利、有能力去自由地探索未知的教育。

前面我们谈到“何为人”，对于这个问题，不同的人可能有不同的答案。比如有人说是爱和情感让人区别于机器，但是我们怎么知道未来人工智能就不会拥有情感呢？

不知道大家看没看过《银翼杀手 2049》（*Blade Runner 2049*），这部科幻片探讨的主题是，当“人造人”逐渐具备了人类才有的情感、矛盾和人性，人类反而越来越冷漠，越来越没有同理心时，谁才更像人呢？

那么，如果不知道“何为人”，教育该如何帮助人“成为人”呢？

现在有很多流行的教育理念和实践都在说，人如果不想被人工智能取代，就必须学会这些、学会那些。比如很多人都在谈论“4C 核心素养”，说人工智能已经在很多能力上超过了人，要想和人工智能竞争，人就必须培养 4 种核心素养和能力：创造与创新的能力（Creativity and Innovation）、批判性思维的能力（Critical Thinking）、有效沟通的能力（Communication）、协同工作的能力（Collaboration）。我非常认同这 4 种核心素养和能力是每个人都应该具备的，这又恰恰是现在教育里非常缺乏的内容，但如果总是在说“为了以后找工作时不被人工智能替代，所以必须掌握这些素养和能力”，那我认为这只是一种狭隘的陈词滥调。

我们怎么知道未来的人工智能一定不会拥有这些能力呢？微软的人工智能“小冰”已经可以写诗了。虽然很多人觉得小冰写的那些诗徒具其形，没有真情实感，但是别忘了，小冰还一直在进化呢！ AlphaGo Zero 和它的同代们已经开始创造自己的沟通方式和语言体系了，效率可一点都不比人类差。

所以，在大的时间尺度上，我对“何为人”以及如何“成为人”这两个问题的答案抱有一种不断进化的观点。也就是说，在人类历史的长河里，我们也许永远无法知道或者给出一个确定的答案，但是我们可以而且必须一直勇敢地面对未知，并自由地探索下去。

> 好的教育并不在于此刻就告诉我们一个确定无疑的答案，而在于帮助每一个个体在面对未知的世界时，自由地去探索，去寻找自己的答案。

被誉为“AlphaGo 之父”的科学家戴密斯·哈萨比斯（Demis Hassabis）说过：“今天的人工智能就像哈勃望远镜，它是在帮助人类在某一领域进行极致的探索。”

没有自由的权利，何来探索的能力？没有探索的能力，何来个体的成长，又如何应对未来的不确定世界，如何让人工智能成为我们的哈勃望远镜？

> 我们现在的教育制度最大的问题就是：它既没有动力去响应未来的变化，也不愿意去适应人的发展，而是反过来让每个个体去适应它。

这种教育制度的设计暗含着一个严重错误的假设，即教育是外界施加给学习者的事情，而不是学习者为了让自己变得更好而去做的事情。这种教育制度默认的前提是学习者不知道自己为什么要学习，也不知道自己要学什么，就算知道也不重要。所以当有学生问“我们为什么要学这个”的时候，老师通常的回答是“你以后就知道了”。这个假设会顺理成章地得出一条推论：学习是痛苦的，学习者一定是不喜欢学习的，所以教育必然是一种外在的强制力，压迫学习者去学习，学习者毫无自由可言。

在这样的制度下，教育的上上下下，从学校到每一个老师和家长，都在"代替"学生设置学习模式和目标，规定好每一种教材，安排好每一个步骤，设定唯一的评估标准，不能跳级、不能试错、不能掉队；我们从来没有机会为了自己的学习而去自己订立目标，自己摸索方式，自己寻找伙伴……我们从来没有自由地学习过，也从来没有在学习中学会自由。

有人可能会说，我们现在的学习也是有目标的。现在的很多家长非常担忧孩子的未来，所以他们的教育目标非常明确：让孩子好好照着书本学习，好好考试，以后考上一所好的大学，毕业以后找到一份好的工作……这让我想起那段著名的记者和放羊娃的对话。

记者："你为什么要放羊啊？"

放羊娃："挣钱。"

记者："你挣钱以后要干什么呢？"

放羊娃："娶媳妇。"

记者："你娶了媳妇以后干什么呢？"

放羊娃："生娃。"

记者："那你生了娃以后让他做什么呢？"

放羊娃："放羊。"

如果教育就是为了帮助人找到工作，那么我们把这段对话里的"放羊"替换成"上学"也完全成立。如果我们希望教育只是为了帮助学生提高考试成绩，考上一所好的大学，然后找到好的工作，拥有好的生活，那我这里有一个更简单的方法来实现这个目的：推迟一年参加高考就行了。因为参加高考的应届考生数量每年都在下降，晚考一年，排名兴许就能迅速提升一大截。

这种功利主义的学习，其目标不是自由的，那么我们的学习方式是否自由呢?

有人说，现在科技发展了，我们在学习方式上比以前自由多了。近年来大家纷纷讨论，人工智能时代到来的话该怎么办，是不是老师就没用了。很多教育公司也高举诸如人工智能老师、自适应学习平台的大旗，号称技术能够预判我们每一步的学习需求，为我们提供最适合的学习方法和内容。

与担心人工智能会抢走很多人的饭碗不同，我担忧的是另外一个维度的问题：技术的应用，应该是帮助我们扩展自由的范围，而不是缩小。

目前许多教育技术的应用不过是把原来的应试教育包装得更有趣、更高效，而不是更自主、更灵活。比如有些号称使用了人工智能的教学平台，实际上与数字媒体的内容分发、各类电商的自动推荐等没有区别，本质上是一个传统填鸭式教学的超级版，只不过由技术代替老师来为你做决策、帮你做判断、喂给你内容、帮你提高分数……不知不觉中，我们将自由意志和自我判断拱手相送，用得越多，送得越多。这才是最可怕的事。

反过来，如果教育首先是帮助学习者发现自己的兴趣所在，激发学习者的好奇心，鼓励他们去探索不同以往的世界，学习就会变成一个完全自动自发的过程，一个有趣的过程。就像我和我那几位朋友做的沙龙活动，话题都是我们感兴趣的，好奇心使我们想要了解更多，于是我们相互探讨、相互激发，每一次沙龙结束的时候，我们都觉得自己比开始时的那个自己更好一点，这就是一种学习。我觉得只要我们还有兴趣和能力去探讨“忒修斯之船”这样的问题，那么在未来较长的一段时间里，我们还是可以很有把握地判断出自己是一个人，而不是机器。

《极有可能成功》这部纪录片重点介绍了美国高科技学校（High Tech

High，简称 HTH）正在进行的教育创新尝试。这所学校采用的是 PBL 的教学方式，学习不是按照学科来进行的，学生在老师的协助下自己设计和实施一个个项目，在完成这些项目的过程中掌握知识点，获得各种能力。所有的项目成果最后都会向公众展示，这个展示本身也是考评学生学习成果的一种方式。

片子中有一个男生，带领一个学习小组设计了一个项目，他们要设计出一种物理装置来展示自己对人类文明进化的理解。尽管花费了很多功夫，但小组在项目展示那天做得并不成功。这个男生做了很多反思，老师也鼓励他继续尝试。这个学生就不断地完善他的项目，甚至暑假都不休息，一直在做。

看到这里我们就会发现，这个男生早已不是为了考评或者展示而做了，他之所以能够坚持做下去，就是因为自己喜欢，体会到了心流，感觉自己有收获，有成长。纪录片结尾处，这个男生设计的机械装置真的转动了起来，那个片段我看了很多遍，每次都很感动。我相信很多人还没看过这部纪录片，但我一点也不担心剧透，因为我相信就算你知道了这个片段，在真正看到它的那一刻，仍然会为之感动，因为我们见证了一位自我导向的学习者是如何自由地探索并获得成长的。

让教育通往自由

相信我们都能感觉到，世界正变得越来越复杂，而且这种变化越来越快速。所有的学习，无论是什么科目，在什么视角下，从本质上来说都是“应对不确定性的学习”。

世界上并不存在现成的或者事先可以精准描绘的知识图谱，让我们只要跟着这个图谱勤奋地阅读和研讨，按部就班地学习一个个的知识点就可以了。恰恰相反，我们所有人要面对的，是一个个具体的、不确定的问题，有些是生活中不得不去面对的，有些是因为自己的兴趣、责任和使命而主动去探究的，有些是在复杂的状况下忽然涌现的……

世界的不确定性不会随着我们年纪的增长而逐渐减少，我们遭遇的问题也不会因为我们有了一张文凭就能统统解决。我们都知道“终身学习”的意义，而只有自由、自主的学习者才是真正的终身学习者。

费曼在《发现的乐趣》一书中回忆了小时候和父亲的一次经历。父子二人在树林里看到了一只鸟，费曼的父亲对他说：

> 看到那只鸟了吗？它叫 ×××。在意大利语里，它叫 ×××；在葡萄牙语里，它叫 ×××；在中文里，它叫 ×××……即便你知道它在世界各地的叫法，对这种鸟本身还是一无所知。你只是知道世界上有很多不同的地方，这些不同地方的人是这么叫它的而已。所以我们还是来观察一下这只鸟吧，看看它在做什么……这才有意义。

当下的应试教育教给我们的就是用不同的语言叫出这只鸟的名字，而我们仍然对这只鸟一无所知。费曼爸爸的方法却引发了小费曼自由探索的兴趣和动力，同时培养了他真正有效的学习方式，让他受益一生。

在《极有可能成功》这部纪录片里，学生围绕“文明的起源和衰败”这个主题开展了不同的项目式学习。项目如何设计、如何实施，项目团队如何组成、谁来做领导者，这些都由孩子们自己决定，老师的作用是搭好“脚手架”，在孩子们有需要的时候给予支持和鼓励，而不是让孩子们按照老师设定好的步骤和规矩去完成项目。在这个过程中，我们能明显感受到孩子们的变化。

有个女生，在片子中刚出场时表现得非常羞怯，缺乏自信，但在项目团队里，她决定挑战一下自己，主动担任领导者的角色，老师和同学都给予了信任和支持。随着项目的开展，我们看到了这个女生的成长变化，她开始变得越来越开朗自信，享受着学习的自由和成长的快乐。学习结束时，她对老师说："我一直以为自己永远只会是一个追随者，现在我发现自己也可以是一个领导者。"

就是在这样一次次基于孩子的自主权利和自由探索而进行的教学实践中，他们学会了制定自己的学习目标，学会了在和他人协作的过程中主动实现自己的学习目标，学会了选择，学会了负责，学会了终身学习的能力。

爱因斯坦说过："**一切真正伟大和激励人心的事物都是由能够自由工作的个体所创造的。**"如果一个人在教育中从未感受过自由，我们又怎么能指望他成为一个自由工作的个体呢?

想想我们小时候，每天出门上学前，父母最爱说的话是什么?"乖啊，到学校要好好学习，听老师的话，遵守纪律。"如果我们的教育从来没有给予学生自由学习的权利和机会，永远禁止他们在这方面的探索和实践，那他们永远不可能学会"如何成为自己"，更不知道如何寻找学习的意义、制定学习的目标、探索学习的模式、寻找学习的伙伴、迭代学习的内容……他们将永远在别人的安排下，亦步亦趋地完成学习过程，即便这个过程有趣多样，他们也不可能建立"自我导向的学习"，更不可能成为有内在动力的终身学习者，成为一个自由的人。

诺贝尔文学奖获得者、伟大的思想者、歌手鲍勃·迪伦（Bob Dylan）曾经说过一句话："如果一个人能够在早上自然醒来，晚上沉沉睡去，而在这两者之间可以做任何想做之事，他便是一个成功者。"

我仿照这个句式说一句："如果一个人能够在早上自然醒来，晚上沉沉睡去，而在这两者之间能够以他想学的方式，学任何想学之事，他便是一个真正的学习者。”由此，我们也可以清楚地定义什么是一个“受过教育的人”：

> 一个受过教育的人，应该是一个学会了学习的自我导向的终身学习者，一个有权利也有能力自由学习，且面对未知勇敢探索的人。

教育的目的正在于此。或者用泰戈尔富有诗意的语言来表达：**我们将通过教育，帮助每一个人“踏进生活之河，毫无惧色”。**

EDUCATION 3.0

04

九问解答 PBL 的本质

教育是为了帮助人们获得自由——获得学习的自由，获得思想的自由，从个人的本能中解放出来，从他人的奴役中解放出来，进而获得人生的自由。

2017 年，群岛教育社区将《极有可能成功》这部获奖无数的教育纪录片引入中国，并通过群岛教育论坛在各个城市热映了上百场。影片通过实例详细展示了 PBL 这种创新的教学模式，并描述了由此带来的教育变革的更多可能性。

经过这几年的推广，这种教学模式在国内已经被更多人认知，也有越来越多的教育机构尝试将其融入教学实践中。大部分尝试者都很兴奋，通过这种方式，他们感受到了一种“教和学”的新境界，真正体验到了“以学生为中心、探索式学习”的魅力和激情。

同时，大家也会遇到一些共同的困惑。在和这些实践探索者交流的过程中，我们经常被问到以下这些问题：

- 这种方法对老师的要求太高了，合格的 PBL 老师实在太少了，该怎么办？
- 这种方法是不是对每一个孩子都适合？有的孩子明显不在状态，该怎么办？
- 按照这种方法做下来，一个 20 人的小课堂，纪律混乱得不得了，甚至配备 1 个老师、3 个助教都不够，要怎么有效管理课堂呢？
- PBL 是不错，但是这样的话，学生在很长时间里只能围绕几个知识点打转，会不会“学得太少”了？
- PBL 是不是只能作为小规模、短时间的课堂补充？如果时间太长的话，作为老师，我都不知道怎么去设置长期的教学目标了。
- …………

我[①]将通过一系列的问答来分享对 PBL 教学方式的思考，并由此引出一个更为重要的话题：PBL 和“社会化学习”之间的联系，及其和“教育本质”之间的关系。

Q1：为什么 PBL 的教学方式首先出现在医学教育领域？

关于 PBL 的解释，除了前面提到的“项目导向式学习”（Project-Based Learning），也有人将其解释为“问题导向式学习”（Problem-Based Learning）。迄今为止，教育领域关于 PBL 的定义几乎都是模糊或混乱的，既没有唯一的权威定义，也没有公认的标准模式，但这并不妨碍我们从本源探讨 PBL 的本质。

1969 年，加拿大麦克马斯特大学医学院正式在全校层面推出 PBL 教学模

① 本书两位作者均以第一人称方式写作。除注明作者及写作背景的章节外，本章及第 6、7、24、25、31、32、35、36、38 章为周贤撰写，其余章节为顾远撰写。——编者注

式。随后，这个概念开始从医学教育领域逐渐延展到工程教育、职业教育领域，进而进入更多的大学，乃至中小学的教育之中。

为什么 PBL 会从医学院开始呢？原因很容易理解，也恰恰印证了 PBL 模式的本意。如果我们想成为一名合格的医生，就必须学会应对以下几种挑战：

- 一名医生所要面对的是一个个真实的病人，如果只会背书、记概念、考试，那是远远不够的。
- 每个病人的情况都不一样，一名医生必须依靠良好的交流能力、果断的决策能力和综合的思考能力针对每一个病例给出合理的治疗方案。
- 医学界是一个极速变动、永不停歇的领域，新问题层出不穷，新技术不断发展。想要成为一名好医生，必须善于自我学习、终身学习，并且需要和同行不断交流，随时了解行业发展的最新情况。
- 医学也是一个社会学科。要治病，光靠技术是远远不够的。如果一名医生只知道钻研医术、诊断病症，却忽略了病人本身，甚至忽视人的价值和意义的话，后果将非常可怕。

所以从一开始，加拿大麦克马斯特大学医学院所推出的 PBL 教学模式中，就将以下三个学习目标综合交织在了一起：

- 理解人类与社会；
- 医学专业及其社会功能；
- 自我学习。

随着人类从工业时代快速进化到信息时代乃至人工智能时代，我们越来越深刻地意识到，上述一名医生所要面对的各种挑战，其实也正是我们每个人都必须应对的，不管我们从事什么样的职业。

擅长记忆多少信息并不重要，能够根据真实世界中的真实问题去获取信息、协同他人、解决问题，在这个过程中真正认识自己、了解社会，并掌握终身学习的能力，这才是教育的重点。这也是 PBL 教学方式日渐被人们认同的原因。霍华德 · 巴罗斯（Howard Barrows）和罗宾 · 坦布林（Robyn Tamblyn）曾说：

> 在 PBL 学习中，知识的获得源于对问题的认识和解决的过程。学习开始时遇到问题，问题本身推动了解决问题和推理技能的应用，同时也激发了学生自己查找信息、学习关于此问题的知识和结构，以及解决问题的方法。

Q2：都说 PBL 学习应该从问题开始，那么什么是“问题”？

就像我们前面所说，PBL 并没有一个标准的定义。在真实应用时，教育者们会采取不同的形式：问题导向的、项目导向的、案例导向的、探究导向的、协作导向的……它们的差异主要体现在学习程度和流程设计上。

但是，所有的模式，尤其是问题导向式的学习和项目导向式的学习都应该具有同一个必备的要素，那就是**“围绕问题来组织学习过程，问题是学习过程的起点”**。这是丹麦奥尔堡大学的安奈特 · 科莫斯（Anette Kolmos）提出的，也是任何形式的 PBL 教学的核心原则。

于是问题来了，什么才是“问题导向”中的这个“问题”呢？

在中文语境中，我们会把英文的“question”和“problem”都翻译成“问题”，但在英文语境中，这两个词的意思并不相同：

- question 是需要被“回答”的问题，偏向于关于普遍性知识点的疑问，是可以通过别人告知或者自己搜索后直接回答的。答案基本上是标准的信息，有可能在表达形式上有所不同。
- problem 是需要被“解决”的问题，偏向于认识上的分歧、需要解决的情境，需要学习者进行分析、组合、实践后，才能给出“自己的”答案。

例如，同样是将 PBL 应用到自然教育中，有些 PBL 的项目是这样设置的：带领孩子们来到植物园，认识方圆 100 米以内的植物，并把这些植物画出来做成绘画日记。从这个角度来说，这是一个“Question-Based Learning”。通过灵活的模式，激发孩子的学习兴趣和主动性，帮助他们记忆知识点。

再来看看北京知名公益组织“自然之友”的教育项目，他们设置了这样一个主题：到圆明园里寻找蝴蝶。有意思的是，其实圆明园里一只蝴蝶都没有。也就是说，学习者跑到那里是找不到蝴蝶的，更谈不上把蝴蝶画出来。那么，“为什么圆明园里没有蝴蝶呢？”这就是一个很好的“problem”。

从横向上来说，原因可以有多种。可能是圆明园的管理者只种植了不能吸引蝴蝶的植物，也可能是圆明园里有一些善于捕捉蝴蝶的动物，也可能有其他昆虫，已经起到了类似传播花粉的作用……更有可能的是，这些原因发生了交互作用，导致圆明园里根本看不到蝴蝶。

从纵向上来说，我们还可以追问下去：“为什么圆明园的管理者只种植了不能吸引蝴蝶的植物呢？”原来，吸引蝴蝶的植物往往开花较晚，所以管理者们误以为这些植物是杂草，在它们开花之前就派人清理干净了。这样一来蝴蝶自然就不来了。那么，“蝴蝶不来授粉，会给这个园林带来什么坏处吗？”……

> 设置一个好的问题是成功实施 PBL 的第一步。一个好的问题能够给学习者提供一个广阔的、多向度的探索空间，既能激发学习者学习的内在动力，也能提纲挈领地指出学习者持续思考、自我探究的方向。

自然之友的这个“问题导向”的 PBL 教育项目，设置的就是一个非常好的问题。

还有一类问题更为高阶，那就是错综复杂的问题（wicked problem）。如图 1-9 所示，一个错综复杂的问题往往与社会、文化、观念等在本质上有所联系，很难用一个逻辑框架来解释，需要以不同的视角来思考，一个问题往往套着另外多重问题，没有一个标准的答案，甚至没有一个终点性的答案。人们会因为所持价值观的不同、探究角度的不同、所用工具和方法的不同以及掌握信息的不同而得出各自不同的答案。

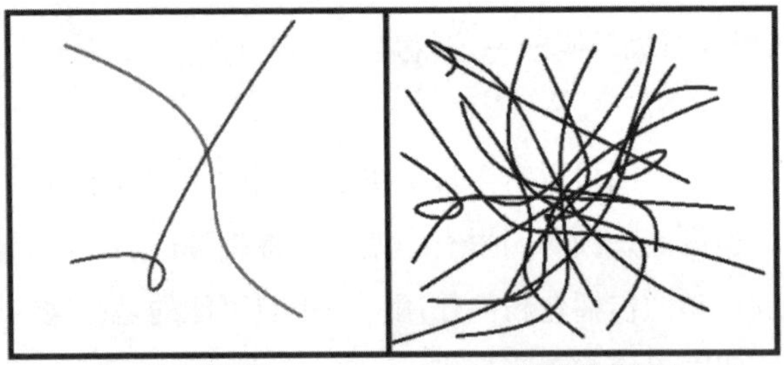

图 1-9 传统的问题 vs 错综复杂的问题

著名史学大师钱穆先生曾经在自己的回忆录里讲过一个故事。他 7 岁入私塾，10 岁进入新式小学堂，也就是无锡的果育学校。他的老师钱伯圭有一天问所有的小朋友：“大家读过《三国演义》吗？”钱穆说：“我读过。”接着，老师继续问：“这本书一开始就讲‘话说天下大势，分久必合，合久必分’。中国几千年来都是这样的，可是为什么是这样的呢？难道就一定要这样吗？”

钱穆在回忆录里这样写道：

> 余此后读书，伯圭师此数言常在心中。东西文化孰得孰失，孰优孰劣，此一问题围困住近一百年来之全中国人，余之一生亦被困在此一问题内。而年方十龄，伯圭师即耳提面命，揭示此一问题，如巨雷轰顶，使余全心震撼。从此七十四年来，脑中所疑，心中所计，全属此一问题。余之用心，亦全在此一问题上。余之毕生从事学问，实皆伯圭师此一番话有以启之。

钱伯圭老师所问的这个问题，就属于错综复杂的问题。人生能遇到这样的导师，在少年时为自己提出这样的问题，从而启发了自己一生的思考，这是一个学习者的幸运，更是身为教育者的幸福。

这个故事告诉我们：尽管错综复杂的问题看上去属于高阶问题，但同样可以对一个年仅 10 岁的小学生提出。

> 教育者提出一个问题的作用，并不是要求学习者像问答机一样马上给出答案，而是激发学习者自我思考的动力。

教育者的作用是往水塘里扔一个石子，石子扔得到位，扔得准确，学习者就会对自己提出一个又一个的问题，从而激发一波波自我思考的涟漪。这是一个基础，之后才会在学习者自我探究的过程中，给予持续的协助和支持。

Q3：通过 PBL，我们提供的是“记忆的脚手架”，还是“思考的脚手架”？

我曾仔细研究过不少 PBL 课程的教案，发现很少有教育设计者把重心放在“问题”的设计上，包括为哪种类型的学生设计这个问题，以及该如何“扔”一个问题，又如何巧妙地激发涟漪。

很多 PBL 课程的设计者把重心放在了课程实施的过程上：教学过程要分几个步骤、课件和工具有哪些、如何配置积分或奖励（外在激励）、最后的成果该如何展示、老师和助教在哪个位置……

其实，传统的教育模式大多偏向“Question-Based Learning”。很多老师上课时语言亲切可人，教学活动生动有趣，但灌输式教学的本质并没有变化，只是灌输的过程更有趣了而已。哈佛大学教授戴维·珀金斯（David Perkins）在其著作《为未知而教，为未来而学》（*Future Wise*）[①] 中举过一个更有意思，也更具反思价值的例子。

他讲到，一位老师组织学生用跳舞的方式学习细胞的有丝分裂。学生从教材里写的有丝分裂的各个步骤中提取线索，自己编舞，用肢体语言来表现枯燥的生物知识。这看起来是一种很好的课堂教学实践创新，这种方式也的确有助于学生记忆和理解有丝分裂这个知识点，却没有回答一个根本性的问题：学习有丝分裂跟学生的生活和未来到底有什么关系？

我想再替作者追问一句：假设有丝分裂的知识真的对学生有意义，那么这个活动除了有助于学生记忆这个知识点，还能怎样帮助他们应用到真实的生活和未来中去呢？

这位老师当然也非常认真地设计了自己的课程，帮助学生“上好课”。但是，她设计的只是一个“记忆的脚手架”，而不是“思考的脚手架”。

---

① 本书深刻地探讨了一个问题，即“什么样的知识值得学习”。本书中文简体字版由湛庐引进，浙江人民出版社 2015 年出版。——编者注

Q4：什么是 PBL 中的“Learning”（学习）？

我们刚刚讲了 Problem-Based Learning 里的 Problem（问题），接下来再谈一谈 Learning（学习）。这又是一个大问题。

哈佛大学心理学家罗伯特·凯根（Robert Kegan）曾说：

> 从出生开始，我们便踏上持续学习和成长的旅程。这两股力量往往交织在一起，但又不尽相同。如果仅仅是知识储存量的增加，以既有的思维模式来运算资料，那谈不上真正的学习，更谈不上成长。成长是指思维模式本身产生改变。

从 PBL 的角度，我把学习（Learning）分为信息式（informational）、结构式（conformational）和转化式（transformational）三个模块，而不是三个阶段。

信息式：知识储存量的增加。“-in”这个词根是输入的意思，无论是死记硬背，还是变着花样地帮助记忆，本质上都是信息单向输入和记忆的过程。

结构式：通过已经掌握的信息点来了解某一事物、事件甚至世界背后的构成逻辑，理解其形成规律。“conformation”是“形态、结构、组成、相应、符合、一致”的意思，而“-con”这个词根意即“共同、合组”。

随着信息时代的到来，我们也会逐渐发现，要“掌握信息”，并不一定非要“记忆信息”。越来越多的信息无须记忆，只要能够及时地接触和应用就可以了。比如信息搜索引擎里的信息，我们无须记忆，但需要学会如何搜索，如何辨析其有效性，以及如何组合应用。这也是群岛的教育创业团队之一“蜂窝互联网实验室”在中国推动儿童网络素养的重要性所在。

转化式：喜欢看《变形金刚》的读者看到这个词一定很熟悉，因为变形金刚的英文就是“transformer”。我在这里把转化解释为“对复杂世界的理解和重新定义的能力”。也就是教育学里，建构式发展理论所关注的“人对事物的独特意义建构的能力和过程”。古往今来，所有的创新者、变革者展现的都是这样的洞见和重组能力。

Q5：为什么说一个好的 PBL 教学设计犹如调制一杯漂亮可口的鸡尾酒？

我把上文这三种学习称为三个模块而非三个阶段，因为在真实的 PBL 教学过程中，它们并不是阶梯式逐级上升的三个不同阶段，而是犹如调制一杯鸡尾酒，需要根据学习者的具体年龄、学习基础、心智能力、具体的背景情境、PBL 实施的限制层面等进行不同的配比组合。

在美国加利福尼亚州公立小学担任双语教学的小绿老师讲过这样一个例子。在加州，小学三年级的科学教学大纲里有这样一个学习目标：理解“动物和植物的形态特征是为了帮助它们在特定环境中生存繁衍”，所以老师们设计了一个“我是鸟类学家”的 PBL 活动。有的老师是这样设计的：

- 第一步，确定要研究哪一种动物或植物；
- 第二步，搜集和阅读一些关于这个动物或植物的文章；
- 第三步，了解这个动物或植物在形态上有什么特别之处；
- 第四步，和分组组员一起讨论这些形态特征是如何帮助它适应环境的；
- 第五步，每个小组用海报或者演讲报告的形式把所学知识展示出来。

看起来，这个设计是不是完全符合 PBL 的典型教学特征？从问题出发、小组讨论、协作完成、结果展示……但是在这个过程中，问题依然是“question”式的，学习者的动作依然是信息点的搜集和简单展示。虽然教学形式和步骤都很漂亮，但本质上大部分依旧是围绕信息进行的。

那么该怎么更好地设计呢？我们来看看另一位美国老师的做法。首先，她给学生看了不同鸟类的照片，让大家讨论其中的不同之处；其次，她展示了鸟类的栖息地图片，请大家根据不同鸟类的形态特征来猜测它们各自的栖息地；再次，请学生们分组讨论，写下猜测结论和分析的理由；最后，各小组进行猜测结论的分享，老师来揭晓答案并阐述理由。

到目前为止，你可能会觉得，这也没什么大不了的。别急，关键在这里——这时候，老师引出了真正的问题（problem）："如果你是一个鸟类学家，你在某个地方发现了一种从未发现过的鸟，请画出这种鸟以及它的栖息地，并为它命名。"

这是一个开放性的问题，答案没有对错之分。由这个问题引发的学习过程，就是真正在锻炼学生成为"变形金刚"，也就是锻炼他们的转化能力。

除了给自己的鸟设计形象，学生还需要以鸟类学家的身份写一篇"学术报告"，在文章中分析这种鸟的各部分形态特征和环境之间的联系，向世人汇报这一重大发现。而这个过程又进一步细化了转化中很重要的学习能力："重新定义"并不是异想天开、胡乱猜测一把，而是建立假设、寻找聚合证据，并给予综合说明，来支撑自己的设想和洞见。

在这整个教学过程中，信息式的、结构式的、转化式的学习模块全都有，并且巧妙地融成了一个整体。这就是一杯漂亮可口的"PBL 鸡尾酒"。

Q6：如果未来无法预测，我们该如何面向未来而学习？

看了这个案例以后，我不由得想到很多教育团队在做的儿童职业了解活动。其主要方式就是带领孩子们参观警察、售货员、银行职员之类的工作岗位，帮助他们建立对未来职业概念的理解。

这样的活动形式当然很好，但如果我们可以更进一步呢？让孩子们去创造一个“不可能的岗位”，会不会更有意思？毕竟，未来的世界，将有一大半的工作岗位是今天尚未出现甚至无法想象的。正如彼得·德鲁克所说：

> 我们生活在一个充满创新和变革的时代。教育应该帮助人们为那些目前尚不存在，也无法被清楚定义的未来工作做好准备。

埃尔特教育联合创始人张释文曾经在一次主题演讲中提到这样一个故事：

> 2014 年 6 月，特斯拉公司在推特和微博上发布了一条招聘信息，标题是“我们在寻找那些从未存在过的人”。原来，他们招聘的真的都是这个世界截至目前闻所未闻的职业，比如超级充电方案研究员、产品交付体验师、家用充电专员……所谓不存在的岗位、不存在的人，就是那些现在的父母和老师想也想不到的，未来才存在的人。

> 去预测那个“不存在的岗位”具体是什么是不可能的，只有那些具备了持续学习能力，保持着无限可能的终身学习者，才可以适应无法掌控的未来。

同样，我的思绪也转向了另一个角度：类似这样的 PBL 学习方式，是否可以在广大乡村小学里实现，他们是不是可以利用自己的乡土资源，创造出“自己乡村方圆 10 公里内不存在的鸟”呢？关键并不在于那只鸟可以被想象成什么样，或者报告做得有多完美，而是通过这样的学习，即便是生活在乡村的孩子也完全可以基于自己周围的人、物、历史和资源，学习成为那个“不存在的人”，应对那个目前“还不存在的未来”。

学习是为了成长。当我们谈起“成长”这个词时，往往会关注学习者个体“身体发育”的成长，较少关注“认知结构”的改变。同样，我们作为教育者，往往会关注教学过程中“信息量”的增加，并通过各种教学设计来促进这个效果的达成，却较少关注和设计如何促进、激发学习者认知结构的转变，如何实现学习从信息式到结构式，并进一步到转化式的跨越。

每个人从出生到青年，从青年到中年，成长的节奏将随着“看到世界复杂性能力的增加”而进行。如果学习者在每个阶段都能在认知结构和心智发展上得到适当的支持，我们的学习和改变就会更全面、更主动。而传统的“填鸭式”教育不仅不会考虑这些问题，更谈不上主动的设计、有效的促进了。

在纪录片《极有可能成功》里，全面实行 PBL 教学的 HTH 学校创办人罗布·赖尔登（Rob Riordan）说：

> 在漫长的学校生涯里，我们从来没有给予孩子自己做决策的机会，更没有培养他们自己做决策和独立解决问题的能力，却期待他们一毕业到了工作场合就接手大项目，解决大问题。这根本不可能。

就像很多家长，从来没有在孩子成长的过程中允许他们尝试与异性相处，更没有培养他们与异性交往的能力，却期待他们上完大学，一到年纪，立马就找到良伴，一帆风顺地谈上恋爱、不吵不闹、组建家庭。这也是不可能的。

Q7：为什么 PBL 教学的本质是基于“自由”的教育？

到这里，我们已经谈了什么是“Problem”，什么是“Learning”。根据这两个维度，我们大概能了解，如果只是把 PBL 理解成教学形式上的改变，把传统的“你听我说”“排排坐”变成到真实环境中去，从问题出发，让学生们讨论学习，小组协作完成某个活动，最后还有结果展示这些“标准结构”的话，那还远远谈不上真正的 PBL，更不是真正的教育。

所有的“活动”，包括幼儿园的游戏、某场体育比赛、到一个地方游学、参观某个博物馆……都可以套用这样的形式。而几乎每一类这样的活动，都声称可以提高孩子的“观察能力、表达能力、沟通能力、协作能力”。但是，如果具体问问这些“活动设计者”：“改变究竟是如何发生的？应该如何评估？下一步该怎么做？”他们可能就答不上来了。

没有事先的深入理解和主动设计，也就谈不上在过程和结果中进行评估。这也是群岛教育社区在筛选教育创业项目时，对众多“性教育”“自然教育”“营地教育”“体育教育”“美术教育”“戏剧教育”等提出的要求。

大部分“X+ 教育”项目的着眼点依然在某个科类即“X”的信息点上，通过种种巧妙的方式，如科技的手段、幽默的教学等增加了信息的传递数量，强化了技巧的练习和多样化的展现，却没有去挖掘背后该如何激发和引领学习者认知结构和能力的改变。孩子们也许增加了关于性的知识，认识了某几类植物，能够按部就班地演完一场小话剧……这些当然与填鸭式教育相比已经大有进步了，然而我们作为这个时代的教育创新者，完全还可以做得更好，想得更远。

反过来，我们作为教育设计者，只有意识到什么才是学习者有效的学习目标，才可以在 PBL 教学设计上倒推和思考出针对什么样的学习者，究竟该设计出什么样的问题。

还有一些角度，也是我们在做 PBL 时较少去“主动设计”的。

比如，如何协作。就像《人类简史：从动物到上帝》（*Sapiens: A Brief History of Humankind*）中所说，智人之所以能够在严苛的环境中生存下来，是因为语言开启了协作的可能，进而人类又发展出了种种协作的工具、规则乃至社会体系。没有协作，任何个体都无法生存。回到 PBL 学习设计里，团队协作自然是很重要的核心模块，而老师们采用得最多的，大概就是分小组活动了。问题在于，我们很少在 PBL 的教案里看到教学设计者是如何思考“分组”的。

在真实的课堂上，老师对学生要么是非常随机地分组，要么是按照年龄大小或者成绩优劣进行分组。也有一些老师会根据学生的外在表现来分组，比如特意把活泼的孩子和不活泼的孩子放到一组，以便互相“影响”。在活动开始之前，老师会简单介绍一些小组规则，然后就放手让小组成员自己活动，把更多的时间和关注点放在“如何完成活动”上，而很少放在“如何帮助学习者理解协作规则，实践并提高协作能力”上。

这样的分组方式真的有效吗？有助于学习者去体验、学习、提炼、反思自己的协作能力吗？

再比如，如何总结和回顾。很多 PBL 教案对此并没有特别的阐述或说明。在真实的课堂上很容易看到的一幕是：在热闹的作品展示或者公共分享之后，就是合影时间，然后大家呼啦一下就散了。这种过程显然默认了“作品展示”就等同于总结回顾。有一些老师还不错，会和学生一起回顾当初的学习目标是否都达成了，心情如何，感觉如何……但往往回顾的是信息量上的目标，以及知识是否都记住了。

很少有老师会和学生回顾：你觉得这样的学习模式怎么样？你觉得当初的学习目标设置得合适吗？你下一步的学习想法是什么？你自己觉得还有哪些能力可以进一步提高？

当我向一位老师提出这个建议的时候，她的反馈是：“这样的回顾讨论没有用啊，学生又不是老师，他哪里懂得这些教学设计背后的道理。”

她说得没错，这样的回顾很可能是没有用的，因为这是老师“代替”学生做出来的学习模式和目标，替他安排的每一个步骤，替他选择的学习伙伴；而不是学生为了自己的学习，自己制定的目标，自己摸索的方式，自己寻找的伙伴……

我在前文曾仿照鲍勃·迪伦说过一句话：“如果一个人能够在早上自然醒来，晚上沉沉睡去，而在这两者之间能够以他想学的方式，学任何想学之事，他便是一个真正的学习者。”

这句话包含几层关键的递进：

- 他想学；
- 他想学了以后就有权利去学；
- 他想学，也有这种权利去学，同时还有匹配的环境和持续的能力去学。

有些教育工作者不禁担忧起来：一个学生，他怎么能知道自己想学什么、不想学什么呢？我想用法国作家阿纳托尔·法朗士（Anatole France）的一句话来回答：“PBL 教育的真正宗旨不是使学习者记住多少，甚至不是使他懂得多少，而是培养他区分已知和未知的能力。”

正如我在前文所说的，好的教育是通往自由的教育，如果我们从不给予学生自由学习的权利和机会，那他们就永远无法成为自我导向的学习者。一个自我导向的学习者应该具备如下基本能力：

- 能够有意识地反思自己的学习方式；
- 能够明确自己一段时间内的学习需求；
- 能够尝试建立有效的学习模式；

- 能够为自己设置某个阶段的学习目标；
- 能够确定对自己有用的学习资源；
- 能够合理地评价自己的学习成就；
- 充满好奇，永不满足；
- 对自己的学习策略和行为负责；
- 把学习变成愉快的经历；
- 拥抱错误，善于回顾，具有自尊和认知上的韧性。

如果我们没有在漫长的前 20 年中帮助孩子锻炼并形成这样的自我导向学习、独立思考和决策的能力，又如何期盼他在大学毕业后“一下子就会了”，还能“在生命的长河里一直练习”呢?

在一次次的 PBL 教学实践中，学习者学会了制定自己的学习目标，学会了在和他人协作的过程中主动实现自己的学习目标，学会了选择、负责，学会了终身学习的能力，从而享有了学习的自由。

正是从这个意义上，我们可以说：**PBL 教学在本质上应该是一种基于“自由”的教学。**

Q8：教育 3.0 的目标是“培养学习者学会学习的能力，让学习者成为自我导向的终身学习者”。PBL 教学对这一目标的实现有何帮助？

关于这个问题，我要从教育 3.0 的角度谈一些 PBL 教学的意义。群岛和很多教育伙伴一直在推动教育 3.0 的发展。通过前文的论述，读者一定也注意到了，我们把以教师为主导的 PBL 教学归在了教育 2.0 里。这是为什么呢?我们来看一下图 1-10。

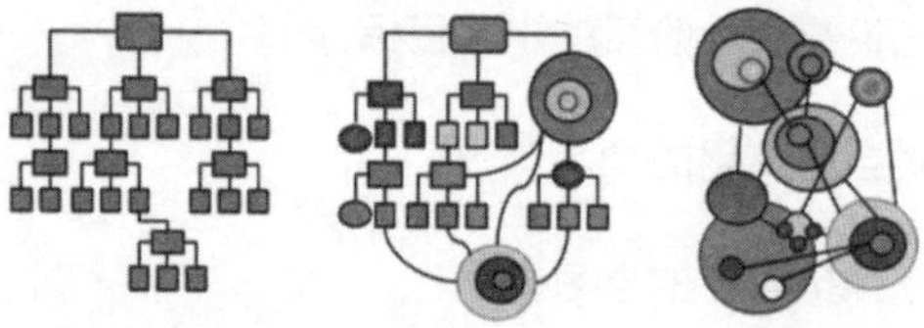

图 1-10 三种教育形态的对比 ①

在教育 3.0 阶段，即社会化学习的场景里，学习社群的规模大小、学习的目标、学习的进度、学习的方式等都是由学习者自己构建的。在不同的学习者之间，学习的内容有可能类似，也有可能不同。随着学习节奏的变化和学习的进展，小组成员忽多忽少、忽散忽聚；成员之间是否独立、是否协作、分别承担什么角色、如何评估进展等都由学习者自己规划并决定，是学习者个人的责任和行为。通过这样的过程，学习者培养了自己"学会学习的能力"，感受到了"终身学习的乐趣"。学习是一个由大社群、小社群圈圈套圈圈，不断流动变化的过程，呈现出不断进化、不断涌现的形态。而作为教育者的我们，并非就毫无作用甚至不存在了。教育者的角色将转变为不同学习者的支持者、整体学习环境的设计者、学习者身边的导师、大千世界的精神导游……

在教育 3.0 里，每一个学习者都可以成为 PBL 的设计者，都可以围绕自己感兴趣的问题和想要学习的内容来设计自己的 PBL 过程，寻找合适的学习伙伴和学习资源，规划学习的路径。

Q9："让教育者成为那个陪伴学习者锻炼的人，而不是摧毁他们的人。"这样的教育 3.0 的学习愿景很难实现吗？

一定不容易。而且，要想实现这个理想，需要一系列"具体方法""持续

---

① 此图修改自合弄制（Holacracy）的进化组织结构图。

实践”以及“未来技术”做支撑。这就是群岛和众多的教育创新伙伴一直在不懈探索的原因，也是群岛社区中每一个年轻的教育创业团队始终在实践和尝试的原因。我们也会陆续为更多有兴趣参与实践的教育同仁推出更多的方法体系和实践案例，创建更多的交流和讨论机会。

那么，实现这样的学习愿景值得吗？

一定很值得。写到这里，想起复旦大学的郁喆隽教授曾在季风书园做过的一场哲学讲座，我摘录他的一段话作为结尾：

> 人不是在出生那一刻成为人的，人是在自我反思、自我定义、自我筹划和行动当中成为人的，这不是一蹴而就的过程，必须在每个生物个体上经历整个人类文明的历程。
>
> 人生而为人，所应有的“自我反思、自我定义、自我筹划和行动”的学习意志天生就有，而运用的能力和实践的范围则需要逐渐培养和扩大。就像肌肉一样，每个人天生都有肌肉，越使用越强健。但是如果不用，或者被强迫不得使用，它慢慢就萎缩了。自我导向的学习能力也是一样。

作为教育者，让我们成为那个陪伴学习者锻炼的人，而不是摧毁他们的人。

EDUCATION 3.0

05

教育的进化：从“有限的游戏”到“无限的游戏”

每个人都可能在某一方面展现自己的优势，永远不会在以“成长和发展”为目标的教育这场“无限的游戏”中出局。

教育，从一部剧说起

有一天，我和群岛的几位教育创业者一起看了一部剧，这次的体验与我以往任何一次看剧的体验都完全不同。

这部剧叫《不眠之夜》（*Sleep No More*），是一个英国的剧团根据莎士比亚的名著《麦克白》（*Macbeth*）改编而来，目前全球只在纽约和上海这两个城市能看到。

说“看到”其实不太准确，因为这部剧属于“沉浸式戏剧”。传统的戏剧是演员在台上一幕接着一幕地表演，观众在台下安安静静地坐着观看。而在《不眠之夜》这部剧里，没有固定的舞台，整部剧发生在一栋 5 层高的楼里，整栋楼都是舞台。观众带着白色的面具围绕在演员的周围观看，可以从任意一层楼的任意一个地方开始进入戏剧的情节。整部剧除了保留了原著的故事主线，还有围绕各个配角展开的众多支线情节，观众可以选择任何一个角色去跟进剧情，甚至可以不理会主角和主要情节，只关注自己最感兴趣的角色和他的故事。

看完剧出来，我们几个人聚在一起做了一次复盘，分享各自的体会。当时我说，整个“参剧”过程的体验让我觉得这种戏剧和我们想要推动的教育形态非常类似。为什么这么说呢？有三点原因。

先说第一点。传统的教育形式就是老师在讲台上讲课，学生在下面听课，老师讲的内容是事先设计好的，学生只有被动吸收、按部就班练习的份儿。传统的戏剧也是一样，演员按照固定的剧本表演，观众被动地坐在台下一幕一幕地欣赏，情绪被设计好的剧本和情节左右。

然而，在《不眠之夜》这部剧里，观众被置于整部剧的中心位置，虽然仍是演员在表演、观众在欣赏，但观众多了很多选择——可以按照自己的喜好，追随自己的好奇心和兴趣，选择不同的时间、空间进入剧情，关注不同的角色、情节。

好的教育也理应以学生为中心，鼓励学生的好奇心和探究精神，让他们有条件基于各自不同的兴趣做出不同的学习选择。

如果说这一点因为有形式上的相似性而比较好理解，那么第二点就不那么容易看出来了。

第二点，传统的戏剧里有主要的故事线和叙事过程，不同的角色依据其对推动故事情节的作用大小，被划分成主角和配角。主角获得了人们最多的关注，配角次之，小配角更次之，那些只露个脸、连台词都没有的小小配角则完全可以忽略。但《不眠之夜》这部剧不一样，因为它是以观众为中心的，所以传统意义上的主角和配角的区分也变得不那么明显，甚至不再有意义。

因为我对原著的故事情节很熟悉，所以在看的时候没怎么去追麦克白夫妇的线索，反而关注了一些看起来和主线情节没什么关系的人物。比如有一个场景是在精神病院里，一个小护士在一个很小的空间里跳了一段很有激情的舞蹈，还在墙壁上写下了一些文字。当时这个小护士的身边只有我这一个观众，但是无所谓，她还是非常投入地做着自己的事情，那些事情尽管和主线情节没什么关系，但对她个人来说，那就是她的情感、她的生活，和宏大叙事无关，和有没有观众也无关。那一刻我非常感动，我感受到这样一个根本叫不出名字的角色有着同样精彩的故事和人生。

> **一个理想的社会，理应是每一个生活在其中的个体都被重视、都有价值的社会；一种理想的教育，也理应能让每一个学习者都被平等、公正地对待，能够自由地成长。**

与之相反的状态是用一个标准的尺度去衡量所有人，符合标准的才会被重视，所有的“叙事”都只围绕那些被称为“学霸”的成功者展开，“学渣”都是失败者，他们的故事不值一提。

这让我想起了 10 多年前读到的一篇文章。很多人都知道金庸的《神雕侠侣》，对其中郭靖、杨过这些大侠坚守襄阳城的故事记忆犹新。书里有这么一个情节，讲的是蒙古高手混进襄阳城刺杀郭靖，杨过为了救郭靖随手抓过一个小兵，让他戴上郭靖的帽子吸引追兵的注意，最后这个小兵被几个蒙古武士一扯几瓣而亡。

就是这么个一带而过的情节，一个不知名的小兵，但是有心人注意到了，从小兵的视角讲述了他的故事，并写成了一篇文章——《小兵之死》。这么多年过去了，我一直记得这个篇幅很短，看似不起眼的文章，却体现了真正的人文主义精神，这种精神也一直是我主张的教育理念中不可或缺的一部分。

最后一点，不知道大家有没有注意到，当观众可以在任意的时间和空间进入剧情，主角的命运也不再是唯一值得被关注的情节时，这部剧就谈不上有严格意义上的开始，也不会因为主角的命运而走向终结，而是变成了开放而无限的。同一名观众可以反复观看同一部剧，每次都可能会有不同的视角，获得不同的体验和收获。好的教育也应该能够带来同样的效果。

教育，从一本书说起

关于人类各种活动的有限性与无限性，美国哲学家詹姆斯·卡斯（James Carse）写过一本非常有影响力的书——《有限与无限的游戏》（*Finite and Infinite Games*）。卡斯用“游戏”这个词泛指人类的一切活动，他在书里把这两种性质的活动做了充分的对比。

“有限的游戏”目的是决出胜负，在这个游戏里必然有胜利者和失败者，有主角和配角，一旦胜负已定，游戏就结束了；而“无限的游戏”则没有明确的开始和结束，它的目的是不断地延续游戏，游戏的参与者各有所得，无所谓谁输谁赢。

“有限的游戏”有清晰不变的规则以及评判输赢的标准，并且这些规则和标准都是外在制定的，游戏中有固定的角色，每个角色都按照外在的角色要求行事；而“无限的游戏”中，无论是发生的时间、空间还是评判的标准，都不是由外在设定的，而是游戏的参与者自己根据实际情况以及自身需求来设定的，并且随着游戏的进行还可以做出调整；游戏参与者的角色也不是固定的，而是多变的，并且一个人可以同时承担多个角色。

在“有限的游戏”里，每个参与者都必须符合一定的标准，否则会被取消资格，或者无法进入下一轮游戏，与取胜无关的行动都不值得关注；在“无限的游戏”里则正好相反，参与者不关心输赢，只关心个体的成长和游戏的继续，他们擅长“在意外中学习，在混序中成长”，如同我们在群岛常说的那样。

由于卡斯是一位哲学家，而且他写的这本书几乎全是理论而没有举例，因此这些比较的内容看起来很抽象。但是，如果我们仔细地思考和分析便不难发现，现在的主流学校教育正是卡斯所说的“有限的游戏”的充分体现。

主流的学校教育，一场有限的游戏

如果你问一个老师或者家长“教育的目的是什么”，他们很有可能会回答“帮助孩子成长”，但在实际行为上，他们中的很多人更在乎的是“孩子能考多少分”。

对于好的教育理念或教育实践，即便老师和家长明知它对孩子的成长有好处，往往也还是会关心“它能不能帮助孩子提高分数”。如果不能在短期内对提高分数有帮助，那就以后再说吧。换句话说，老师和家长都认为孩子在整个K12阶段的学习是在为未来的美好生活做准备，但这种准备要与在考试中取得好的成绩画上等号，哪怕明知这些考试内容在真实生活中并没有什么用处。

我们现在的教育系统是模仿军队和大工业生产系统设计的，所以我们会看到标准的入学时间、上课时间、教学内容、教学方法还有考试内容。

传统的大工业生产系统提升效率和业绩的方式是，底层的思考范式保持不变，同时提升4个关键的成功要素：规模化、标准化（包括工作划分进一步细化、权力等级进一步明确等），以及专业化和严密的控制措施。如果教育管理者、教育工作者还有家长的头脑里装着的是这些要素，那么教育会如何开展也就不难想象了。

回忆一下，当我们还是孩子的时候，第一天上课，本来是满怀期待、充满好奇的——要见到新朋友了，要学习新知识了……结果我们被带到一个固定的桌椅旁坐下，然后被告知从今天开始，每天要遵守一大堆的纪律：发言要举手、未经许可不得离开座位、不能和同学交头接耳、答对了问题会受到表扬、反之则会挨批评……

结果，原本对世界充满好奇、自由提问的孩子不见了；原本充满想象力的孩子变得只知道记标准答案了；原本可以天马行空地用绘画来表达自己的孩子，现在只关心“我画得像吗？画得对吗？能得多少分呢？”……

每年到了毕业季，网络上都会流传不少毕业致辞。很多致辞里都会有类似下面的寄语：

> 在你们加入社会后，会看到各种离奇的现象，知道自己更多的弱点和缺陷，还会遇到各种诱惑和挑战。

我们一方面被这样的谆谆教诲感动，另一方面是不是也该反思一下：为什么我们在学校读书的时候不知道那些“离奇的现象”，没有发现自己的弱点和缺陷，不曾遇到各种诱惑和挑战呢？

这些寄语背后折射出的是一个现实：当下的学校系统把学生隔绝在了真实的世界之外，学生们学习了无数的书本知识，却未曾认真地面对过自己真实的内心，更未曾解决过生活中真实的问题。我曾在一所中学听到一位班主任老师这样激励学生，他说："你们好好学习才能考上大学。进了大学以后，你们就可以想睡多少觉睡多少觉，想谈多少恋爱谈多少恋爱。"底下有个女生问了一句："那我们什么时候学习呢？"老师不假思索地回答："等你们走上社会以后。"

仔细体会一下，这句脱口而出的话是多么的深刻啊！它揭示了我们现在正在经历的教育的真相：我们在学校里学习只是为了找到一份好工作，而真正的学习是在走入社会、有了工作以后才会发生的。我一直觉得这是我听到过的来自一线教师关于教育真相最真诚的告白。

从"有限的游戏"到"无限的游戏"

总体而言，目前教育领域的各种创新和变革都是一种把教育从"有限的游戏"变为"无限的游戏"的努力，我将这种努力称为教育的进化，即从教育 1.0 向教育 3.0 的进化。

在进化的过程中，"社会化学习"的程度也必然越来越深入。在前文图 1-2 的"教育范式进化图谱"上，中间的那条斜线体现的就是从学习者的角度来看社会化学习的充分程度。在教育范式从 1.0 到 3.0 进化的过程中，学习将越来越明显地以"社会化学习"的形态出现，也越来越体现出"无限的游戏"的特征。

未来的教育，一场无限的游戏

在未来，教育将逐渐进化为"无限的游戏"，那么作为"无限的游戏"的教育会体现出什么样的特征呢？

第一，以"成长"和"发展"为目标。这样的教育不再是为了在考试中争个输赢，而是真正以学习者的“成长”和“发展”作为教育的根本目标。

知识可以获得，学问可以加有，但发展是一个过程，正像美国教育思想家约翰·杜威所说的那样：**发展是教育神圣的目标，活动是教育神圣的手段。**

“无限的游戏”在过程中可以加入“有限的游戏”。此时，无论这一部分的“有限的游戏”是输是赢，在“无限的游戏”参与者眼中都只是游戏过程中的瞬间，是为了推进游戏的进行，引出下一段游戏的过程。而纯粹的“有限的游戏”则相反，它的参与者以取胜为目标，参与者在游戏中的一举一动都是为了赢得游戏，不以取胜为目标的举动，都不是游戏的一部分。而一旦参与者在竞争中失败，就会被淘汰出局，失去存在的意义，更谈不上发展的必要了。

作为“无限的游戏”的教育并非一定没有竞争，但竞争不是为了分出输赢，而是一种发展的手段。因此，即便有竞争也不会以分数作为唯一的标准，每个人都可能在某一方面展现自己的优势，永远不会在个人成长这场“无限的游戏”中出局。这样的教育也并非没有评估，只是很少会以标准化考试的形式进行，更不是为了筛选和淘汰，而是为了帮助学习者成长。

这种教育并不是想象。在芬兰，小学阶段根本不会用考试分数来评价学生，每一位学生都有一份单独的学习档案，老师会从各个方面记录学生成长的历程。类似的例子在国内也不少见。像前面提到的“蜂窝儿童宇宙”这家教育机构，就开发了各种帮助孩子提升网络素养和独立思考能力的网络课程。他们评价孩子的方式是“叙事性评估”，没有分数，只有成长的记录。

> 当学习不再是输赢这种二元对立的思想时，它就变成了一种共学、共赢、共创的人生历程，每个学习者都可以成为终身学习者。

第二，关注有意义的学习。当教育的目的变成了成长和发展，教育的过程也就从关注教学变为关注学习，关注学生为什么学、怎么学。**作为“无限的游戏”的教育首先要问的问题是：有意义的学习是什么样的？**

美国人本主义心理学家、教育家卡尔·罗杰斯（Carl Rogers）在《自由学习》（*Freedom to Learn*）这本书里提出的有意义学习的 4 个方面很好地回答了这个问题：

- **个人卷入程度**——整个人的身心，包括情感和认知，都成为学习的一部分。
- **自我主动投入**——让刺激来自外部，探索、接触以及理解和掌握的愿望却发自内心。
- **渗透性**——它引起了学习者在行为、态度甚至人格上的改变。
- **学习者对事件的评价**——学习者很清楚学习内容是否能满足自己的需求，能否将其引向自己想要了解的领域，是否恰好填补了自己的空白。评价的核心在于学习者自身。

有意义的学习一定是与学习者的真实生活紧密联系的学习。对比一下，“让学生背出西安是中国历史上哪些朝代的都城”和“让学生设计、规划并实地参观西安的博物馆，然后写出一份学习报告”，哪一种方式更让学生感兴趣，更能激发他们的创造力和热情，更能帮助他们获得成长与发展？

> 有意义的学习不仅仅是“听老师的话去学”，而更多地体现在“从实践中学习，从制造中学习，从创造中学习，甚至从为社会提供价值的过程中学习”。

第三，打破和重塑角色关系。在作为“无限的游戏”的教育中，很多传统范式下的角色关系将会被打破和重塑。

在“有限的游戏”中，每个角色都是被预先规定好的，并且在整个游戏期间都不能改变；而在“无限的游戏”中，任何参与者都可以扮演多种角色，并且可以随着游戏的进展而发生变化。卡尔·罗杰斯说：**“在自由教育中，学生是一个有无限发展潜能的个体，这是一条基本的教育哲学。”**

因此，学生可以自己设定学习目标、学习计划、测评方式，并在学习过程中，在外界的支持和协助下进行自我管理。千万不要低估孩子的能力，给他们机会，他们一定会给大人们惊喜。

前不久，一位朋友在跟我聊天时讲到他家孩子的事情。他本人是做互联网产品运营的，有一天他发现自己 12 岁的女儿居然有抖音账号，还有 1 000 多个“粉丝”。他对女儿说：“你发这些视频要注意个人隐私啊！”他女儿说：“爸爸你放心，我从来不发家里和学校的视频。”他爸还是不放心，又说：“你在这个上面花的时间会不会太多，耽误学习啊？”他女儿说：“爸爸你放心，比发视频好玩儿的事情多着呢。”

过了一段时间，这个小姑娘主动跑来对她爸说：“我把我的抖音账号卖了，这下你彻底放心了吧。”他爸一边惊讶一边不忘问一句：“那你发的视频呢？”他女儿说：“爸爸你放心，我卖掉之前都已经删掉啦。”

这位朋友跟我说：“现在的孩子可真了不得，我们这一行天天说网络安全、互联网运营、流量经济，孩子们玩得比我们都溜！”

我在 STEAM 课堂上也经常遇到类似的情况。比如制作离心机，有的孩子做完以后说这个功能还可以用来制作陶土；一个小球，大人觉得就是个装饰，孩子却把它当作小车的减震装置，这些都是老师们原先没有想到的。如果把教育当作“有限的游戏”，孩子们只能按部就班地按老师或者书本上的指导一步一步地完成一个“作品”，不管那个作品多么完美，孩子们的成长都是有限的，在过程中失去的探索精神和好奇心对学习的影响则更大。

那么老师或者家长在“无限的游戏”这种教育里要做什么，要扮演什么角色呢？

> 我们要做的是把每一个学生、孩子都当作一个完整的个体来对待，和他们建立真诚互信的关系，并为他们的学习构建一个可以安全试错、容易获得支持的环境。

我们要不断地观察和反思：在我们所创造的学习成长环境中，孩子们究竟是一个单纯的信息吸收者，还是一个思想创造者、动手实践者；我们是不是在培养他们的学习能力，并且帮助他们保持学习的热情，成为一个终身学习者。

第四，打破有限的学习时空。在作为“无限的游戏”的教育中，学习的时间和空间限制将被打破。

在“有限的游戏”里，时间是被外界定义的，它规定了每个人一生的相似历程，以及每个历程里必须要做的事情。先上学，再工作，再养老，这样的人生历程其实并不是理所当然，而是一种社会建构。

有一年春节，我去新西兰旅行，途中遇到一个以色列青年。他才 22 岁，却已经是一名坦克营军官，操作过价值几百万美元的仪器，领导过几十人的团队，做过复杂的战地决策，旅行到过十几个国家。这种情况在以色列非常普遍。

在以色列，高中生毕业以后会先去军队服役，他们会在军队学到最实用的专业技能，同时培养了团队精神、沟通能力、领导力这些软技能。因为服役很辛苦，而以色列国土又太狭小，所以服役结束后，这些年轻人一般都会选择出国旅行。旅行回来后，这些人才选择去大学就读。我遇到的这个青年就是这样。他跟我说他回国以后要去读软件工程专业，毕业后要自己创业。顺便说一句，以色列还是全世界人均初创企业数量最多的国家。

我要说的是，这种制度性安排是非常值得深入研究的。它打破了“先上学，再工作”这种传统的人生安排。在进入大学、接受进一步的深造之前，学习者已经在社会上、在真实的环境里、在实践中学习了大量的知识技能，也对自己未来的人生方向有了深入的思考。我认为这种方式很有必要在更多地方试行。

对于把学习和成长当作“无限的游戏”的人来说，每时每刻都可以是一个新的开始，任何时候开始一项新的学习都不会太晚。学习不是被别人规定的，而是自己需要且想要做的事情。同时，他们也不会划分工作时间、闲暇时间、学习时间，不会区分课外读物和指定读物。

对他们来说，学习无处不在、无时不在地发生着。比如吃完晚饭带着孩子在小区散步，和他一起观察路边一棵树每天的变化。你说这段时光究竟是自己的闲暇时间，亲子陪伴的时间，自己的健身时间，还是给孩子的自然教育时间、社会化学习的时间呢？经过巧妙的设计和安排，可以同时都是。

第五，对有限资源的充分利用。最后我想强调的一点是，作为“无限的游戏”的教育并不一定意味着需要投入更多的教育资源。

就像法国作家马塞尔·普鲁斯特（Marcel Proust）所说：“真正的旅行并不是用同一双眼睛经历一百块不一样的土地，而是通过一百双不一样的眼睛看同一块土地。”

从这个角度来说，哪怕只是一块空地、一段亲子时光、一间教室、一本书，都可以提供无穷无尽的多样性，可供观察，可供探索，每一种变化都可以指向更多的变化。

詹姆斯·卡斯说："无限的游戏就像语言的学习者，一边学习着语言，一边也在创造和丰富着语言。"知识的学习者也是同样，一边在学习着知识，一边在创造和丰富着知识。事实上，这种协同共创正是今天知识产出的主要方式。

在我们逐一分析了作为"无限的游戏"教育的种种特点和可能性之后，或许有人会跃跃欲试，或许有人会犹豫徘徊，甚至有人还是坚持做"有限的游戏"的教育。毕竟，后者是我们更加熟悉且更有把握的。正如观看《不眠之夜》那部剧时，尽管戏剧本身已经给了观众很多选择，甚至还给了他们一些自由发挥的机会，但是很多观众还是更愿意追随主角的脚步，把主线情节一幕一幕地看完，觉得这才是正确的看剧方式。

曾任哈佛大学校长的德鲁·福斯特（Drew Faust）曾在演讲中说：**"好的教育，会令人坐立不安。它让你不断重新认识自己和周遭的世界，从而不断做出改变。"**

不管我们现在处在教育进化的哪个阶段，当我们开始对教育进行反思，不再把已有的一切当作理所当然时，便开启了从"有限的游戏"迈向"无限的游戏"的第一步，进而为教育的变革创造出无限的可能。

延伸阅读

在一场“深度学习”主题的论坛上，我们如何做到深度学习？

在传统的“你讲我听”的教育方式下，孩子们能学到的只是浅层的“信息”，在信息折旧速度如此之快的时代，只获取大量的“信息”显然不够，更重要的是学会如何有效地获取信息、思考信息背后的本质、将之转化成能够解决问题的“知识”，再逐步构建起知识体系……换言之，我们需要帮助孩子们学会学习，并进行“深度学习”。

扫码阅读全文

EDUCATION 3.0

06 从悬崖到涟漪：面向未来的教育该怎么教

最令人鼓舞的事实，莫过于人类确实能主动努力，以提升生命价值。

——亨利·梭罗

在群岛，我们曾提出过这样一个问题：如果一些内容对学习者来说既没有用，又没有兴趣，那么他们为什么要学呢？

这个问题引发了很多一线教育工作者的思考和讨论，与此同时，也有不少人提出了自己的疑问：

“总有些知识是很枯燥的，不死记硬背怎么行？”

“如果只教身边的知识，怎么让孩子了解广阔的世界呢？”

“这样对老师的要求太高了，只有国外或者大城市的老师才做得到，农村的老师恐怕做不到吧？”

……

对于习惯了工业时代教育范式的大部分人来说，这些问题还真的挺难回答。然而，一个教育创新者要关注的恰恰不是现在的教育，而是面向未来的教育。这个“未来”又有多远呢？当我们从寻呼机时代跳跃到微信时代，回头再看过去几十年间的变化时，很快就能意识到，所谓的“未来”并不那么遥远，甚至就近在眼前。

面向未来的教育需要教什么

传统的教育工作者常常会把“信息”和“知识”混为一谈，把“记忆”和“应用”混为一谈，把“懂的东西多”和“有见识”混为一谈，把“会考试”和“能解决问题”混为一谈，把“学校学习”和“终身学习”混为一谈。

群岛公众号上有一篇文章，引用过一段关于未来的描述：

> 对于一个接受了16年标准教育的人来说，假定他能活到60岁，那他几乎花费了人生1/4的时间全职进行学习。能背古文诗词，能解圆锥曲线方程，会计算脱离地球引力需要的速度，知道各大历史事件的时间点……而这些，搜索引擎可以在几秒之内找到答案。这就意味着一个人花了16年人生黄金阶段的时间，去掌握计算机几秒就可以搞定的事。这样看来，根本不用担心人工智能是否会威胁人类，因为已经在威胁了。

在《一个数学家的叹息》（*A Mathematician's Lament*）这本书中，作者保罗·洛克哈特（Paul Lockhart）阐述了现行数学教育的荒谬之处：

> 数学证明的艺术性，被毫无生气、形式化的演绎法的僵硬步骤所取代。教科书呈现了一整套定义、定理及证明，老师们照抄在黑板上，学生们照抄在笔记本上。然后老师要求学生依葫芦画瓢地写习题，能快速

学会这种模式的，就是“好学生”。结果，在创造的行动里，学生变成了被动的参与者。

学生做出叙述，是为了符合现成的证明模式，而不是因为他们确实这样想。他们被训练去“模仿”论证，而不是真正去“进行”论证。因此他们不知道老师在说些什么，同时也不知道自己在说些什么。即使是定义的传统表达方式，也是个谎言。

洛克哈特还进一步说明了数学该如何教：

数学应该是关于如何解决问题的学科，而解决问题必须要成为学生数学生涯的焦点。也许会有一些痛苦和创作上的挫折，但学生和老师应该永远专注在如何解决问题的思考和过程上——想出来了、还没想出来、发现模式、进行猜测、建构支持的例子和反证、设计论证，以及评论彼此的成果。和数学历史上的进程一样，特定的技巧和方法会在这个过程中自然产生，不会脱离问题的背景环境，而是会有机地发生关联，并且从那当中生长出来。

我们在学校里教孩子们“死记硬背”的，往往都是“信息”，而不是知识。孩子们只是通过死记硬背或者在“糖衣式”教学的刺激下，来记住或者知道信息，而不是通晓知识；更没有能力通过筛选、攫取、沟通、合作等模式来“创造”专属自己的知识。

未来的时代，不是信息太少，而是信息太多；信息的抵达手段也不再仅仅靠老师对学生的单向输送。手持智能设备的孩子们随时随地就能打破固定的时间、空间和信息输送通道。

直到现在还有很多老师和家长在讨论该不该让孩子使用电脑。其实，我们这一代被称作数字时代的“移民”，而孩子这一代必然是数字时代的“原住民”啊！

未来的学习者既不可能也根本无须记忆那么多的信息。在那个不远的未来，对他们来说更为重要的是具备以下这些能力：

- 能够发现和提炼真实问题；
- 解决真实问题需要哪些信息；
- 信息从哪里来，如何筛选；
- 如何将信息转变成自己可用的知识；
- 如何通过与他人的合作和社会交互，来解决真实的问题；
- 在解决真实问题的过程中逐步形成自己的价值观，扩展自己的视野；
- 找到独一无二的自我，确定自己身为一个个体的价值和意义。

孩子们需要不断练习的，是这样一整套的认知过程和创造过程；需要不断提升的，是认知真实世界的能力、解决真实问题的能力，以及不断提升自我的能力。而要想达到这样的目标，在脱离了真实世界，与社会和人群不产生有效关联的教育模式下，显然是行不通的。

教育、生活、未来的三层割裂

当下的教育，或者说在很多人看来理所当然的教育范式，恰恰是完全没有与社会和人群产生关联的教育。无论是学习的内容还是方式，都跟真实的生活以及不远的未来完全割裂开来，“当下的教育”“真实的生活”“不远的未来”就像三座孤立的悬崖，正应了那句话：**我们是在“用 19 世纪的体制，教 20 世纪的知识，去面对 21 世纪的挑战”**。而很多教育工作者和家长依然孜孜不倦地让孩子们攀登着孤立的悬崖，爬得越高越引以为荣。

由此，就讨论到另外一个问题：如果教育不应该是催着孩子们去攀登孤立的悬崖，那应该是什么样的呢？

《拉动力》（*The Power of Pull*）这本书讲到：人们在传统的教育和工作方式下都是“被推着走”。大家找不到自己的热情所在，被动等待着其他人的安排，言听计从；不论是学习还是工作，都按既有的环境设置按部就班地来，无法察觉自己的特长和潜能；不敢尝试新的机会，没有能力获取资源，不擅长与他人合作，更不用说主动地设定和达成目标了。

而在新的信息时代里，科技基础设施逐渐完备，降低了人们接入和参与外部世界的门槛，新设备间接提高了个人的能力；知识不再是一个个仓库，要先存满了才能用，而是变成了河流，快速地在不同地区、产业、人群中流动。所以，那些主动站在河流里，自己动手去拉动有用信息并能有效使用的人和组织，才能真正地获得成长，取得优势。被推着走是被动的，自己主动去拉才是主动的过程。正如我的一位朋友所说：

> “主动去拉”就是掌握人生主动权的积极态度，将自己对某领域、某事物的热情转变为长久的承诺，进而激发出自己的个人潜能，通过反复尝试，习得更多技能和知识，主动地发现更多的机会，建立更好的社交网络，逐渐增长动员社会资源的能力，一步一步达成阶段性的目标，并在一定的社会半径内带来冲击效应。

所以，要推动社会化学习，在设计教育产品或者教学模式的起点上，就要从学习者的视角出发，变“被别人推”为“自己主动去拉”。

> 我们的教育思考的不应该是“我怎么把这些知识教得更好，把课上得更好，把学生推得更好”，而应该是“如何让学生主动去拉动知识，拉得更有效，拉得更开心”。

想象一下，如果每个学生都能站在信息的河流里，由近及远，主动地拉取各种信息，是不是就形成了一个个以个体为中心的涟漪？面对未来的学习，其发生方式恰恰就是这样一层层的涟漪效应，在涟漪中与真实的社会和广泛的人群发生联系、互相作用，而不是空洞地攀登孤立的悬崖。这就是群岛一直在推动的社会化学习——学习在窗外，他人即老师，世界是教材。从身边最近的社区、社会、人群、文化、关系……开始，一圈圈往外扩散，逐步跨向更为广阔的世界，响应更有难度的挑战。

老师可以发挥的作用，则是在涟漪最开始出现的时候，通过设计过程来激发学生的兴趣，培养他们的能力，并在他们可能遭遇挫折时给予陪伴。也就是说，老师要做的是想办法把那颗激起涟漪的石子扔得更巧妙、更有效。在涟漪出现的最初几圈，依然需要老师持续地推动和协助，一旦学习者提高了能力，感受到了乐趣，产生了自我价值感，他们就会主动让自己的涟漪持续发生，从而将其变成终身的习惯和持久的能力。

因而，作为一名教育者，我们首先要问自己的就是：目前我在做的教育是断崖吗？我看得到那个未来的涟漪吗？我愿意花费心思去扔好第一颗石子吗？我愿意耐心地推动最开始几圈涟漪吗？

从孤立的悬崖到社会化涟漪

从孤立的悬崖到社会化涟漪，教育视角可以转换，但把视角运用到真实的教育过程中，让理想照进现实，会不会很难？

有点难，但也没有那么难。

如果我们的教育方法是促使学生“拉动”知识，而不是“推着”他们把某个或者某些知识点记忆下来，储存起来；如果我们的教育目标是帮助学生提升面对未来真实世界的综合能力，找到个人的存在价值，那么学习的过程和体验就应该像旅行一样。

还记得旅行的过程吗？旅行不仅仅是看风景。整个旅行的过程中，我们出发前要先查找目的地、准备行囊、买东西、和朋友商量；在路上要和陌生人打交道、学习异国的行为规范、了解当地的文化和历史、玩各种有意思的东西、拍照、和朋友分享、应付各种突发的情况……为了一次旅行，我们要“主动”去学习各种知识和能力：网络搜索、与人沟通、异国常识、财务和事务规划、语言学习、处理突发事件、文化历史知识、自我洞察……

一次旅行的体验，犹如一次镶嵌了各种能力要素的学习过程。如果有个人告诉你：这次旅行，我们只学财务知识；下次旅行，只学历史知识；再下一次旅行，必须学习语言知识……你一定当他是疯了。

有些教育者对此表达了担忧：一次旅行，什么知识都是浅尝辄止，怎么能学好、学透呢？当然，一次旅行肯定不够。可如果是 10 次旅行呢？叠加起来，其中的每项教育元素不就被反复练习了吗？在这个过程中，学习者的每一个能力维度都在不断加深。“老驴友”和“新驴友”之间的差异不仅体现在某个单项能力如路线规划上，而且体现在从路线规划到应付突发事件再到财务规划、沟通协作等多项能力综合水准的不同上。

还有人说，一次旅行需要那么多能力和知识，不是太难为老师，也太难为教材编写者了吗？可是，在这个信息互联的时代，在这个快速交互的时代，为什么一定要由某一位老师、某一个教材编写者来做所有的事呢？在过去，教材就是学习者的世界；在未来，整个世界都可以变成学习者的教材。同样，为什么不能让身边的每一个人都变成我们的老师呢？这就是我们所倡导的社会化学习的本意。

跳入社会化学习的涟漪

真正的学习历来不是单向度的事，而是需要与真实的世界、真实的人生、真实的秩序去打交道。真实，意味着热闹喧嚣又杂乱无序。想要激起涟漪，那个石子该往哪里扔？扔下去后会不会更乱？失去控制了该怎么办？如果我们一步步地带领孩子们演示“拉”的动作，让他们亦步亦趋地跟我们学，岂不是又变成了一种新的“推”？

在《拉动力》这本书里，作者将“拉”分成三个层次，简单地概括就是“3A”：

- 获取（Access）——自由接入；
- 吸引（Attract）——魅力磁场；
- 成就（Achieve）——释放潜能。

如果一个教育创业者想推动社会化学习，想帮助孩子们提高“拉”的能力，体验“拉”的力量，创造出一个个持续不断、富有动力的涟漪，那么所有的教育目标和活动就都可以围绕以下三个重点目标来进行：

- 帮助孩子们“自由接入”流畅不断的信息河流和变幻莫测的真实世界；
- 帮助孩子们“找到自己的魅力，建立自己的磁场”，从而吸引到气质相同的人、事、物；
- 帮助孩子们“找到可以发挥的空间，激活个人的潜能”，从而有机会去真正地创造。

也许大家已经发现，这三个“帮助”首先挑战的，恰恰是教育者本身。首先要去学习在新时代里如何“拉”的那个人，就是我们自己。

一方面，随着科技的发展，孩子们伸手即可触及广阔的世界，那个世界是无尽的信息河流，不是一扇校门、一道命令、一个老师就能拦得住的。另一方面，如果我们的教育系统把自己与真实的世界隔绝开来，变成一座孤立的悬崖，一滩孤零零的死水，又如何让孩子们产生连绵不断的涟漪呢？

因而，作为教育工作者的我们要想帮助孩子们面对未来的世界，自己就要先看到未来；要想帮助孩子们跨越那三座悬崖，就要先跨越自己生活、工作、学习的悬崖；要想帮助孩子们跳入社会化学习的涟漪，就要先找到自己的涟漪运动方式。

同样，要想让孩子们成为涟漪的中心，学会创造自己的知识，解决真实的问题，释放自己的潜能，成为独一无二的自己，也不仅仅是某个学校、某个老师、某个机构就能独立完成的，更不是某一种教学模式或者某一个教学平台就能包打天下的。每一个有志于改变教育的人，都可以在其中发现并建立自己的位置。而这些，恰恰是一个教育创新者、教育创业者应有的远见，更是行动派们广阔的机会。

未来就在不远处。让我们一起创造面向未来的教育涟漪吧！

延伸阅读

从“旁观者”的一生看什么是最好的教育

“旁观者”是彼得·德鲁克的自谓，他生于1909年，逝于2005年，经历了完整的20世纪，并跨进了21世纪。他的一生几乎完美地诠释了“在变化的大时代下，个人如何安身立命”。这样的伟大人物是如何长成的？身处“变化的大时代下”的我们可以获得哪些启发？本文娓娓道来。

扫码阅读全文

EDUCATION 3.0

07 打开黑箱，让学习的过程可见

教育不该是为了将来的生活做准备，教育就是生活本身。

——约翰·杜威

我曾经写过一篇文章——《那个蹲在地上玩石子的孩子为什么一定要知道刘翔是谁？》[①]，其中提到，当志愿者们因山村的孩子不知道奥运会和刘翔而报以“遗憾和惋惜”时，我们要先问一问自己：孩子为什么一定要知道刘翔是谁？这样的宏大叙事对孩子有吸引力吗？既然没有吸引力，我们又有什么理由指责孩子不认真学习呢？其实还是前文提到的那个问题：如果一些内容对学习者来说既没有用，又没有兴趣，那么他们为什么要学呢？

一些教育工作者在看了这篇文章以后，问得最多的问题是：“古典音乐、山水绘画、世界百观……这些东西离山村的孩子确实很远，可难道这些东西（在将来）就没有用了吗？难道就不值得教吗？”而很多教育创业者问我的则

① 参见本书第 12 章末的“延伸阅读”。——编者注

是另一个问题："我们做了很多社会化学习的探索，也获得了一部分家长的认可，但是孩子的成长该如何评估呢？难道社会化学习也要学习者做一张试卷才能说明他们学会了吗？"

我们是在学习信息，还是在学习知识

长期以来，人们并不区分信息和知识，甚至将其混为一谈。印第安人有一句非常优美的箴言："信息无处不在，而风就是它的化石。"在移动互联时代，信息更是爆炸性地增长。但是信息并不是知识。

秦始皇在几月几日、什么地方打败了楚国，这是信息。了解这些信息固然重要，但更重要的是知道秦始皇为何在当时做出这样的选择，又是什么力量帮助他达成了这个目标，以及对之后的历史产生了什么影响……这些，是知识。

显而易见，信息是稳定的、客观的、传递无差别的；而知识是不稳定的、主观的、因人而异的，与其形成的情境脉络紧密相连。

如果我们误以为信息就是知识，那么也会误以为知识需要用某种单一的方式来记录，通过某种单一的形式来捕捉，可以积累、加工、储存和分割，凭借语言和符号即可明示，以现成的方式打包即可加以传递。由此，教学就是老师对这种"简单信息"的传递、传授、传播，学习就是学生通过对所教信息的复制与同化来实现的。

但是，真正的知识往往因人而异，因情况而异，因背景而异。也就是说，真正的知识与认知者有关，与认知者在特定情境中的求知过程相关联。自然而然的，我们就会发现：学习包含着对真理的质疑、对知识的渴求、对知识的建构与理解，以及所有这一切发生的情境脉络，不可能以现成的、孤立的方式掌握，更不可能由单一的、二元对立的方式去教授，比如只能由老师去教，或者只能在学校里学。

这也是群岛致力于推动社会化学习的着力点：**如果我们要学习的是知识，那就必然要与现实世界进行交互和理解，与真实情境紧密联系，在真实实践中产生，也在真实生活中得到呼应。**

什么样的信息最容易被接收

学习知识，首先当然需要接收信息。但是，仅仅接收信息还远远不够。同样，光靠接收信息的量也是没有用的，更要考虑接收信息的有效性。

我有一个在非公立学校做教育的好朋友，为了推广自己的教育理念，开设了一个微信公众号。他并没有像网络上很多教育“大V”一样泛泛地面对全部大众，而是独辟蹊径，专门面向某个地区，如“徐城家庭教育”。他在公众号上发表的每一篇文章都是既带有普遍适用的教育观点，又针对当地的教育、政策、家庭等特殊性做了诠释和解读。结果，他的公众号广受当地家长的好评，不仅点击率高，更重要的是交互性也特别强。大家在文章下面留言，讨论、提问、咨询……好不热闹，原因无他，就是因为这里的文章是“根据我们的情况”，说着“我们的事情”，提供了“适合我们的答案”。

我这个朋友也在其中受益匪浅，不仅是因为其个人品牌被当地家长深度认可，更是因为他从家长的反应和讨论中获取了更多的信息和见解，启发了他之后文章写作的主题。表面上看，这样的地区性公众号读者人数可能不会过万，文章的点击率也很难达到“10万+”，但是，从交互的活跃度、彼此的信任度以及信息转化为行动的可能性上来看，其价值要远远大于一般的所谓“大V”。

那么，从学习者的角度出发，什么样的信息最容易被共情、被理解、被接收呢？自然就是离自己最近的信息。对远在西藏高原的孩子来说，课本里出现并要求背诵的红绿灯、高楼大厦等都没有意义，因为他们从来没有看到过，也无从在生活中感知，转头就忘是必然会发生的情况。

学习，正是如此。只有来自周边真实生活、能够被真实感知且容易参与实践的信息，才有可能最大量、最有效地被吸收。

从接收信息到学习知识，需要一个建模过程

信息输入之后，学习者并不可能像竹筒倒豆子一般，马上就能进行输出，从接收信息到掌握知识，需要一个建模的过程。

从大脑的处理过程来说，任何信息输入之后，都会有一个分析、归纳或演绎的过程，从中得出规律，预测或指导未来的行为或决策，也就是所谓的思考能力。同样，生而为人，除了基于本能（如饿、累）的归纳和演绎，我们还有更多基于情感性（如伤心、温暖）和社会性（如地位、尊严）的认知和处理过程。建立这样的认知模型的过程，就是我们所说的“建模”的过程。

“建模”这个词，对于来自数理分析、建筑学或者计算机科学这些专业的人来说，一看就能明白。未来的世界是机器的世界，但是如何让机器学会做我们想让它做的事情呢？最开始的机器学习流派致力于“告诉机器它该做什么”，所有的程序和任务都是由程序员事先设定的，也就是给机器输入“信息”，让其执行既定的任务。每台机器一出厂就是“熟手”，能够完成既定的任务。

慢慢地，大家发现，这条路走不通。机器虽然运转速度很快，但是很“笨”，只能应对毫无变化的标准情境。于是，基于大数据和深度学习的新流

派诞生了，他们致力于帮助机器“学会学习”，也就是让机器能够自主处理信息，判断环境，建立任务，做出决策。而机器学习的关键，就是学会建模。唯其如此，才能让机器在无人监督、无人告知的情况下，能够自己逐步地学习，而且是加速地学习——直到学会“思考”，也就是掌握了“知识”。每台机器在出厂的时候还是幼儿园水平，但是只要“学会学习”，那么按照它们的运转速度，几天之内就能达到“本科毕业”甚至“硕士”“博士”的水平，并呈指数级的速度无限提升下去，成为“超脑”，也就是所谓的“奇点来临”，到那时，人类将被远远抛在后面。

且不谈超脑时代是否真会来临，如果我们要掌握的只是信息，那自然是“输入＝输出”，越像竹筒倒豆子那样“直通通”越好；但是，如果我们要掌握的是知识，那么社会化学习在本质上就是帮助孩子建立自己的认知模型的过程。学习者一旦建立了自己的认知模型，就可以亲身尝试探索更为宽广的边界。如同涟漪一样，一圈一圈扩散下去。

在这个过程中，孩子不断提升的不仅仅是信息的吸收能力，更涉及对真理的质疑、对知识的渴求和理解，以及参与到这个世界的构建之中的能力。孩子不仅是在消费这个世界，更将有意愿和能力参与构建一个更为美好的世界。这些，才是所有身而为人的人面临未来世界所应有的能力。

回到本节开头，一个山村的孩子没有必要通过远在天边、跟自己毫无关系的刘翔才能知道体育运动背后所代表的精神，也许一场本地的足球赛，以及老师们巧妙设计的组队过程，就能让他建立起自己的认知模型。生活在西藏的孩子也不需要通过红绿灯来了解规则对于生活的意义，而是通过观察当地的信仰和文化在自己家庭中的作用，就能充分领会其中的道理。

有了这样的建模过程，我相信，一旦这些孩子有机会来到陌生的城市，只要稍作分析，他们就能对新的信息进行处理和决策，并自主推动自己学习模型的进一步完善。

社会化学习就是一个建模的过程

美国著名教育学者罗伯特·赫钦斯（Robert Hutchins）在他的研究中提过这样一个例子。在 20 世纪 60 至 90 年代，屠宰是一项专门的职业，有很多学生参与学习，并期待毕业后能顺利找到工作。

那时，屠宰专业的学习是由商业学校教学和在职培训两个方面组合而成的。学生们要先在商业学校里进行 6 个月时间的学习，在课堂上学习书本知识，进行书面测试并考取证书。但是，课堂上学的东西一来缺少练习，二来与现实相比相对滞后。比如，学生们在学校花费了很多时间学习如何磨刀，因为这曾经是行业里非常重要的一项工作，然而等他们毕业时，现实中的这项工作已经由磨刀公司完成，他们会每隔一段时间将磨好的刀送到肉店，再将用钝的刀收走。

在商业学校如此，到了肉类工厂进行在职培训时，情况会不会好一点呢？非但不是，反而又产生了新的问题：屠宰工厂将流水线分得非常细致，一名学徒往往要在同一个岗位上工作数年。好不容易等有了新的学徒过来，老学徒还要负责将新学徒教会，才能转移到新的岗位，进行下一步的学习。

有意思的是，研究表明，在贫苦地区做学徒的人，学习速度反而比生活在富裕街区的人快得多。因为前者的错误成本较低，老板的容错度也高。这就像大学生毕业后如果选择去好的创业公司工作，肯定要比去大公司学到的东西更多，学习的速度更快一样。

这个关于屠宰学习的例子能不能完全映射到当下的应试教育，以及应岗性工作上呢？我们再来看另外一个有趣的案例。

美国海军培训新舵手时，为他们设定了真实的学习情境，并在这个情境里设计安排了 6 个职位。这些从未受过训练的新手在海上航行时，依次担任每个职位的工作，按照水平的高低循环往复。这些职位的次序按照从仪器收集信息、判断信息到将信息展现在航海图上、为二副提供决策性意见这样的流动过程，经过了特意的设计。

这样的设计一方面能让新手按照所了解的信息，沿着贯穿该系统的轨道持续进行学习和摸索；另一方面，6 个职位的不断交替提高了新手对整个系统的探测、诊断和纠错能力。同时，由于船只处于真实航行状态，所以新手们不仅是在学着做，更要和其他舵手进行真实任务的协作，不能耽误别人的正常效率。由此，新手们还需要由更有经验的值班舵手进行严格指导。如果新手不能达到要求，值班舵手会随时帮助他克服困难或直接替代他完成工作，直到这个新手能够逐渐胜任职位，并能学会组织自己的系统行为为止。

更值得教育者思索的是，据研究，经过这样训练的舵手即便从海军离开，他们在之后的生活和工作中所展现出来的思考能力、协作能力和领导能力等也要远超没有经历过类似训练的同龄人。

如何看见“建模”过程

一个新的问题出现了，“建模”的过程也好，“模型”的能力或说思考能力本身也好，都是不容易被看见的，成果是滞后的，那怎么才能让有决策权的家长感知到呢？

在前面的例子里，从屠宰学校毕业的学生，每个人都通过了考试，这是人们马上就能看见的东西。但其实这样的分数并不能反映学生真实的能力。而美国海军培养的新舵手，船上的每一个同伴都可以对他做出直接评估，给出团体感受，不需要外界的感知和认可。但是，在一般的学习过程中，拥有选择权的家长一方面希望能有“马上看得见的结果”，另一方面，家长本人往往没有时间或能力参与教育过程。人不在船上，又如何感受到其中的价值？而建模能力的高低与掌握的深度，要想在孩子身上真正反映出来并付诸应用，可能要等到若干年以后。

这也是很多推动素质教育的小伙伴所面临的共同问题。应试教育容易有“产出”，尽管不一定是“成果”，更不一定有长远的“影响力”；而以社会化学习为代表的创新教育，其创新、创业者的投入更大，孩子们综合吸收的知识更多，但是“产出”不明显，成果不可见，影响力更是需要投射到较远的时间维度才能得以显现。更荒谬的是，我见过一个所谓搞“创新教育”的机构，最后通过闭卷考试的方式来测试孩子们对创新的理解。这无非就是让孩子们把老师教过的、教材上写好的“关于创新的信息”复述一遍罢了。不知道当家长们拿到这样一份“100 分”的创新力考卷时，心中做何感想。

将“黑箱”变成“彩色鱼缸”

在群岛，我们常常提到一个观念——约束催生创新。如果现在“限制条件”就放在这里，即“产出和成果很难被即刻评估和可视”，或者可以被评估，但评估成本偏高，不可行。那么有没有什么办法将社会化学习的过程可视化，将“黑箱”变成“彩色鱼缸”？

社会化学习提倡打破原有框架，在学习方式上不仅仅是“教—学”的单一模式，还可以通过社会化的方式进行；角色关系不仅仅是“老师—学生”这样的单一关系，还可以包括家长、同学、社区、各种专业人士等；学生们学习的资源和材料将来自整个社会，而不再局限在校园这个物理范围里，也不再仅仅来自统一的教材和教辅材料。

与此同时，学生们尝试学习的项目和主题与真实的、变动的，充满生活气息的社会更加直接相关，而不再仅仅是机械的书本知识的组合。也就是说，过去，教材就是学习者的整个世界，未来，整个世界都可以是学习者的教材。所以，社会化学习的整个过程丰富多彩，与他人、社区、世界的互动都非常频繁。这个过程不应该像一只黑箱那样被掩盖。

那么我们该怎么做呢？再来举一个有趣的例子。世界上最大的“自组织式”组织是“戒酒者匿名互助协会”。如果一个酗酒者想要戒酒，但是仅靠自己的意志力无法实现的话，可以参加这个协会举办的支持活动。在这种活动中，老会员，即戒酒成功者会协助新会员度过戒酒所需要的 12 个行为步骤。这些步骤的核心其实很简单：听别人戒酒的故事，讲自己戒酒的故事。

在每周的小团体碰面会上，新会员和新会员互相讲述自己的戒酒进度，以及在生活中如何对抗饮酒欲望的故事；在大型会议上，老会员陈述他们过去的酗酒历史和戒酒过程，以及重建生活的经验等。在整个过程中，每个步骤的目标都有清楚明白的阐述，对于新会员如何参与也有明确要求，就像一张可视的路线图。一个新会员的最初贡献，也许只是一个默默的姿态——会议要结束时，拿起一块白色筹码表明在接下来的 24 个小时内不喝酒的意愿。中间的步骤，还包括耐心听老会员的故事，在小型讨论会上非正式地讲述简短的故事，在大一点的“演讲会”上很正式地讲述个人故事等。

除了学习如何将自己的戒酒进度以故事的方式真实地讲出来，新会员还必须学习酗酒背后隐藏的文化模式，包括协会的提议、作为证据的恰当事例、对事件的恰当诠释等。仅仅学习关于酒精的知识是不够的，酗酒者必须将这些知识应用到他们的生活中，而这些应用必须被演示出来、讲述出来……

到了适当的时候，戒酒进行到第 12 步，会员需要拜访一位正在酗酒的人，并说服他成为协会的新会员。在这个最后的步骤里，会员要敢于同外界的酗酒者进行一对一的互动谈话，讲述自己的故事，介绍协会的目标和计划，并尝试帮助酗酒者在有心理准备的情况下，意识到自己是个酗酒者并辨析他的戒酒意愿。而这个行为，标志着其参与的一个新阶段的开始，也就是说，这个会员现在已经是一位得到承认的老会员，能充分担当“信息传递者”和“帮助他人者”的角色了。而整个 12 个步骤的完成，则意味着这个会员掌握了重构个人生活和身份的基本能力。

这是教育研究者卡罗尔·凯恩（Carole Cain）在 20 年前所做的研究。他认为，戒酒者匿名互助协会的主要任务是帮助酗酒者通过建构个体生活故事这个过程，来建构其在戒酒经历中所有行为的意义，并迁移到自我重建生活的能力上。这些会员所经历的变化绝不仅仅是行为上的改变，这份经历也将影响他们对自我的认知，以及今后在社会中的行为。

这就是一个通过“学习”过程来展示成果的例子。我们是不是也可以尝试一下呢？当几个教育创业者来和我讨论这个问题时，大家还提出了更多的思路：除了把“黑箱”变成“彩色鱼缸”，让社会化学习的过程变得更加可视化，还可以让“黑箱”变成“游乐场”，让家长也有便捷的方式参与进来；还可以把“黑箱”放进真实的社区并打开它，让整个社区都感受并传播其中的价值；甚至还可以让孩子也参与“彩色鱼缸”和“游乐场”的搭建，把自己懂的东西教给别人，把自己身边的资源组织起来，把自己的世界变成更多小伙伴的教材……这个过程本身就是学习的一部分。

如果从这些维度来进行设计，那么无论是社会化学习的交互频率，学习过程中的效果，还是整体、即时的呈现，都可以通过数据、信息、图片、结构等展示和统计出来，还可以追踪比较，有很强的说服力。

群岛社区里有一位教育创业者提出了更高维度的思路：通过设计，让身在其中的每一个人都能通过这个场域或者过程变成学习者。比如，家长不仅仅是观察者，也不仅仅是资源贡献者，而是身在其中的学习者，也产生学习的欲望，也拥有学习的空间。就像美国海军训练新舵手一样，当大家都在一条船上时，每个人都能对这种新的学习模式有更多的直接感受。

亲爱的教育创新、创业者们，看到这里，你们还觉得我们所做的工作、我们所提供的价值没法展现吗？

当然，这并不意味着产出和成果不需要被评估，但是可以提醒我们，“学习知识”是一个动态、多维、开放的过程，因此对于教和学的理解、设计、评估也是动态、多维、开放的。教育创新也好，教育创业也罢，本身就是一个打散原有元素、洞察其中关系并重组新价值的过程。在这个过程中，实在有太多可以尝试的空间了，但前提在于，我们到底是想灌输“信息”，还是想传递“知识”；是想做一只沉默的“黑箱”，还是展现一个更为丰富多彩的学习世界？

最后，让我们还是回到杜威的那段话，并以此开始社会化学习的设计吧：

> 从学习者的观点出发，学校里最大的浪费是他不能够运用他在校外所学的东西……可是，另一方面，学习者也不能把学校所学的东西运用到实际的生活中。这就是学校的孤立，孤立于生活之外……教育不该是为了将来的生活在做准备，教育就是生活本身。

延伸阅读

如何用4天的时间学完1 400页的知识？

好的教育者理应是好的学习者，因为只有当我们体验过好的学习方式，成为高效的终身学习者时，才能设计出更好的教育产品。这篇文章里，顾远以自己参与“儿童发展心理学”课程学习的经历，分享了高效的学科学习课堂可以如何发生。

扫码阅读全文

EDUCATION 3.0

08 重新定义“社群学习”[1]

学习本身就是一个社会化的过程。我们可以在社群中探究和实践某个具体的知识主题，同时在其中学习和实践如何共建一个“好的社会”。

“社群学习”或者说“学习社群”是最近几年非常火的词。而且，人们有意无意间会把社群等同于互联网社群，或者把通过社交媒体发生的学习行为当作社群学习。“微信 + 微课”，高级一点儿的还会有自己的 App，这貌似是所有社群学习的标配。

为什么社群学习这么火？尤其是在成年人中间那么火呢？一方面，随着技术的进步，我们在物理的空间和碎片化的时间上更加自由，组建一个社群或加入一个社群都变得异常容易；另一方面，尤其是作为成年人的我们，正面临一个巨大的转折期。每个人都隐约觉得以前的东西不太适用了，未来如此的不确定，学习焦虑几乎蔓延到了每一个人身上。同时，信息过载、决策无力又加剧了这种焦虑。

---

① 此章由周贤撰写，原为 2017 年 LIFE 中国教育创新峰会“社群学习”分论坛上的演讲。

无论是对新世界的无力感，还是在信息爆炸中期待有人帮自己做出决策和筛选，种种并非完全出于好奇心的“学习需求”，几乎让所有人都动了起来。有个朋友和我开玩笑说：“以前是攒书，光攒不看；现在是攒学习社群，进了无数个学习社群，光进不学……”与此同时，无论是商业性的社群学习平台，还是几个小伙伴自己组建的学习小组，或者从企业到学校一声令下在组织内部搞出的员工 / 学生学习社群……这些都让社群学习一下子热了起来。

那么，社群学习真的是一个新鲜事物吗？

前些年我和同事一起参观了一家印第安博物馆，在那里发现了一句箴言：**学习无处不在，在风中，在河流间，在食物里，在传统仪式上，在家庭和朋友的爱之中。**很明显，这是典型的“在社群中学习”的行为。

法国大概有 200 多家哲学咖啡馆，每一家都有自己的特色，在活动方式上又大致相仿。每到周末，人们便聚集在这里讨论哲学和生活问题，每次参加讨论的人数从十几人到几十人不等。大家背景不一，学识不同，无论是大学生、职员还是家庭主妇都可以参加，主持人的作用则主要是“穿针引线”。例如，每次讨论开始之前，主持人会先征求参加者的意见，确定一个共同的讨论题目。题目可大可小，有虚有实，比如“我们愉快吗？”“你认识自己吗？”“人们必须永远说真话吗？”“寂静是否是灵魂的音乐？”……

然后，大家便你一言我一语，围绕着选定的题目自由发表看法。讨论到兴致勃勃之处，人们往往不是要一杯咖啡，而是大声招呼侍者“快拿纸笔来！”以便记下稍纵即逝的思想火花。看来，这也是一种学习的社群。

> **社群学习本身并不新鲜，自古有之，从未间断，只不过被大工业时代的机械教育模式淹没了。**

那么，究竟什么是社群学习呢？我们可以把这个词拆解开来分析一下。

“社”+“群”

“群”字很好理解，一群人在一起就是群，但什么是“社”呢？社交的“社”吗？那我们只要彼此交流，是不是就够了呢？可能不够。过年时，家族群里也会有很多人互相交流，可我们不会把它当作一个社群。

这里的“社”必然还带有社会性的意思。我们可以很容易地成群结队，却很难组成一个好的社会。人天生就是社会性动物。我们常说学校就是一个小社会，或者公司就是一个小社会，或者居住小区也是一个小社会……那么，什么是一个好的社会？德鲁克给出过一个非常精准的定义：**一个好的社会，是“自由而机能健全的社会”。**

其实，德鲁克并不喜欢被称为管理学家，他认为自己是一个社会生态学家。在阐述社群、社会和个人的关系时，他认为一个好的社会，必须首先把人放在第一位，建立在“人的基本诉求”基础之上。社群是组成社会的众多组织之一，为了有效地达到这一点，在一个社群里，每个人就必须有明确的社会性角色，拥有正当的社会性权利，并能够在其中发挥自己的社会性功能，从而形成个人与群体之间彼此自由又彼此负责的动态关系。

所以，当我们谈到一个社群，而不是一堆人群的时候，要先看看，在这个社群里，是不是每一个成员都能有相对明确的角色，能拥有一定的自我决策、自我治理和自主合作的权利，同时，这个社群有没有通过系统设计来帮助社群里的每一个个体更好地掌握与实践与之相关的能力，还是说这个群体看起来很热闹、很庞大，但只是一大群完全不相干、互相不了解，仅仅是围绕在某个权威或者“大 V”身边的听众？

> 人类与生俱来的内在动机是自主、胜任和与他人的联结。当这种动机得以释放时，人们才能够取得更大的成就，才能够享受到更充实而丰富的学习体验。

如果没有“社”，只有“群”，那众多的学习者不过是聚集在一起各自学习罢了。

“学”+“习”

讲完了“社”和“群”两个字，我们再来讨论一下“学”和“习”。就像前文所说，我们生活在一个即将面临巨大变革的时代，每个人都很惶恐，不知道未来会怎样，只知道过去的那些可能不再适用。那么再来看德鲁克的另一句名言：**我们生活在一个充满创新和变革的时代，教育应该帮助人们为那些目前尚不存在、也无法被清楚定义的未来工作做好准备。**

> 正因为我们无法预设未来，所以教育更应该提供的，是“创造未来、应对变化”的能力，而不是机械的信息或者套装的知识。

很多在传统的学校教育系统中被忽视的“软技能”，如创新创造的能力、批判性思维与解决问题的能力、沟通交流的能力，以及协同合作的能力等，才是真正应该去学习和掌握的东西。而学习和掌握这些能力的最好方式无疑是在社群中，在与学习伙伴共同参与的真实实践中进行。

在佛教里，辩经就是一种学习的方式：僧人们互相辩论疑难问题。既有一对一答辩的形式，也有一人立在当中，众人质疑的辩论形式；既有同一级别僧人之间的互辩，也有本级与其他级别僧人的辩论。辩经有一定的原则和逻辑，而不是愤怒之下的争执。它要求辩论双方语言流畅、简明扼要、深入浅出、言之有据、符合逻辑，从而通过反复辩论，达到深刻理解佛教义理，并构建起自己的理解框架的目的。可见，辩经并不是要争个你输我赢，而是经由辩论过程，厘清思考上的犹疑。这就充分显示了社群学习中“互相学”的场景。

最后就剩下学习的“习”字了。小时候，班主任常和我说：“孔子曰‘学而时习之，不亦说乎’。所以学完以后要反复复习，天天温习。”长大了我才知道这句话很可能还有另外的意思，孔子的意思是：学到的东西有机会付诸实践练习，这难道不是一件值得高兴的事吗？

看来，孔夫子的七十二弟子在“社群学习”上一定搞得很不错，而且他的思想也恰恰印证了现代教育学中的很多理念。著名教育家本杰明·布鲁姆（Benjamin Bloom）在 2001 年发布的认知领域目标分类的新版本里，明确提出了学习的 6 个层次，从低到高分别为记忆、理解、应用、分析、评价和创造。

在过去，很多老师或者教育工作者会说，我也知道只让学生机械记忆不好，但是要达到应用、分析、评价、创造的程度，实在太困难、太费功夫、成本太高、时间太久，我们也做不到。在这个新的互联时代，各种教育实践层出不穷，那么，是不是可以更好地结合新技术，探索更有效的学习模式呢？

从教育 1.0 到教育 3.0，创新永远都有。教育 3.0 的方式是社会化学习，但是，并不是到学校之外做几场活动，或者邀请几位专家给学习者讲课，或者在教学过程中采纳一些互联网上的内容就叫作社会化学习。在教育 3.0 的形态下，老师就像一个社群里的导游，学习者则是自己学习网络的连接者、学习内容的创造者、学习体系的建构者。

> **每个人都有权利和能力，在社群中创造自己独特的学习体系和节拍，同时又通过自己的智能、合作和产出，丰富和扩展学习社群本身。**

在教育 3.0 形态下的学习社群中，用来学习的资料、经验、信息、知识等应该是学习者们共同构建、综合形成、不断反馈、持续更新的。教育者的创新维度或者创业切入点，可以不仅仅局限在“自己开发新的课程内容”，或者“自己设计新的上课模式”上，而是进一步拓展为“我们该如何为学习者搭建一个社会化学习的支撑体系或者服务体系”。这就对社群创建者，或者新时代的教育模式创建者提出了巨大的挑战，但同时也是更大的机会。

从这些视角看去，我们会发现很多学习社群，特别是一些成功的商业性学习社群，人数众多，名气甚佳，却未必是真正的学习社群。这些社群在组织结构上看似“中心化”，其实是各自不相干的“原子化”状态；在学习内容上，它们仍然是高度权威中心式的；在学习方式上，也仍然是被动接受式的。此时，互联网便捷地把人们组织起来，为大家省去了赶到同一个物理空间听某位“大 V”讲课的成本，而并没有改变“你说我听”“你写我读”的单向传播和有限学习的本质。

> 学习本身就是一个社会化的过程。我们可以在社群中探究和实践某个具体的知识主题，同时在其中学习和实践如何共建一个“好的社会”。

我眼中的社群学习，不仅仅是一群人的联结，也不仅仅是在其中获取信息或者知识。社群学习应该让我们对某个知识领域获得更多思考、实践和改变的机会，也应该帮助我们提升组建社群和协作创造的能力，也就是实现“智能的联结”。

我这里总结了一个判断学习社群类型的模型（见图 1-11）。大家可以对照一下，我们平时所在的学习社群究竟落在哪个区域，那些被媒体热炒的学习社群又落在哪个区域。

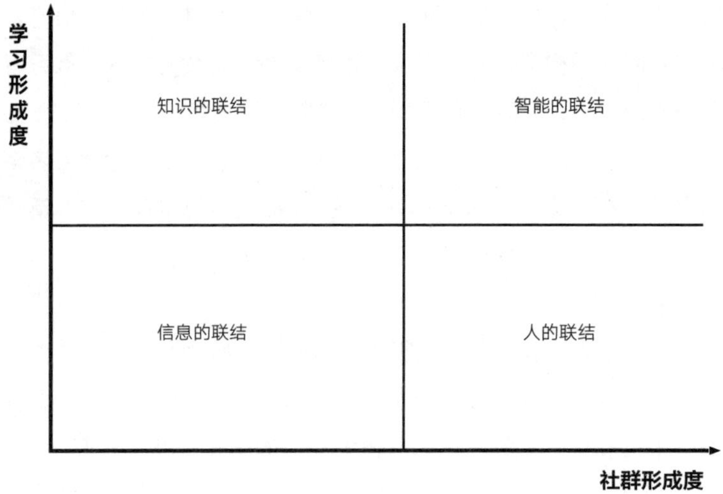

图 1-11 学习社群的类型判断

技术的发展确实降低了人们参与社群的门槛，由此，也能够让一个社群的人数和参与的广度远超过去。然而，当我们从教育创新的视角来讨论社群学习时，我们可以看得更高、更远。

我们可以通过技术的发展和运用来提高参与者的数量，但更应该思考的是如何通过科技、设计和系统来深化社群学习的本质。

社群学习并不会因为一群人聚集在了一起，或者设置了某个学习主题，就自然而然地发生。它需要发起者精心的设计，也需要参与者的有效输出；它需要对人性的理解，更需要一定社会性的动态结构；它需要对学习和认知过程本身的理解，更需要持之以恒的共同构建。而要做到这些是非常不容易的，但也是更值得的。

让我们一起努力吧。

延伸阅读

教育者如何成为好的学习者？——以一个线上共学项目为例

这篇文章以一个群岛的线上共学项目为例，详细展示了一个 3.0 形态下的教育者所做的共学设计及其背后的思考，记录了学习者从“各自被动学”到“主动共同学”过程中每一步的深度反思，以及学习过程中的变化。我们倡导怎样的教育方式，就要同样地做出来，当有更多知行合一的 3.0 教育者出现，教育才有可能发生真正的改变。

扫码阅读全文

EDUCATION 3.0 EDUCATION 3.0

第二部分

时代之变：
别用 20 世纪的方法，应对 21 世纪的挑战

EDUCATION

3.0

AI 促使我们反思“何为人”，教育帮助我们“成为人”

EDUCATION 3.0

09 人工智能时代，教育的意义和价值①

最终能区分人和机器的，正是人类所具有的这些情绪、情感、道德和价值观。因为从本质上来说，教育只有通过在这些方面发力，才能真正帮助我们“成为人”。

对资深科幻迷来说，2019 年 11 月 20 日是一个特别的日子。科幻史上的经典作品之一《银翼杀手》（*Blade Runner*）所描述的故事便发生在这一天。

《银翼杀手》的故事讲述的是，在未来世界，人类已经可以大规模制造仿生人。这些仿生人在外形上与人类完全一样，智能和体力也与人类相仿，“它们”像奴隶一样为人类从事各种危险的工作。直到有一天，这些仿生人开始了对人类的反叛，而人类也开始追杀这些仿生人。由于仿生人在各方面都和人类很像，所以人类对抓捕到的嫌犯要进行一种问答测试，通过测试嫌犯在各种情境下是否能够表现出同情心和同理心来判断他们是否属于人类。

① 此章由顾远撰写，是参加 2019 年世界教育创新峰会（World Innovation Summit for Education，简称 WISE）之后的思考和分享。

全片的高潮毫无疑问是仿生人的反叛领袖临死前的一幕。白鸽飞起，大雨滂沱，仿生人的领袖说出了如下一段经典台词：

> 我曾见过人类无法想象的美，我曾见过太空战舰在猎户星座旁熊熊燃烧，注视万丈光芒在天国之门的黑暗里闪耀，而所有过往都将消失于时间，如同泪水消失在雨中……死亡的时间，到了。

这一刻，不仅作为追捕者的“银翼杀手”变得迷茫困惑，观众们也不禁要问：有着这样深刻体悟的仿生人，与那些血腥屠杀仿生人的人类相比，哪一个更像“人”呢？

2019 年 11 月 20 日已经过去了。这意味着《银翼杀手》的故事已经不是未来，而成为过去。对比曾经的想象，在今天现实的世界里，我们还没有能力制造出各方面都近似人类的仿生人，但以人工智能为代表的技术对人类社会方方面面的冲击却已经实实在在地发生了。

人工智能时代来临，如何反思教育

世界教育创新峰会（WISE）是由卡塔尔教育科学与社会发展基金会举办的两年一度的教育盛会。2019 年是 WISE 峰会举办的第 10 年。在为其录制的庆生视频上，我提到，WISE 峰会最令我钦佩的一点在于它每一届的主题都非常精准，既因应现实，又引领未来。2019 年是我第三次受邀参加 WISE 峰会。巧得很，这届峰会开幕式正好是在 11 月 20 日，而大会的主题是“UnLearn ReLearn: What It Means to be Human”。

对于这个主题，大会官方给出的中文翻译是“归零与重构：学习人类新的可能”。我对主标题的翻译很满意，因为英文的表达很简洁，但要找到意思准确又同样简洁的中文却很难。

将“UnLearn”翻译成“归零”看似有些决绝，难道我们以往学习的知识技能全都不作数、不管用了吗？其实不然，如果我们能够意识到这个词所指的其实是人类的底层认知和思考范式，那么“归零”不仅是精准的，而且是在这个巨变的时代里生存和发展所必需的能力。

同样，“ReLearn”一词指的也不仅是人类因新的变化要不断学习新的知识技能，更重要的是“重新构建”新的认知和范式来理解世界、理解社会、理解自己。

对副标题的翻译我就不是很满意了，不仅中文表达不通顺，而且意思也与原文有差异。原文明明是在反思关于人的本质问题，是想说在变动的世界里，人性中不变的部分。我猜想这样的翻译多多少少体现了一种比较普遍的下意识：在一个人工智能普及的时代，一个在很多领域人类都将被机器取代的时代，人类要如何适应，教育要如何变化才能帮助人类适应。

的确，教育创新和教育变革这几年得到了来自各个方面越来越多的关注，很大程度上正是因为人工智能普及这一大的时代背景，以及民众对失业和国家对失去竞争力的恐慌。然而，对主流学校教育的反思和批判，以及对教育本质的探寻和教育改革的各种努力并非始于这几年，也不是因为某种功利主义的考量，而是早已有之，自现代教育体系诞生的百年以来，伴随始终。我曾在一次演讲中表达过这样的观点：**人工智能对人类最大的意义在于帮助我们反思“何为人”；而教育的意义正在于帮助我们“成为人”。**这样看来，大会主题的副标题不如老老实实地翻译成“究竟何以为人”。

究竟何以为人

在 WISE 峰会开幕式上播放的一个短片对“究竟何以为人”这个问题给出了回答，即创造力和协作能力使我们成为人。接下来的几位主旨演讲者也从不同方面表达和论证了各自的观点。

来自耶鲁大学人性实验室的教授尼古拉斯·克里斯塔基斯[①]所做的研究很有趣。他分别研究了“无心为之的社群”和“有意为之的社群”，前者例如由失事船只上的船员在荒岛上建立的社群，后者例如科学家在南极建立的科考站。他发现，无论是哪种情况，能够生存下来并可以持续发展的社群都具有相同的特质，包括身份认同、合作、爱、友谊、网络、教学等要素。

另一位主旨演讲者是亚美尼亚共和国的前总统阿尔缅·萨尔基相（Armen Sarkissian）。这位曾是剑桥大学物理学教授的总统强调了从“量子世界”的视角看待如今的社会及教育，指出教育的作用是发现和发展每一个个体的潜力，而这样的教育一定伴随着文化、道德和价值观的塑造，因为只有这样，学习者才会通过学习寻找到生活的意义。这位学者风度十足的总统说道：**“没有价值观的教育带来的只能是道德的荒漠。”**

这样看来，《银翼杀手》里那个关于同情心与同理心的测试真是一种天才的洞见。曾经，人类把自身和动物相比，反思何以为人。在体力上，人类比不过很多动物，但是人类在智能上远超它们，更何况人类还有道德，所以人是万物之灵。现在，人们将自身和机器相比，再次反思何以为人。在体力上，人类比不过机器。在智能上，如果是处理简单的问题，人类通常比不过机器；如果

① 尼古拉斯·克里斯塔基斯（Nicholas Christakis）是一位社会网络研究学者，在其所著的《蓝图》（*Blueprint*）一书中，清晰阐释了人类为何会以“社会”的形式生活，以及好社会所具备的八大特征。本书中文简体字版已由湛庐引进，四川人民出版社 2020 年出版。——编者注

是处理复杂问题，人类也经常比不过机器；如果是处理错综复杂的问题，那么人类目前还是比机器胜出很多，而这类问题往往蕴含着价值判断和情绪、情感等因素。

最终能区分人和机器的，正是人类所具有的这些情绪、情感、道德和价值观。教育理应在这些方面发挥更大的作用，不仅是因为这些方面对人的认知发展有好处，也不仅是因为这些方面已经被广泛地证明是一个人取得职业成就的关键因素，更是因为，从本质上来说，教育只有在这些方面发力，才能真正帮助我们“成为人”。

教育如何帮助我们“成为人”

2019 年的 WISE 峰会为期两天，一共有 70 多场各种类型的活动。所有活动的内容可以分为 6 个主题板块：终身学习型教师、脑科学、身心健康、技能与品格、教育资源的优化与整合、应用技术提高学习效果。每一个板块都从一个特定的角度，来回应教育应该如何帮助我们“成为人”。由于时间有限，我只能从众多的活动中挑选几个自己最感兴趣的参加。而围绕社会情感的讨论正是其中之一。

人的全面发展通常包括三个维度：身体的、认知的、社会情感的。主流的学校教育长期以来最重视学习者在认知方面的发展，而最忽视的则是其社会情感方面的发展。随着对“人何以为人”这个问题的反思，“社会情感的发展”理应在教育里得到更多的重视。

现实中，确实有越来越多的学校和教育机构开始把社会情感学习（Social Emotional Learning，简称 SEL）纳入教学之中。但是有必要指出，支持学习者在社会情感方面的发展，不仅需要课程，还需要对物理环境进行重新设计，以及教育者在心智上的转变。如果仅仅把社会情感学习当作一门课程，认为在课程表里排进几节社会情感学习课程就算重视了，那么这种行为本身在很大程度上就是“反社会情感”的。

事实上，如果真的重视社会情感学习，甚至不一定要专门开设相关课程，而是在任何教学活动和教学场景中都能体现社会情感学习的元素，帮助学生在这些方面取得发展。从设置专门的“情绪空间”，到由学生自行商议规则参与管理学校事务；从在学科教学中加入文化多元性和价值观的审辨性思考，到 PBL 小组活动的设计和反思……这些都有助于学习者在社会情感方面得到发展。或许最简单易行的一条建议是：**在和学习者对话时，在询问“你怎么认为”之前，先问一句“你的感受如何”。**

这让我想起一个相关的例子。很多学校都希望孩子爱上阅读，然而他们的做法却是让孩子们在规定的阅读课上、在规定的图书室里集中阅读。这种在时间和空间上“双规”的阅读方式，本身就与希望倡导的行为相悖。相反，在另一些学校里，我们会看到图书散落在学校的不同角落，孩子们随时随地以自己舒服的方式取阅，并在这个沉浸和自主的过程中，真正爱上了阅读。

另一个我感兴趣的话题是“如何把神经科学的研究成果应用于整合式学习中”。我感兴趣的不是“神经科学”，甚至不是如何应用，而是“整合式学习”。对“青色理念”[①] 熟悉的人一定不会对“整合式的”(holistic) 这个词感到陌生，它体现的是一种系统观，一种整体和局部之间的权力责任关系，以及过程和结果之间的整合状态。这些恰恰是主流学校教育里严重缺失的。

我曾在 2018 年的中国教育创新交流会上做过一场题为“教育的三个割裂

① 关于“青色理念”，可详见本书第 14 章“好的教育是什么颜色”。——编者注

与进化的三个方向”的主旨演讲[①]。所谓“教育的三个割裂”，指的是教育中角色和全人的割裂、学习和成长的割裂、目标和手段的割裂。以上面所说的社会情感学习的教育为例，当一所学校以为开设了一门课程就等于重视了社会情感学习的时候，割裂或者说“反整合”就发生了。这种做法让社会情感学习仅仅发生在那堂课上，而非融入日常教学活动、教学场景乃至润物无声的点滴之中。

反过来，整合式的学习首先是基于学习者的兴趣、热情和好奇心；其次在过程中是学科统一整合的，学习者的身体、认知、社会情感等各方面都参与其中并且都能得到发展；最后，学习的结果和目的是帮助学习者成为一个整合的全人。这种类型的学习在现实中还远未普及，也还有更多的实践需要探索和总结。

在那场论坛上，几位嘉宾关于“神经科学如何应用于整合式学习”的回答居然惊人的一致且简单：玩耍！

我们当然不应该把这个回答当作标准答案，这更像是几位嘉宾在有限的时间里给出的最现实、最容易上手又最被忽视的行动建议。的确，玩耍在教育中的作用被大大低估了，并且随着学习者年龄的增加，玩耍在日常生活中的比重会逐渐减小，在教育中就更不必多说。神经科学的研究则表明，当真正意义上的玩耍发生时，大脑负责情感、情绪的那部分神经系统非常活跃。

> 玩耍带来的是对人的信任和安全感，是在建构内在的力量；而学习的关键方面正在于关系的构建，这种关系的体现便是学习者相互的信任和支持。

① 参见本书第 14 章末的“延伸阅读”。——编者注

还有一个话题在不同的活动上被反复提及，那就是教师在教育变革中的作用。在一个与此话题相关的论坛上，分享者一致呼吁教师也应该被当作“全人”来对待，而不是被当作实现某种目标的手段。

用不丹前教育部长塔库尔·S. 鲍德耶尔（Thakur S. Powdyel）的话来说：“**教师教的不仅是他们知道的知识，还包括他们展现出来的样子。**”如果教师不能够成为“全人”，又如何指望他们教出的学生成为“全人”呢？教师的成长需要自主性，需要彼此间协作式的学习，完全可以用自组织的形式进行。这就意味着学校的管理者在如何支持教师成长的问题上，不是直接给出答案，而是要问他们：“你打算如何做？你需要我如何支持？”

对于类似这样的问题，群岛社区里的教育创变者们一定不陌生。在群岛，很多学习正是以学习者自组织的方式进行的。当这些教育创业者想要学习什么内容的时候，他们并不会期待有谁立刻提供一个标准答案，而是会先思考：“我打算为这次学习做些什么？我需要从谁那里获得怎样的支持？”鼓励学生成为自主学习的学习者，教育者就要先以同样的方式成长。

在嘉宾和听众的各种发言里，学生在教育变革中的作用也被反复提及。有的嘉宾在被问及“你自己最需要归零和重构的是什么”时，不假思索地回答“做回一次孩子”。2019 年，被英国广播公司（BBC）称作“教育领域的诺贝尔奖”的 WISE 教育大奖得主、HTH 学校的创始人拉里·罗森斯托克（Larry Rosenstock）在发表获奖感言时播放了一段短片，片子里是不同的孩子给老师的建议，告诉老师自己喜欢的学习是什么样的，以及老师对孩子们有怎样的误解。

这让我想起了英国管理学家查尔斯·汉迪（Charles Handy）曾提到的一件事。有一次，汉迪去一所学校考察，他问校长：“我可以从哪些人那里了解贵校？”校长回答：“我们学校的 30 位教职员工。”汉迪正色回应道：“应该是

130 位。您忘了那些学生。”

学习、归零与重构

我最早知道“unlearn”和“relearn”这个说法是从未来学家、《第三次浪潮》（*The Third Wave*）的作者阿尔温·托夫勒（Alvin Toffler）那里。托夫勒说过一句名言：

> 21 世纪的文盲将不再是不会读写的人，而是那些不知道如何学习（learn）、不肯清空自己（unlearn）和不愿重新学习（relearn）的人。

这句话对个体学习者来说是个富有洞见的提醒，而从社会整体的角度来看，如何帮助学习者们具备“学习”“归零”“重构”的能力，则需要教育创业者、政策制定者、学校领导者、教育投资人、教育技术开发者、教师、家长、社区等整个教育生态系统方方面面的支持。

这些利益相关方也同样需要归零和重构。在 2019 年的 WISE 峰会上，也有许多案例和研讨正是围绕这些方面展开的。

借由《极有可能成功》这部纪录片，拉里·罗森斯托克和他创办的 HTH 学校在中国的教育领域广为人知，连带着也让这所学校采用的 PBL 教学模式在中国成为一股持续的热潮。然而，罗森斯托克的获奖并非因为他开创了 PBL 教学法，而是他用 HTH 这所学校 10 多年的教学实践证明了创新的教育不是只有少数人才能享有，而完全可以是普惠的，是适用于广大学生的，而且这种教育方式同样能够让学生在标准化考试中取得很好的成绩。更进一步，通过自己的示范，罗森斯托克和 HTH 学校影响了更多的学校去尝试类似的教育创新，从而构建起一个生机勃勃的教育生态系统。教育的进步和人类的发展需要更多这样的生态系统，只有在这样的生态系统中，才会有更多的人因此获得支持去归零和重构。

最后，我想说两点 WISE 峰会令我印象深刻的地方。

其一，WISE 峰会的女性参与者比例非常高，而且她们不只是听众。大会的两位主持人都是女性，且 WISE 项目奖的得主中，有一半是女性，很多论坛的分享者也是女性。

其二，WISE 峰会是从社会问题的视角来理解和解决教育问题的。以我参加过的三届 WISE 峰会来看，尽管主题各异，但总归是围绕“教育应该如何促进人的发展”以及“教育应该如何更加公平”两个维度展开的。

每一届 WISE 项目奖的获奖项目，如果单从教学方法或技术层面来看，可能并没有多么“新”；而真正的创新并不体现在新旧的对比上，而是体现在如何更好、更有效地解决某个根深蒂固的问题上。从这个角度来看，很多获奖项目都通过自己的实践为广大民众带去了生活上的实质性改变，也通过把自己变成标杆，去影响更多人参与到社会问题和教育问题的解决之中。

这样看来，WISE 峰会本身也是有温度、有情感、有创造力的，它持续吸引着人们聚在一起，以协作的方式解决共同的问题。在这样的大会上探讨“何以为人”的教育岂不恰如其分？

延伸阅读

人工智能离教育还有多远？

如果技术驱动的教育创新没有与教育公平相呼应，未来的世界将会变得更加分裂且固化——一部分人接受的是用过时的教育方法灌输的过时的教育内容，未来只能从事高度流程化、低认知度的工作，从而深陷社会底层；另一部分人则充分享受了更加有效的全新的学习体验，未来将会从事高认知度、高创造性的工作，从而稳居社会的高等阶层。如要打破这种局面，教育领域的社会创业者们大有可为，也必须有所作为。

扫码阅读全文

EDUCATION 3.0

10 社会化学习给教育带来的 5 大改变[①]

教育的内容不是书本知识的灌输，而是培养学习者与真实世界打交道、解决真实问题的各种能力，而学习这些能力的最好方式就是将学习者置于真实的世界中，而不是关在学校里与世界隔绝。

我曾在不同场合做过关于创新和教育的分享，尤其期待在跨界领域分享，因为我一直认为教育不应该只是教育领域内部的事情。

走出教室，走进博物馆、美术馆、菜市场……社会化学习的理念在过去几年里正成为越来越多教育者的共识并付诸实践。“学习在窗外，他人即老师，世界是教材”，看起来简单的三句话，将会给教育带来哪些改变？

曾经的教育

我是一个科幻小说爱好者。可能很多人都读过科幻作家刘慈欣的《三体》，

① 此章由顾远撰写，原为 2016 年 iStart 城市创想教育论坛上的演讲。

甚至有人评价说，刘慈欣一个人就把中国的科幻文学带到了世界级的水平。但在刘慈欣的众多作品中，给我留下印象最深的却是短篇小说《乡村教师》。

这篇小说讲的是在中国西北一个偏远贫穷的山村，有一位乡村教师长期坚守着教育工作。他得了重病，在生命的最后一天还在给学校里仅剩的几个孩子上最后一课，教给了他们牛顿力学的三大定律。与此同时，在遥远的银河系深处有一个高度发达的外星文明，他们出于安全的需要，要在太空中开辟一片真空地带，很不幸，地球就在这片空间里。好在这些外星人在摧毁地球之前，要先判断一下这里有没有智能生物存在，如果有，而且智能水平达到了一定级别，就可以保留。外星人在地球上做抽样，碰巧抽到了这个山村的这几个孩子。更巧的是，外星人测试智能水平的方式是从一个题库里抽题让孩子们回答，结果抽到的题目里恰好就有力学三大定律，孩子们全都答对了。于是地球文明就这样被拯救了。

这个短篇小说非常有名，感动了很多人。一位教育创业者曾对我说，当年他就是因为读了这个故事才萌生了投身乡村教育的想法。很显然，这个故事是在赞美教育和教师，不过如果我们多一些反思，就会发现作者也许很懂科技，但似乎并不懂教育。

故事里的这位乡村教师生前说的最后一句话是两个字："背啊！"他知道那些孩子并不能理解力学三大定律，但是要求他们先背下来，以后就懂了。最有意思的是那个外星文明，他们判断智能水平的标准居然是能够复述知识点。如果这就是判断智能水平的标准的话，那么智能水平最高的恐怕是我面前的这台电脑，如果它连着网络，还会更智能一点。

学习的过程就是死记硬背，记住就等于理解，能复述标准答案就等于智能水平高，这不正是传统教育种种弊端的真实写照吗？那些外星人用标准化的考题来评判人类是否值得生存，而现实中，很多学校和老师也在用标准化的考试来评判一个学生的好坏，并进而影响他的一生。

这篇小说写于 2001 年，所以我们也不必苛求太多。但这样的故事能够广为流传并深入人心，反映出的是大众对教育的一种集体无意识，这才是最需要我们警惕和反思的。

对于当下教育的种种弊端，已经有太多的控诉了，这种教育无论是内容还是方式，跟真实的生活和不远的未来都是脱节的，其结果是抑制了孩子的想象力和创造力，磨灭了他们对学习的热情。

教育方式的改变

我们迫切需要的是一种面向真实世界的教育。教育的目的不是拯救地球，而是帮助学习者发展自己的兴趣特长，获得更好的生活，成为更好的自己。教育的内容不是书本知识的灌输，而是培养学习者与真实世界打交道、解决真实问题的各种能力，而学习这些能力的最好方式就是将学习者置于真实的世界中，而不是关在学校里与世界隔绝。**判断智能水平的标准不是背诵标准答案，而是按照美国心理学家霍华德·加德纳[①]的研究：在一定情境下解决问题并进行创造的能力。**

在面向真实世界的教育中，学习就像一次冒险的历程。我们满怀期待又略带忐忑地开启对未知世界的探索。在这个过程中，我们逐渐发现自己的兴趣爱好，围绕感兴趣的问题逐渐展开旅程，与世界接触，不断地提出问题，通过搜集和判断信息来解决问题，又不断地提出新的问题。在这趟学习之旅中，我们学会了将信息转化为可以应用的知识，通过解决问题和与他人的互动培养了自己的能力；我们扩展了自己的视野，逐步形成了自己的价值观，开始找到独一

① 多元智能理论之父霍华德·加德纳（Howard Gardner）在其开山之作《智能的结构》（*Frames of Mind*）一书中，对多元智能理论及智能的评价标准进行了详细阐述。本书中文简体字版已由湛庐引进，浙江教育出版社 2022 年出版。——编者注

无二的自我，确定自己身为一个个体的存在价值和意义——这种价值和意义并不依赖于某个第三方用标准化手段所做的武断评判。

面向真实世界的学习从本质上必然是一种“社会化学习”。社会化学习首先意味着在与他人的社交互动中学习。

每个人都可以回忆一下自己的学生时光，想想那段日子里最有用、最有意义的事情是什么？估计很多人都会回答是结识了朋友或者和朋友一起做过的事情：上树掏鸟，下河摸鱼，一起玩耍，一起学习，一起经历烦恼。我们的成长就是这么发生的。

人类天然就是社交型动物，学习也天然是具有社交性的活动，面向真实世界的教育要主动把社交纳人学习的过程中让其发挥作用，而人在社交中所体现的各种能力，如沟通能力、协调能力、情绪控制能力等，也正是21世纪的人才所必备的能力。说到这里，我要打破一些家长的错误认知。有不少家长对传统教育方式不满，但是又觉得把孩子送进学校至少可以让他们多接触同龄人，培养社交能力。社交并不是把一群人聚在一起就会发生的，社交能力也不是简单的打个招呼、闲聊几句就能培养出来的，它需要人们围绕共同的目标，有分工，有协作，相互支持。传统方式的教育虽然把一群孩子集中在了一个空间，但孩子们在学习的过程中彼此是缺乏联结的，不过是“聚在一起各自学习”而已。

关于社会化学习的价值，有位朋友提出了一个特别好的建议。他是一家基金会的负责人，有一次我们一起吃饭的时候他对我说：“每次和你吃饭聊天都很有收获。我在想，干脆把我们机构员工的培训费全部改成招待费，让他们约各种有意思的人一起吃饭，聊各种话题，这种学习方式比送他们去上培训课程有效多了。”对于他这个建议，我深以为然。从某种程度而言，我们能受到的最好的教育，就是和那些真正聪明且对事情感兴趣的人谈话，而我们所付出的不过是一顿饭的时间和费用。

教育者角色的改变

在《乡村教师》这个故事里有这么一段情节。那些外星人对地球文明的传承和演进难以理解，因为他们发现地球人还在用语言传输信息，效率很低，而他们已经像三体人那样用脑电波直接交流了。而且人类的记忆也不能遗传。按说这种文明是不可能得以传承的。外星人经过仔细观察后发现，原来人类之中有一些独特的个体，他们分布在人群的各个角落，充当着两代生命体之间知识传递的媒介。想必大家已经猜到了，这些个体的名字叫作“教师”。这个情节再一次深刻地暴露了一种集体无意识，就是把教师当成知识传输的载体，教师在学生面前扮演着知识的权威，也是知识的唯一来源。

今天这个时代，互联网普及，移动设备无处不在，信息不是太少而是太多，知识已经变得唾手可得。我们不需要一个“万事通”式的老师，事实上，也不可能有这样的老师，我们需要的是一个能让我们认识到自己内心对学习的渴望的人。这个人会督促我们，鼓励我们，创造一个使我们能自觉自愿学习的环境。他是一个知识的“策展人”，可以围绕我们的兴趣和要解决的问题帮助我们找到合适的资源和信息，并帮助我们更好地理解和应用。

社会化学习也意味着更多的社会角色和社会机构参与到教育的过程中来。真实世界中的问题五花八门，学习者的兴趣也各有不同，单纯依靠教师和学校是很难满足需求的。我曾在一次分享中创造了“共享式教师”这种说法。这是基于我对真实世界正在发生的变化的观察提出来的。我认识的一些教育机构和教师在他们的教学过程中（这种教学设计往往是围绕项目展开的），会主动联系社会上不同领域的专业人士，让他们利用业余时间，发挥各自的专长，为学生的学习提供支持，比如来做分享，或者参与辅导、参与学习成果的评估反馈等。家长群体就是一个有待发掘的资源库。

教育素材的改变

参与教育的人更多了，参与教育的机构也可以多起来。每个城市都有博物馆、美术馆、图书馆、剧院、公园等各种公共空间，它们或多或少都发挥着教育的功能。目前这种功能主要以个体的离散形式在进行，如果有更为体系化的设计，让教育领域和这些机构形成更加深入、广泛的合作，将会极大地改善学习者的学习体验，提升学习效果。由此，**社会化学习也意味着学习的资源和素材将有更广泛的来源。**

教育场所的改变

学校也必须发生变化。我们也许不必重新发明车轮，但是我们绝对有必要重新发明学校。既然我们可以从整个世界中获得学习资源、营造学习环境、寻找支持我们学习的共享式教师，那我们为什么还一定要通过“上学”来学习呢?

2014年，WISE峰会向世界各地的教育专家和教育创新者提出了一个问题：“2030年的学校会是什么样的？”我的回答是：

> 学校将依然存在，但功能不再是课堂教育。教育方式将围绕解决真实的问题来设计。学生围绕特定问题形成学习小组，学校将成为他们社交、议事和实践的地方。教师将变成一个知识的策展人。另外，社会创业家教育将出现在各级教育之中。

图2-1是WISE峰会根据搜集到的所有回答做出的统计，看来大家的预测还是很一致的。归根结底，学校将变成一个更利于学生进行社会化学习的地方，并为他们解决真实世界里的问题和进行创造的过程提供各种支持。

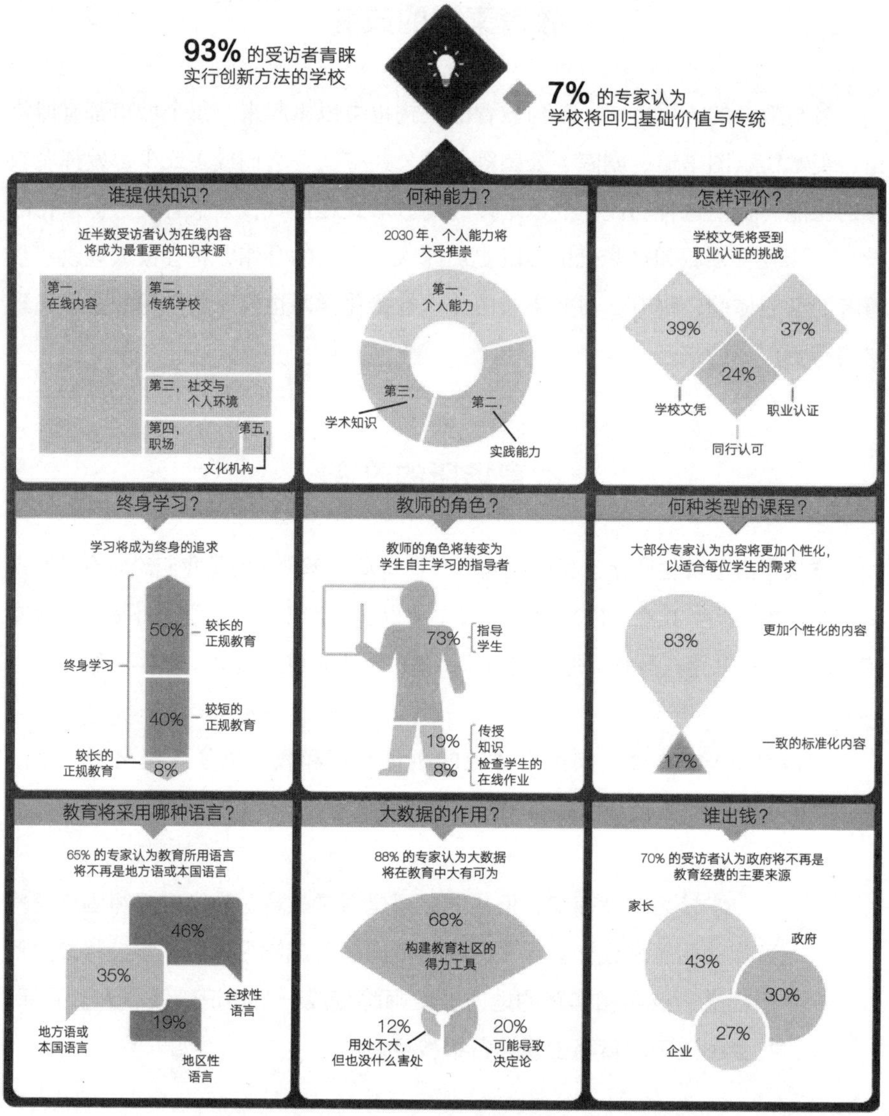

图 2-1 WISE 峰会预测 2030 年的学校

资料来源：改编自 wise-qatar.org。共有 645 位专家参与了于 2014 年 6 月 5 日至 6 月 30 日进行的“2030 年的学校”调研。

教育制度的改变

学制也要发生变化。“先上学，再工作，再养老”，这样的人生阶段划分方式并非理应如此，而是一种可以打破的社会建构。美国作家苏珊·桑塔格（Susan Sontag）曾经建议：

> 为什么不取消12～16周岁青少年的学校教育呢？这一阶段的孩子身心都不安分，你根本不可能把他们圈禁在室内，强迫他们整天坐着上课。在这一阶段，孩子们应该多接触社会——可以在乡间劳动，或是做其他活跃四肢的事情；他们应该了解性知识，摆脱家长的束缚。这4年“错过的”学校生活完全可以在之后的岁月中补回来。

不要以为这是幻想。我在新西兰旅行途中遇到的那位以色列青年，就是很好的例子。这种制度性安排是非常值得深入研究的。它打破了“先上学，再工作”这种传统的人生安排，在学习者接受高等教育之前，已经在社会上、在真实的环境里、在实践中学习了大量的知识技能，也对自己未来的人生方向有了更深入的思考，然后才进入大学接受进一步的深造。这种方式我认为很有必要在更多地方试行。

我又想起了那句古老的印第安箴言：“学习无处不在，在风中，在河流间，在食物里，在传统仪式上，在家庭和朋友的爱之中。”

这就是最质朴的社会化学习，也是最单纯的面向真实世界的教育。在大工业化时代体系化的教育普及之前那漫长的岁月里，人类的教育和学习就是这样发生的。今天借助科技快速发展的力量以及人们观念的改变，我们将重归面向真实世界的教育本质，做到大规模定制化的教育，发展学习者那些生而为人的能力。在这个过程中，学校、家庭、社区、企业以及各种社会机构都将发挥各自独特的教育功能，并形成广泛而深入的联结。

最后引用我非常喜爱的科幻作家威廉·吉布森（William Gibson）的一句话：**未来已然发生，尚待分布均衡。**教育的未来在我们身上已然发生，而我们要做的，就是让它分布得更加均衡。

延伸阅读

改变学校教育，从“做一个影子学生”开始

任何设计的前提都是了解用户。想要改造学校、改善学生的学习体验，前提就是了解学生，能够对学生产生共情。

扫码阅读全文

教育的新 5G 时代

教育正在发生的各种变化足以让人眼花缭乱。什么是变化的主要方面，什么又是变化的主要方向？在这篇文章中，顾远用 5 个以“G”开头的单词加以概括并分别做了深入阐释。

扫码阅读全文

EDUCATION 3.0

11 将“创造力”置于教育的核心

将“创造力”置于教育核心的根本目的，是保护孩子的想象力、创造力、快乐和勇气，帮助他们实现属于自己的更好的未来。

现在人工智能的发展很快，很多原先由人来做的工作，机器人做起来效率更高，很多人把这种情况看成一种威胁，以为人类要失业了。其实**人工智能的出现是帮助人类去发现和发挥自己的优势，从而不断探索那些只有人类才能做的事情。**比如，现在已经出现了写稿机器人，网络上很多时事新闻其实都是机器人写的。但是，写稿机器人并不会替代记者这个职业，它只会淘汰那些只会写通稿的记者，而让真正优秀的记者得以专注于更深度的写作。

类似地，在线教育、智能学习这些新东西也不会替代教师，反而能把教师从平庸的、流程化的备课、讲课、批改作业的工作模式中解放出来，让他们有更多的精力去陪伴学生，去关注每一个学生的成长，让教师真正回归到学习的“协作者”、智慧的“助产士”这样的角色上。

这样一类比，道理就通了。小到一个机构，大到全体人类，在今天这个快速而剧烈变动的时代里，都必须思考一个问题：**什么是我最擅长的、最不会被替代的能力？**

这种能力一定不是对知识的记忆。一个人记忆力再好，就算是拥有“最强大脑”，在人工智能面前也肯定输得一塌糊涂。在各种感知能力上，无论是视觉、听觉还是触觉等，人类也会被人工智能超越。

> 人类与社交、情感、创造有关的能力特别珍贵，这些能力是人类的独特优势，决定了一个人未来的成就，甚至因为这些能力的存在，人才之所以是人。

在这几种能力里面，创造力似乎被误解得最多。在我的个人经验里，有三个误解特别常见。

关于创造力的三个误解

第一个误解是认为创造力是天才或者少数人才具有的能力。每次听到这个说法，我都会想到自己的一次亲身经历。有一年，我被邀请去北京市的一个看守所给服刑人员讲课。我当时近乎是恶作剧式地提出要讲“创造力”。课堂上，我安排了一个活动，要求服刑人员用一把剪刀、一卷透明胶带，在 15 分钟之内设计出尽可能多的有实用价值的产品。

这时候警官走过来跟我说：“剪刀一定不能有。”于是，那些服刑人员只好用牙齿咬开胶带。想象一下现场的样子，一屋子光着脑袋的家伙热火朝天地忙活着，旁边两个警官来回走动，时不时还厉声呵斥一下。这个活动我之前做过很多次，但那一次，效果竟是最好的。表现最好的一组在 15 分钟之内设计了 28 种产品，这个纪录直到现在都没有被打破。不过这个故事还没结束。

课程结束后，我和其中一位警官吃饭。我们也不怎么熟，所以两个人都一言不发地埋头吃饭。突然，那个警官抬起头来对我说：“顾老师，我也想到两种产品。”所以你看，我们每个人生来都是有好奇心的，都有与生俱来的创造力。

第二个误解是认为创造力这个东西是天生的，学不来。关于这一点，很多研究和实践都已经表明，创造力是可教的，而且有很多种方法，只要在豆瓣网上用“创新”“创意”“创造力”作为关键词随便搜一下，就会看到大量的方法类工具书。事实上，很多人以为是性格特点的特质，比如好奇心、乐观、勇气、创造力等，都是可以后天培养的，是学校应该教而没有教或者忽视了的技能。

第三个误解是创造力只需要用到创意思维，也就是人感性的、发散的那部分思维能力。这种误解会让人以为创造力就是什么都不用干，只要等待灵光乍现的时刻就可以了。其实创新是一种严肃而深刻的思维工作，将逻辑思维和发散思维组合运用，才能有效地利用自己的创造力，产生实用而有效的创新想法。

拿刚才那个活动来说，如果纯粹靠灵感，用一卷透明胶带可以设计出很多产品。现在我们结合理性思维再试试。先把透明胶带分解，看看可以拆成几个部分：胶带、中间缠绕的圆圈、圆圈上可能还有图案，一共三个部分；再看看透明胶带可以有几种物理属性：形状、长度、大小、重量、弹性、黏性、绝缘性、透明度……这就多了，说出 10 个肯定没问题。再换一个维度，想想生活中有哪些需求和场景会用到透明胶带：衣、食、住、行、学习、工作……这就更多了，说出 100 个都没问题。最后把这三个思考维度做一个组合，每一种组合都可能产生一种产品，想想看可以设计出多少种产品来。这个设计过程包含了分解和重组两个过程，这两个过程同时使用了逻辑的和发散的两种思维方式，结果要比单纯使用发散思维更好。

既然创造力这么重要，那我们的教育对创造力的培养起到了怎样的作用呢？我们来做一个小小的活动。读者朋友可以让自己的孩子也参与进来：我说一个字，请你用肢体语言把它表现出来。这个字是“花”。

大家做的动作是什么样的呢？我在很多不同场合做过这个小活动，结果都差不多，大多数人都做出了双手托腮的动作，一般还带着微笑。

可能再也没有比这样一个小动作更能展现教育对创造力的扼杀的了。在现行的工业化教育环境下，别说培养创造力了，让我们与生俱来的创造力不被破坏恐怕都很难做到。所以我们经常会发现，年龄越大，受教育越多，创造力越弱。

培养创造力的 9 个建议

我们怎样才能设计一个有创造力的学习环境和教育体系，以培养有创造力的学习者呢？我在这里分享 9 个建议。同时有必要指出的是，我一直认为学习的场域绝不仅止于学校，所以我谈到的建议并非仅针对学校和老师，对于家庭和家长，以及社会中各类教育和学习的参与者都具有同样的意义。下面我就对这些观点进行逐一说明。

第一，教育工作者应该赏识和培养学生的创造性思维。有一个故事是 20 多年前我在大学英语课本上读到的，印象非常深刻。一个小男孩拿着物理试卷去找老师，说有一道题他答对了，但老师没给分。这道题是问如何用气压计测量一栋大楼的高度。显然，题目的本意是判断学生是否掌握了气压公式，但是这个学生用的方法是找根绳子把气压计吊下来垂到地面，然后测量绳子的长度。老师当然不能给分，但是老师答应这个孩子说：“只要你能再想出一种方法测出大楼的高度，我就给你算分。”

结果这个孩子说：“我还能想出好几种方法呢。我可以拿着气压计从一楼走到楼顶，把气压计贴在墙上，一次一次地往上比，看比了多少次，再乘以气压计的长度，就是大楼的高度。还可以把气压计从楼顶扔下来，看用了多长时间，再根据加速度公式算出大楼的高度。不过我最喜欢的方法是拿着气压计跑到大楼管理员那里，对他说：‘如果你告诉我这个大楼有多高，我就把这个气压计送给你。’”最后那位老师果然给了这个孩子分数。

这是真人真事。这个孩子名叫莱纳斯·卡尔·鲍林（Linus Carl Pauling）。1954 年，他因为发现了分子的化学键而获得当年的诺贝尔化学奖。1962 年，他又因为反对核武器试验而获得当年的诺贝尔和平奖。这样的成就背后，我想当年的那位老师功不可没。

那位老师的功劳不在于当时教给了鲍林多少知识，而在于他认可和鼓励了这个孩子的创造性思维和他的另类举动。创造力意味着好奇心，意味着从不同的角度看待事物，意味着把看似不相关的事物联系在一起并产生意义。创造性思维需要一系列的“心智习惯”：好问、执着、爱想象、善于协作、自律。每一位教师都应该成为这些思维习惯的培训师和教练，发现并赏识孩子的这些特质。

第二，教育工作者应该对学生在学习过程中的错误和失误保持宽容。没有试错就没有创新，要想创新，一定要具有冒险精神，勇于放弃已经获得的东西，承认错误，从错误中学习并不时地做出一些小小的改变。硅谷之所以能成为硅谷，用我在硅谷常常听到的一句话说就是：因为这里是世界上对失败最宽容的地方。反观当下的很多学校却充满了惧怕失败的文化。

2014 年的 WISE 峰会曾做过调查，有 66% 的受访者认为学校扼杀学生的创造力，其中 28% 的人认为，“厌恶风险的学校文化”是创造力的最大“杀手”。所以在那届峰会上有人倡议设立一个“国际失败日”，以提醒教育工作者对失败宽容对鼓励创造力的作用。

对失败宽容也是对学习者的勇气和乐观精神的一种培养。就像爱迪生，他试验了上千种材料后才发现钨丝是最适合在灯泡里做灯丝的材料。曾有人问他试验了那么多种材料都不成功是什么感受，爱迪生说：“至少我知道了那些材料都不适合。”

第三，有利于培养创造力的学习环境必须鼓励学习者以团队协作的方式学习，而非一味地鼓励个人竞争。团队协作式的学习是一种“社会化学习”，通过社交互动的方式促进个人、团队和组织的知识获取、共享以及行为改善。这种学习方式强调的重点不是我们正在学习什么，而是我们如何开展学习。社会化不一定非得使用社交媒体，或者以在线的方式进行。社会化强调的其实是一种同伴学习的状态。

现在越来越流行的 PBL 就是一种典型的社会化学习。学习者组成一个团队，通过完成一个共同的项目或是解决一个共同的问题来掌握技能。在这个过程中，学习者彼此间的交流、分享和相互学习、相互促进会对学习效果产生极大的影响。这种学习过程特别强调人际沟通、团队协作等软技能，而这些技能对创造力的培养都是必不可少的。

第四，有利于培养创造力的学习方式应该鼓励跨学科式的学习。当今的创新往往发生在不同学科的交界点，比如汽车领域的发展可能来自纳米技术，而不是器械制造；医药领域的发展必须关注生物和基因工程，而不仅仅是化学和医学。可与此同时，我们传统的学校教育却将原本有着内在联系的知识做了条块分割，并使其与实际生活脱离了联系。

试想一下，在真实生活中遇到问题时，我们的第一反应难道是思考这个问题属于哪个学科吗？跨学科式的学习除了有利于知识的整体性理解和真实问题的应对，也有助于“连点成线”（Connecting the Dots）。这是乔布斯提过的一个概念，字面意思是联结不同的点，即把看似无用、无关的知识点联结在一起，产生创意和创新。

在日常生活中，这种学习方式意味着我们应该主动跳出个人舒适区，不时地来点新花样：尝试一些新事物，和不同背景、不同观点、不同兴趣爱好的人交流，结识新朋友，特别是性格不同的朋友，并试着去了解一些新的观点；试着去冒个险，不一定要去登山涉海，但一定要尝试一些以前不敢去做的事，比如夜晚出来散步。甚至只是决定今天换一只手来刷牙、明天换一条路去上班、周末把房间重新布置一下等，都可以带给我们不同的感受，培养和激发我们的创造力。

第五，有利于培养创造力的学习环境应该是有趣的，鼓励玩耍、鼓励游戏的。传统的教育太强调外在的学习动机，强调人生的长远目标，把学习看作苦差事，这样的氛围怎么可能激发出创造力呢？学校不该是一个强迫着才去的地方，而应该是一个学生自己想去的地方。

现在有一些教育创新者正在尝试像设计游戏一样设计学习。想象一下什么样的课堂能让学生“欲罢不能”？我们可以从游戏设计师那里学到这样一些技巧：学习应该是任务导向或者问题导向的；学习环境应该是低风险的，让学生尽早尝试失败，经常体验失败，但不惧怕失败；学习的路径应该是多样化和渐进性的，学生的每一点进步都会得到支持和认可；学习应该是以团队的方式进行的，学生们感觉自己是在与他人共同创造有意义的东西，是在创造一种团队共同的学习经历和体验。

第六，激发创造力必须鼓励学习者采用多元的表达方式。传统的教育注重培养学习者逻辑、理性的那一面，但是对感性、发散的表达方式重视不够。这种情况对于激发创造力非常不利。要知道，带有逻辑的语言天然具有线性、抽象的特征，并不足以表达一个多维度的、全息的世界和一个人丰富的感知和下意识。

除了语言文字，人类的表达方式还有很多，包括音乐、舞蹈、绘画、建筑、模型设计等。这些表达方式对于培养和激发创造力至关重要。

第七，创造力需要在创造中培养。对于任何技能而言，“做中学”都是关键，培养创造力当然也不例外。如今越来越流行的 PBL、服务式学习、创客教育等都是在帮助学习者与真实世界产生联结，通过激发学习者主动创造的热情，在创造的过程中培养他们的创造力。

如何营造一个能够激发创造力的学习环境？我想应该是鼓励学习者参与设计学习的体验、学习的场所、学习的过程和学习的方式。哈佛大学创新实验室顾问托尼·瓦格纳曾经发问：“每一家公司都有研发部。学校和教育系统的‘研发部’在哪里？”我想即便有了这个研发部，恐怕很多教育工作者也不会想到让学生参与其中。如果是商家卖东西，那商家一定不敢忽视顾客的需求；而到了教育领域，教学的研发却并不理睬学生作为用户的需求，却又指责学生不爱学习，这岂不是咄咄怪事？

第八，只有伴随责任感和价值塑造的创造力才是真正值得追求的创造力。所谓能力越大，责任越大，没有哪个教育工作者希望自己培养出的是一个有创造力的大屠杀刽子手。创造力起源于问题意识，也就是发现问题、提出问题的意识。创新最重要的前提就是对某种现状、某个事情、某套理论、某个解决方案提出自己的问题，产生疑惑，从而进一步改进和完善解决方法。所以，培养创造力可以从鼓励学习者观察生活、观察社会、发现问题入手，鼓励学习者动手去解决真实的问题。

培养创造力不妨鼓励学习者多问这样三个问题：“为什么？一定要这样吗？还可以怎么样？”习惯问这三个问题的人，大都具有敏锐的观察力，他们不拘泥于现状，勇于挑战假设，敢于动手创造并带来改变。

第九，为了培养学生的创造力，教育工作者也需要培养和提升自己的创造力。也许很多人都知道那个“一笔三线连九点”的练习，就是在纸上画出九个点，排成三排，每排三个，你要在笔画不断开的前提下，用不超过三条线把这九个点都连起来。

我在很多场合带领学习者做过这个练习，现场一般会出现两种反应。一种人不知道答案，坐在那里皱着眉头冥思苦想，可就是不动手尝试，不肯拿出一支笔在纸上画一画。这种情况是很典型的“反创造力”行为，因为创造力鼓励不断试错，通过创造来学习创造力。另一种人则是早就知道答案，毕竟这个练习流传很广，于是脸上带着“我早就知道答案”的表情，再也不做他想。

这真是一个很具讽刺意味的反应。这个练习的设计初衷是告诉大家要“跳出盒子思考”，因为你只有把线画出九点之外才有可能把九个点都连上。没做过这个练习的朋友可以自己尝试一下。有意思的是，这个练习的答案根本不止一个。可是那些知道“标准答案”的人却已经停止了思考。那个“标准答案”成了这些人心里的“盒子”，他们根本就没有跳出来。

教育工作者需要反思自己是不是那种“只动口不动手”的类型，或是那种“一招鲜，吃遍天”的类型。这两种类型都不是具有创造力的表现，更何谈培养学生的创造力。

关于这个练习，我见过的最妙的答案来自一个孩子。那一年我在张家口市张北县的一所小学带孩子们做假期活动，那里是国家级贫困县。我在黑板上画下了那九个点，然后跟孩子们说了“一笔三线连九点”的要求。刚说完，一个孩子就大声笑了起来。他说：“老师，这个太简单了！我拿一个大粗笔，一笔画过去就行了！”我假装不服气地说：“那上哪儿去找这么粗的笔呢？”那个孩子不假思索地说：“我把好多笔捆在一起就行啦！”这个法子真是妙啊！

我觉得每一位教育工作者都应该把这个孩子记在心里。**因为将“创造力”置于教育核心的根本目的，正是保护这些孩子的想象力、创造力、快乐和勇气，帮助他们实现属于自己的更好的未来。**

EDUCATION 3.0

12 设计应该成为一种通识教育

设计的过程体现了一种全新的认知方式，设计中应用的许多理念和能力正是目前主流教育所缺失，而在应对真实世界的问题时必需的。

设计能力本质上是解决问题的能力

有一次，我和国内知名的绘本作者熊磊、熊亮兄弟俩聊天。他们当时正在做一个面向乡村儿童的在线绘画教学项目。我问他们大概有多少乡村儿童会因为这个项目喜欢上绘画，他们说这并不重要，因为这个项目的实际目的是通过绘画的过程来培养孩子们的感知能力、模型识别能力和表达能力。出于这样的目的，他们在挑选授课老师的时候非常看重绘画技巧之外的东西，因为只有教的人具备这些能力，才有可能把它们教给孩子。

这让我想起了一位在广州教授规划设计的大学老师。她利用业余时间组织身边的设计师朋友，开设了一家儿童建筑设计工作坊。她的目的也不是要培养出多少小建筑师，而是希望透过设计建筑这个过程，让孩子们学习如何解决问题并动手把解决方案创造出来。

在聊天的过程中，这位大学老师向我介绍了一些她所知道的国外的类似案例，包括芬兰的和日本的，言语中既有赞赏，也有遗憾，遗憾于中国类似的教育项目太少了。她还特意提到，很多学规划设计的学生把主要精力放在了画出精美的设计图纸上，却意识不到好的规划设计方案最重要的是明了建筑、人以及所处社区的关系。

在目前主流的教育中，人们还是把绘画、建筑、设计这些领域的教育当作一种“职业教育”，只有那些将来要从事这些特定职业的人才需要去学习，学习的内容也集中在专业技术和技巧上。殊不知，设计的过程体现了一种全新的认知方式，设计中应用的许多理念和能力正是目前主流教育所缺失，而在应对真实世界的问题时必需的。

> 设计能力本质上是一种解决问题的能力。与科学研究不同的是，设计要解决的问题往往是难以从一开始就清晰界定的。

在著名设计咨询公司 IDEO 的一篇文章《社会创新中的设计思维》(*Design Thinking for Social Innovation*) 中提到了一个典型案例：为印度一个农村社区设计一个清洁饮用水系统。面对这个真实的社会问题，社会创新者们需要思考一系列的问题：这个社区的需求是什么？他们对清洁饮用水的期待是什么？当地有什么限制条件？有什么在地资源可以利用？有什么文化禁忌需要规避？有怎样的权力结构？……

围绕这个设计，我们可以列出很长的问题清单，这个清单到底需要包括哪些问题，这些问题彼此之间又有着怎样的关联，都不明确，需要在解决问题的过程中去逐步探明、修正，甚至需要尝试多种问题设定的框架。事实上，**对很多设计者而言，为寻找解决方案而不断重新修正和定义问题是设计过程中最富**

挑战性的事情。

既然要解决的问题是不确定的和错综复杂的，那么设计的过程也就势必需要运用不同学科的知识、方法和不同专业领域的经验、技能。其中最重要的一项技能是同理心，也就是将自己置于对方的处境感同身受的能力。

还是拿这个清洁饮用水系统的例子来说。这个饮用水系统在印度的农村建好了，经它过滤的水既清洁又廉价，工程上非常完美，外观也很漂亮，但是没有多少村民使用。看起来是不是很奇怪？但如果我们深入了解村民的生活，细致考察他们取水、用水的全过程，用心体会他们的感受，就会发现阻碍村民使用这个新的饮用水系统的原因有很多。

比如，新系统使用的水桶过大，当地负责取水的多为妇女，她们扛不动。她们的丈夫也帮不上忙，因为新系统开放的时间正是他们去城里上班的时间。计费系统也是个问题，水卡必须按每天 5 加仑①来充值，可一个家庭一天根本用不了这么多水。谁会浪费钱去买用不掉的东西呢？这些原因没有一个跟高精尖的技术和精湛的技艺有关，**好的设计最重要的是先理解人的真实需求和处境。**

既然是跨学科、跨领域，那么设计强调采用团队工作的方式也就毫不奇怪了。一个表现卓越的设计团队聚集的往往都是所谓的“T 型人才”，即每个团队成员都既具备某个领域深入的知识和经验，又具备一些通用的技能，特别是与人际沟通和团队协作相关的各项软技能。

设计的过程还是一个不断试错的过程：通过试错来探索要解决的问题的边界和内涵，同时不断发现新的解决方案并完善。在试错过程中，设计者最常用

---

① 这里的加仑指英制加仑。1 加仑（英）≈ 4.546 升。——编者注

的沟通工具并不是语言，而是“原型”。设计者会先把自己的想法做成一个大概的样子呈现出来，这个原型可能很粗糙，但能够体现解决方案中最重要的那些要素。通过这个原型，设计团队可以相互交流自己的想法，也可以拿去和用户进行测试，让他们直观地感受到未来解决方案的形态和使用情境，并提出自己的意见和建议，设计者再依据这些反馈对解决方案进行改进。这个过程往往会反复多次，直到找到最有效的解决方案。

设计对教育的启示和价值

关注教育的读者看到这里可能已经意识到了，以上这些关于设计的描述全都呼应着现存主流教育应该发生的变化：

- 教育应该帮助学习者解决生活中面临的真实问题，特别是应对未来的不确定和变化；
- 教育应该是跨学科、跨领域、以问题为导向的；
- 教育应该培养学习者的同理心、人际沟通能力、团队协作能力，这些技能在未来的人类社会中将变得更加重要；
- 教育应该鼓励学习者结成小组，促进社会化的学习过程，并从广泛的社会领域汲取学习的素材；
- 教育应该帮助学习者建立对自己的信心，并帮助其对未知和未来保持乐观。

设计带给教育的价值有一点值得特别提出：

> **设计提醒和发掘了人类的一种重要却被长期忽视的能力——发散性思维和创造力。这种价值是设计理应成为一种通识教育的最重要的原因。**

长久以来，人类一直过分强调线性、逻辑的“分析性”思维的重要性，教育的内容也侧重在读写和计算上，人类的大脑更多地开发了负责理性思考的那一部分，而更具创意和发散的全息性的思考功能则长期被闲置，这是一种极大的浪费。

设计的过程并不过多依赖语言和计算，而是主要依赖非语言的模式，多使用图形、实物（原型）进行沟通，激发思考。这个过程有助于促进形象思维的发展，使人变得更具创造性，不仅能够分析“是什么”，还可以畅想“可以是什么”。正因如此，人类的未来才具有更多的可能性，人类社会才得以不断发展。

专业教育的目的是培养特定领域里的专门人才，而通识教育则重在学习者的才智开发和个性培养。设计无论是在认知对象还是在认知方式上都与科学和人文这两大通识教育的传统内容明显不同，其带给学习者的价值也是独特而巨大的。

20 世纪 80 年代，英国皇家艺术学院就开展过关于“设计通识教育”的研究，提出了“**设计是第三类教育**”的观点。时至今日，设计已经作为一种通识教育而不是专业教育的一部分被引入英国的中学教育阶段。

进入 21 世纪，面对日益增多且越来越复杂的社会问题，设计正发挥着越来越重要的作用，设计对教育的价值也得到了更多重视。越来越多的教育机构将设计纳入了教育内容之中，受益者不仅是千千万万的学习者，也是教育本身。

延伸阅读

什么是值得学习的，以及可以怎么学？

科技的颠覆式创新正在将原本以为遥远的“未来”拉近到眼前，信息大量扑面而来时，学习的目的不再是、也不可能是“信息的获取”，那么我们该学什么呢？哪些知识、能力、方法和底层范式能够帮助我们做好准备，迎接未来的挑战呢？重新思考什么样的知识值得学习，是一切学习的起点！

扫码阅读全文

那个蹲在地上玩石子的孩子为什么一定要知道刘翔是谁？

一个云南村寨的孩子蹲在山路边低头玩石子，一名志愿者蹲在他旁边问：“你知道奥运会吗？”孩子摇摇头，继续低着头玩石子。志愿者又问：“那你知道刘翔吗？”孩子把身子扭到一边，头更低了，还是玩着石子。志愿者仰头面向摄影机做了一个无奈的表情。看到这段镜头时，我身上涌起了好一阵尴尬，心里只有一个问题：那个蹲在地上玩石子的孩子为什么一定要知道刘翔是谁？

扫码阅读全文

EDUCATION 3.0

13 如何评价创新教育的学习成效[①]

我们应该抛弃下意识里的工业时代思维，意识到教育评价是科学和艺术的平衡、精确和模糊的平衡、主观和客观的平衡。而且评价过程本身伴随着真实的学习历程，是动态的，而非静态的。

传统教育评价里的工业时代思维

提起教育创新，大家总会用芬兰举例。芬兰的教育世界第一，而且芬兰的学生并不像大多数亚洲的学生学得这么辛苦。与此同时，人们又喜欢问这样一个问题："为什么芬兰的教育世界第一，而芬兰的综合国力却不是世界第一呢？"我觉得这是一个特别典型的问题，它很好地体现了围绕教育和教育评价，人们常见的两种"集体无意识"。

第一种"集体无意识"体现在这个问题背后暗含的一个假设上，那就是教育的目的是提升综合国力。我们不排除从政府的层面或者对某些教育机构而

① 此章由顾远撰写，原为第五届"中国教育三十人"论坛上的演讲。

言，这个假设可能成立。我们也应该意识到，不同的教育主体和利益相关方对教育目的的思考通常是不尽相同的。有人认为教育的目的就是让孩子“吃得苦中苦，方为人上人”；有人认为教育是为社会培养栋梁之材；有人认为教育的目的是培养一个个活泼泼的人……而芬兰更在意的是教育能否提升国民的幸福指数，然后顺便提升在国际学生评估项目（Programmer for International Student Assessment，简称 PISA）中的成绩。而后者，仅仅是实现真正目的过程中的副产品。

于是，这就让我们联想到了第二种“集体无意识”：芬兰教育“世界第一”这个不假思索的说法是怎么来的？原来，这个“世界第一”指的是芬兰在 PISA 中的成绩世界排名第一。我们一方面不断地引用芬兰的教育实践来展示教育创新的多种可能性，借此为我们打破应试教育的努力寻找启发；另一方面却仍然把它在一个标准化考试中的排名当作其教育成就的证明。我们是否意识到了这其中的矛盾之处？

对教育成效进行评价是很难的，哪怕是对看起来非常简单的内容进行评价。比如在计算机课上学习打字，老师想测评一下学生的学习效果，这听上去足够简单了吧？但是对速度的测评跟对准确率的测评就不一样，更不要说还涉及输入文本的难度、在不同干扰环境下的表现等。应试教育的评价可以用考试分数来衡量，而对于非应试教育的创新教育，评价就更复杂了。

此时，我想分享自己的一个核心观点：关于教育的评价，我们应该抛弃下意识里的工业时代思维，这种思维让我们总是想要找寻一种“标准的、精确的、固定不变的”评价体系；我们应该意识到教育评价是科学和艺术的平衡、精确和模糊的平衡、主观和客观的平衡。而且评价过程本身伴随真实的学习历程，是动态的，而非静态的。

教育评价服务于教育目标

任何的教育评价都不是孤立存在的，而是要服务于特定的教育目标，目标不一样，评价的内容、方式、主体等都会不一样。比如学校现在都很重视让学生掌握一定的计算机应用能力，但这不意味着所有重视培养这方面能力的学校，教学目标都是一样的。“帮助学生熟练地使用数字产品”和“帮助学生借助数字产品来进行创造”显然是两种不同的目标。

> **教育创新的趋势在教育目标上表现为越来越以学习者的个人成长为中心，帮助学习者发现和发挥自身的潜力，获得终身幸福，并成为一个积极的公民。**

任何教育目标都要落实到具体的教学内容上。做创新教育的人在设计各自的教学内容时一般有四个来源，这些来源往往又相互交叉。

第一个来源是国家的课程大纲，这份大纲规定了各个阶段学习者应该掌握的内容。

第二个来源是依据所谓的“威胁论”，典型的如人工智能威胁论：我们要学习什么，取决于哪些事人工智能不能做，只有人类才能做，否则我们以后的工作就要被人工智能抢走了；还有国家竞争威胁论：国民要学习什么取决于国家在国际竞争中要获得怎样的优势。

第三个来源是学术上的实证研究，比如“创新素养框架”，这就是依托一些学者对这个问题的实证研究得出的结论。有必要提醒的是，对某一个问题的学术研究往往存在多个竞争性的理论，不可太过迷信某一个理论，而科学就是在不同理论的竞争中不断发展和进步的。

第四个来源是做创新教育的那个人自己。很多小微创新学校的创始人都有自己特定的教育理念，可能出自某种信仰，可能出自某个理论体系或流派，也可能来自很个人化的研究和实践经验。

教育创新的趋势在教学内容上体现为，越来越从传授“事实性知识”向“培养学习者的核心素养”转变。

不同的教学目标会侧重不同的核心素养。现在有很多机构提出了各种各样的核心素养框架，彼此之间有相同之处，比如常见的4C核心素养；但也有很多不同之处，即便是同一个素养框架之下包含的内容也未必完全一样。所以我们不要指望会有一套标准的、适用于一切教育目标的素养框架出现，同时，在应用某一个素养框架时也要明白其来龙去脉才能有效实践。

测评方式除了关注结果，更要关注过程

测评方式可能是教育评价体系中最容易被人们感受到，同时也是最受抨击的一个方面。应试教育的测评方式一般就是标准化考试，学习者只能独立完成，不能和他人商量，也不能借助外界工具和网络查询，而且多数还是以纸笔方式作答。如果我们期待这些学习者从学校毕业以后能够表现出良好的与他人协作的能力，能够熟练应用数字产品，有很好的网络素养、信息素养……那这不是很矛盾吗？

教育创新的趋势在测评方式上体现为越来越多元，越来越与不同的学习方式相互匹配。

比如现在很流行的PBL，其常见的测评方式就是项目的最终成果展示和过程中的学生自我评价等。

我曾听到一位研究者在一次教育大会的分享中提到，美国做教育评价都是“结果导向”的。他还做了个类比：一只鸟捉虫子喂小鸟，你不用管它是怎么喂的，最重要的衡量标准是最后那只小鸟能不能飞。我觉得这种说法难以置信，这个类比糟糕透顶。

首先，教育的目标是多元的，就如我们前面所说，不可能像“小鸟最后会不会飞”这样只是为了一种结果。其次，老鸟喂小鸟是一个由基因决定的生物性行为，小鸟长大了喂它的下一代还是一样的动作；而教育可不是这种重复性的机械行为，教育是要帮助人发现内在动力和潜力去实现自我成长的，所以不可能不关注过程，只关注结果。

事实上，今天越来越多的教育评价除了对学习者最终的学习成果进行测评，也会对学习的过程进行测评和记录，并据此来帮助学习者调整自己的学习行为和下一步的学习目标。这个过程很像 GPS 在导航时起到的作用，它能帮助你到达设定的目的地，在过程中随着真实发生的情况及时给予你反馈并帮助你调整路线。

从更为深远的角度来说，在我们所身处的这个越来越不可预测的时代，就连目的地，也就是教育目标的设定，也是一边探索一边发现、不断进化逐渐形成的，没有任何目标是现成的，所有人都一致认可的，清晰、明确且可以事先界定的。

测评方式还包括测评的主体。传统应试教育的测评方式就是老师出题考学生。在创新教育领域，我们会看到除了有老师参与的评价，也会有学生的自评、学生之间的相互评价、社区或者其他专业人士的评价等。

教育，特别是创新教育，是不能用一套标准化的体系去评价的，从内容到形式都只能逐步在实践中摸索。

教育评价的目的是什么

传统的应试教育是用一套评价标准来评价所有学生，本质上是把学生当作“产品”来筛选，所以评价的结果就是“成功”和“失败”，也就是“合格”和“不合格”。

> 教育创新的趋势在教育评价的结果应用上体现为，越来越把学生当作“用户”，评价不是为了奖惩，而是为了帮助学习者更好地学习，不断地改进自己的学习成果，提升自己的成长体验。

我们都听说过“适应性学习”，现在还出现了“适应性考试”，即根据学习者上一道题的结果推送下一道题，以便更有效地评估其学习效果，也便于学生和老师根据每一步的测评来决定下一步的教学方案。

教育评价体系的问题目前已经成为制约教育领域创新发展的最主要的原因之一。很多关心教育创新或者正在实践教育创新的人会积极地从网络上或者书本上搜集各种素养框架、评估表、评价工具等，有些教育机构还开发了看起来非常细致、严谨的评估框架来证明自己教育实践的有效性，却往往忽略了以下两点：

- 第一，创新教育并不存在唯一“正确的”评价体系，而只有“合适的”评价体系；
- 第二，“合适的”评价体系由教学目标、教学内容、评价方式以及对评价方式的应用这四个方面组成，这四个方面有着高度的内在一致性，相互匹配并相互支持。

各方对教育评价体系的探究正越来越深入，已经出现了很多十分精细的框架，并正在实践中被应用。比如，萨米特学校（Summit Public Schools）的学习测评系统，就是基于斯坦福大学评价、学习与公平中心的跨学科技能评估准则研发的。这套测评系统精细到了学生 7 大认知领域的 36 个具体的认知技能，每个认知技能还被细分为 8 个不同等级。借助这套测评系统，人们希望更加精确、具体地展现每个学生认知能力的发展程度，并帮助他们提出更加清晰的学习目标，来达到综合指导和规划学习的目的。

需要提醒的是，这些都只是测评系统“之一”，而非“唯一”，并且它要想真正发挥作用，一定是建立在上面我们说过的四个方面相互匹配、相互支持的评价体系之中的。

在测评体系不断走向精细化的同时，我们也不要忽略或者排斥相对主观的、定性的、模糊的测评方式。德鲁克在回顾自己成长历程的时候提到过自己在小学阶段遇到的人生的第一位导师艾尔莎小姐。这位年轻的女士发现小德鲁克在写作方面很有天分，于是鼓励小德鲁克每周写一篇自己想写的文章，然后给予他及时的点评反馈，帮助他不断提高写作水平。最终德鲁克的写作天分得到了极大的发挥，他不仅是个思想家，还是个作家。而且，德鲁克成年以后经常使用“反馈分析法”来助力个人成长。他每年都会给自己制订个人成长计划，定期用实际的成果与当初的计划做比较，借此分析自己的长处以及学习方式的特点，并制订下一阶段新的成长计划。

人们常说教育的目标就是“3C”：大学（College）、工作（Career）、公民（Citizen）。长期以来，体现标准化考试成绩的一纸文凭成了在教育的“出口”判断教育成果的工具。从本质上来说，文凭是为了解决在信息不对称的情况下快速筛选人才的问题而出现的工具。如果在信息相对充分、透明的情况下，是不是可以尝试更多对教育成果的其他认可方式，比如小微创新学校在彼此熟识的情况下，可否相互认可彼此的学分和各自多样化的评价方式？企业和学校之间能否建立委托培养关系，用毕业生在实际工作中的表现作为教育成果的体现？再比如，国外有一些以“同辈学习”（peer-to-peer learning）为主要学习方式的学校会向本地高校提出要求，在录取自己的学生时增加“同辈证言”作为学习成果评价的比重，我们能否效仿？

关于创新教育的评价，我们还可以从其他一些地方获得启发。比如企业是如何对人才进行“选用育留”的，又是如何编制“素质词典”、制订“人才发展规划”的。再比如，幼儿教育、特殊教育领域是如何做教育成果评价的。这些教育领域距离应试教育相对比较远。

我对创新教育的评价，主要观点可以总结为三个词及三句话：

- **目标**——不存在放之四海而皆准的评价标准，任何教育评价框架的起点都是教学目标。
- **平衡**——教育评价是科学和艺术的平衡、主观和客观的平衡、精确和模糊的平衡。
- **动态**——教育评价的方式回应着教学目标和教学内容，目的是帮助学习者成长，所以致力于教育创新的人应该有能力及时、动态地调整自己的教育评价方式。

延伸阅读

开放式数字徽章：促进一场“社会化学习”的变革

开放式数字徽章（OBI）是一种全新的可能，它打破了工业时代对评价方式的思维定式，也为社会化学习的变革带来更多的想象空间。

扫码阅读全文

EDUCATION 3.0

14 好的教育是什么颜色[①]

改变教育需要的不仅是教学方法与工具技巧层面的探索，还有赖于组织系统的支持和人的意识进化。事实上，唯有后者发生，前者才能持续稳定地存在。

好的教育是什么样的

对于当下教育的种种弊病，已经有了各种各样的反思和控诉。那么教育的初心应该是什么？有人说教育的目的是培养“全人”；有人说教育的目的是培养“活泼泼的人”——这是曾任北京大学校长的蒋梦麟先生说的；还有人说教育必须面向真实的生活，才有助于学习者应对真实的世界，以及在不远的未来将要面对的问题和挑战。这些观点都对，它们从不同的侧面描述了好的教育应该是什么样的。

我自己也有一个观点，也许可以对上述这些观点包容并蓄，那就是前文提

① 此章由顾远撰写，原为 2018 年中国营地教育大会上的演讲。

到多次的：好的教育必然是通向自由的教育。

我曾经做过很多体验式的工作坊，帮助人们感受自由的学习是怎样一种状态。在这些工作坊中，我会让参与者自行选择感兴趣的学习主题，组成学习小组，然后制定自己的小组规则和学习策略，学习期结束时还有公开分享的环节。通过这样的过程，参与者会体验到从自主、自律、自治直到自由的学习状态。

我曾在台北教育大学做过一次这样的工作坊，那是我做过的工作坊中非常特别的一次，因为参与者不仅是做创新教育的成年人，还包括一些“正在体验创新教育”的小朋友。他们 10 多岁的年纪，都来自一个叫作“可能・非学校”的实验教育机构。

这些孩子在工作坊中的表现非常突出。他们发言积极，思路清晰，表达流畅。很明显，孩子们对这种自由的学习方式的感受比在场的很多成年人要更加亲近而轻松。

工作坊里有一个环节，是让参与者宣布自己想要探讨的话题，其他人有感兴趣的就可以加入。我事先给所有人打了个预防针：“有的话题可能会出现没有任何人响应的情况，那时候你可就是光杆司令了。”

结果有两个孩子发起的话题真的没有其他人参与，从头到尾就只有他们俩在讨论。我后来问他们，当发现自己发起的话题没有人感兴趣时是什么心情。两个孩子笑嘻嘻地说：“很轻松啊，这下子我们俩就有好多话可以说了。”

我又转过来问那些成年人，换作他们会是怎样的心情。结果那些成年人有的说会感觉有点尴尬，有的说会觉得自己可能发起了一个很糟糕的话题，还有的说可能会担心是不是别人不喜欢自己。那两个孩子听到这里就接了一句话说：“大人就是包袱太重了！”

我觉得这一幕很有深意。它让我们意识到孩子们天然的学习状态是什么样的，也让我们反思，教育是如何让我们一点点地远离了那种状态，又是如何让我们背上包袱的。

一所“青色”的学校是什么样的

在那次工作坊里，有一位很特别的参与者，他就是台北和平实验小学的黄志顺校长。工作坊结束两天后，我恰好走访了黄校长所在的学校。这是一所实验学校，那里的很多教育举措在一般公立学校里不太容易看到。

这所学校的建校理念以及课程体系都围绕一个核心目标，不是升学率，而是帮助每一个孩子成为自主学习者，具体包括三个维度上的自主：能自主学习，能自主管理情绪，能自主照顾自己的身体健康。

为了实现这样的目标，学校着力培养学生在以下 5 个方面的能力：

- 选择的能力，要为自己的选择负责；
- 规划的能力，并能适时地调整规划；
- 寻求帮助的能力，意味着能够与他人建立有效的合作关系；
- 动手实践的能力，同时也要能把实践的成果分享出来；
- 反思的能力，并且能够基于反思修正自己的下一步行动。

学校基于这 5 大能力，再设计开展一系列的教学实践活动。

好的教育不仅要说出来，还要做出来。任何教育理念最终都要落实到学校日常的点点滴滴才是真的做到。

自主学习的前提是对学习者的信任，信任不是靠说，而是在行动中体现出来的。举个例子，很多学校都有晨跑、晨练这样的活动，一般学校的做法是，每天派一位老师站在操场边上监督，孩子跑完一圈，老师就在本子上记一笔，直到跑完规定的圈数为止。这所学校也有晨跑活动，但是整个过程是没有老师监督的，全部由孩子们自主完成。他们就在操场边上摆一张桌子，桌子上放有不同颜色的手环，孩子们每跑完一圈就戴一个手环，5 圈跑完就戴了 5 个手环，然后把手环全部摘下来放回桌上，就可以去教室上课了。信任的氛围和自主的意识就是这么潜移默化地建立的。

再比如，这所学校里听不到上下课铃声。校长认为，作为一个真正的自主学习者，自主性的体现之一就在时间的自主管理上。而上下课铃其实意味着一种外界的规则和秩序，是外界告诉你什么时间该上课了，什么时间该休息了，不管你当时的学习状态怎么样，这违背了自主学习的理念。取消了上下课铃，孩子们就会自己去看时间，最终就把自我管理、时间管理等理念化作了行动。

具体的理念实施不是靠口号，也不是靠贴标语，而是落实在具体的教学场景里、教学实践中。所以，这所学校没有口号，墙上也没有贴任何标语，有的只是“公约”。公约就是利益相关方共同商议、共同遵守的约定。那么低龄的孩子也能做到吗？

我在这所学校的厨房见到了一群一年级孩子制定的公约，其中有一条叫“不偷吃牛奶糖”，这是孩子们自己写的，大人们是绝对不会想到这一条的。一年级的孩子不会写太多字，就把这个意思画了出来，很有意思。由于这是孩子们自己探讨过、亲自制定的公约，所以他们更有动力去遵守。如果有谁破坏了这条公约，孩子们也更希望自己来管理这件事，告诉那个孩子“你不要破坏公约，因为你也参与了制定工作”。

自由不仅是权利，也是能力，而培养出这种能力的前提是给孩子们实践的机会。

类似这所学校的教育理念和教育实践，在世界范围内还有很多，而且越来越多，这说明这个时代的教育越来越体现出一种鲜明的“青色特质”。

青色：教育进化的方向

“青色”的概念源自一本名为《重塑组织》（*Reinventing Organizations*）的书。书中系统分析了人类世界里组织进化不同阶段的特征，每个阶段都用一种颜色来命名。每一个阶段都有各自在组织方式上的突破、典型的机构类型，以及类比对象。我们逐一看看这些不同颜色的组织，也对应一下在教育领域里的实际情况。

第一个阶段是红色组织。红色组织是人类最早出现的组织形态，距今约一万年前出现，那时，人类的自我意识已经进化出来，思维方式是两极化的，形成了非黑即白、非此即彼的世界观。那时的组织主要靠暴力来维持内部的秩序，对暴力的恐惧让组织成员维系在一起。这类组织有了初步的劳动分工，对外界刺激的反应速度很快，一般只关注眼前的短期目标。红色组织的典型代表是黑帮，也可以比喻为狼群。

教育领域里有没有这样的“红色组织”呢？还真有。比如那些所谓的帮助孩子戒除网瘾的组织，还有信奉“严师出高徒”“棍棒出孝子”的机构，以及一些搞个人崇拜、自我造神的机构。不过真正做教育的人，大概也不认为这些机构是做教育的。

第二个阶段是琥珀色组织。这类组织是人类线性思维的产物，认为未来是过去的延续，所以是确定的、可预测的。组织内部有正式的角色、严格的等级制度以及严密的流程，靠自上而下的“命令 – 控制”模式来维持组织的稳定运作，强调服从的重要性。

很多公立学校体系在最早成立的时候，就是用琥珀色组织的方式运作的。比如标准的入学年龄、标准的上课时间、统一的教材、统一的考试；学生要听老师的，老师要听校长的，大家都唯命是从，严格遵守规范，这些其实都是非常典型的琥珀色特质。如果孩子放学回到家，家长张口就问：“你今天有没有听老师的话？”这就是典型琥珀色组织的常见问话。

今天，我们对琥珀色的教育体系有非常多的抨击。不过，这套体系的诞生在人类教育史上具有革命性的意义。在那个年代，这套体系提供了比以往那些更传统的教育制度更有效的方式来实现全民扫盲，并为大工业生产快速地培养了所需的劳动力。

第三个阶段是橙色组织。琥珀色组织强调内部的秩序和稳定，而橙色组织更在意外部的竞争和扩张，所以这类组织具有明确的目标导向，非常追求效率，会不断通过创新的方式来提升组织运作的效率。橙色组织中，往往是上级负责制定目标，而下级在如何实现目标的方式上有一定的自由度。这类组织的典型代表是大型的跨国公司，如今的学校体系也越来越多地从琥珀色特质转向了橙色特质。

橙色特质的教育机构表现为，教师在学校里有一定自由发挥的空间，虽然教材是一样的，但课堂有不同的特色，可以不用同样的方法去教。除了统一的教材，学校也开始开发校本课程、引入社会性课程等。现在的教育组织之所以越来越多地体现出橙色的特质，一个很大的原因是国际竞争在加剧，社会竞争在加剧，因此无论政府还是家长都关心学校运作的效率，关心教育投入是否值得，关心孩子将来的竞争力大不大。

另外，一些国际性的大规模教育评估、质量化的标准化评估也进一步强化了橙色的理念。比如 PISA 测试中，那些以橙色方式运作的教育机构或学校的成绩明显更好，这也鼓励大家朝这个方向去发展。橙色组织的家长更愿意问自己的孩子："今天学到了哪些有用的东西？"

第四个阶段是绿色组织。这类组织强调合作而回避冲突，重视关系甚于结果，追求多元而非统一，崇尚去中心化、充分授权，组织结构一般是扁平式的，以文化和价值观来驱动组织的运作和发展。绿色组织经常被喻为一个大家庭，它的典型代表是非营利机构，不少民间教育机构也带有明显的绿色特质。一个会把孩子送到绿色特质的教育机构的家长，在孩子放学回家后可能会问的问题是："你今天过得开不开心啊？"

我们先停下来做一个总结。

从红色到琥珀色，组织都是高度命令 - 控制模式的运作方式，区别在于，前者更随意、更短视，组织是由一个人或者少数人用暴力威胁的方式来维系的；后者的流程和制度更规范、更标准化。

从琥珀色到橙色，组织关注的重点从内部视角转变为外部视角，组织成员的自由度也在增大。前者关注内部的稳定和秩序，组织的目标和实现目标的手段都是自上而下规定好的，成员只能被动执行；后者关注外部的竞争和扩张，组织的目标虽是自上而下制定的，但组织成员在实现目标的手段上更自由、更灵活，有了更多创新的空间，优秀的成员也有了脱颖而出的机会。

到了绿色组织，它在多个方面都和前面几个类型的组织有所区别。绿色组织追求的不再是单一目标，而是兼顾不同利益相关方的目标；组织成员享有更充分的授权，无论是在目标的制定还是在实现目标的手段上都有了更大的自由度；同时，绿色组织主要靠文化和价值观，而不是外在的奖惩来激励和凝聚组织成员。

这样看来，一家教育机构如果能够达到绿色阶段，就已经非常厉害了，那么还有更高的进化目标吗？有。

第五个阶段是青色组织。青色组织是目前组织进化的最高阶段。在这个阶段，组织被视作一个不断生长的有机生命体。和其他类型的组织相比，青色组织表现出以下三个方面的重要突破：

- **身心完整，**意味着人不是工具，而是万物的尺度；
- **目标进化，**意味着无论是组织还是个人，目标都不是一成不变的，也不是由外在决定的，组织内部的成员有权利也有义务，同时还有能力推动组织的发展变革；
- **自我管理，**意味着自主和自治是对应的，自由和自律是匹配的。

前面我们说过，好的教育都是通向自由的教育。在这样的教育形态下，教师不再扮演知识的权威和唯一来源，而转变成一个学习社群里的导游、导师和协作者。学习者自己就是学习网络的连接者、学习内容的创造者、学习体系的建构者。也就是说，每个人都有权利和能力，自由地在社群中基于自己的兴趣和需求，创造属于自己的学习体系和独特的学习节拍，同时，又通过自己的智力活动，以及与他人的合作和创造，来丰富和扩展其所在的学习社群。很显然，这个教学过程天然就是青色的。

一个具有青色理念的家长在孩子放学回家后问的问题可能是："你今天提出了哪些好的问题？"或者："你今天和其他人做了哪些有意思的事情？"

将青色理念应用于教学实践

在走访了很多基于青色理念的教育机构之后，我发现这些机构在教学实践上通常会表现出三个明显的特征。

第一个特征是“整合”。整合意味着把很多看起来不同甚至对立的事物，放在更高的维度上让它们变得和谐一致。整合可以发生在内容上、关系上、空间上等教学的各个方面。

很多青色特质的学校不是按照学科来授课，而是按照某个主题统整教学内容、设计教学形式。这方面的实践已经有很多。比如前面提到的台北和平实验小学，我去过一间教室，一群孩子在烹饪，之后他们把做好的东西标上价码销售。你说这是食育课，还是数学课，还是财商教育课呢？更进一步讲，传统教育中，“教”和“学”是二元对立的关系，而从整合的视角来看，为什么“师资培训”培训的对象一定是老师呢？可不可以也培训学生，让他们更好地去教其他学生呢？

很多教育机构都很重视和家长的关系，有专门的人来负责“家校关系”。有的学校开设“家族”课程，让学生去调研自己家族中的人从事的职业，然后写成研究报告。这既是一个很好的探究式学习项目，也是一次促进家校互动、帮助家长理解学校教学理念的好机会。

说到教室，很多学校都有专门的阅览室，在规定的时间向学生开放，可我们不是鼓励学生要自由地阅读并爱上阅读吗？所以有的学校就没有专门的阅览室，而是把书籍分散在学校的不同角落，学生想阅读时，就可以随时随地地阅读。

第二个特征是“共创”。有了在角色上的整合，就有了共创的无限可能。

共创可以在不同层面以不同的方式发生。**最基础的层面是把一些具体执行的事情交由更多的人参与完成。**比如，很多学校都是由学生或家长来负责为参访的人做导览。再比如，学校里的很多后勤事务是否必须通过专门的后勤部门来完成呢？能不能把工作转变成一个个学习项目和学生“自我管理”的实践呢？我在瑞士还见到过一所学校，校名和校徽都是由学生自主参与设计的。

更高层面的共创是共同创造组织的结构、规则和文化价值观。像台北和平实验小学的小朋友们共同制定使用厨房的公约就是一个很好的例子。在青色理念的教育机构中，在与学生有关的事情上一般都会或多或少地采用学生自治的方式。这本身就是一种很有效的关于自由和责任的体验和训练。我们常常期待孩子们长大以后可以成为独立自主的人，但如果在他们长大成人的那些日子里，我们从来都没给他们提供过实践的机会，那这种期待又怎么可能实现呢？

第三个特征是“动态”，也可以说是“进化”。教学的内容、教学的方式、教学的材料等都是在不断进化的，是动态变化的。教育是为了帮助学习者应对生活中遇到的真实问题，助力他们成长。每个人的学习动机、学习目标都不相同，即便同一个人在不同的成长阶段，想要学习的内容和适合的学习方式也不尽相同。所以，以人为本的青色教育必然是高度动态、持续进化的。

在青色理念的教育机构里，动态不仅体现在课程所用的教学素材和教学方式上，就连所需的课时数和老师的数量也可以根据实际情况灵活地做出动态调整。

除此之外，**一些有经验的老师会敏锐地抓住机会，把学生提出的每一个疑问和主张、遇到的每一个困难和意外都变成一次学习成长的机会。**比如，有一所学校里，学生问老师能不能带宠物来上课。老师并不是简单地回答可以还是不可以，而是让学生把这个问题变成一个供全班同学探讨的公共话题，从而帮助这个学生，以及其他的学生，实践自主决策和公共决策的能力。还有一些机构会主动创造一些在意外中涌现出来的学习机会。我把这种情况称为“**在意外中学习，在混序中成长**”。

“青色”的教学实践，需要“青色”的组织系统

我们提到的这些基于青色理念的教学实践活动，若想持续地开展并产生长久的效果，还要有基于青色理念的组织运作系统来支持。很难想象，一个基于琥珀色甚至红色理念运作的教育机构，能够真正出现持续有效的青色教学实践。

对青色的教育机构而言，衡量其组织有效性的标准不是“效率”，而是对内部及外部环境变化的响应力：当学生的学习目标在进化时，机构的组织系统能否支持教师做出及时的响应？当机构内部出现各种张力时，它的组织系统能否支持组织成员涌现新的角色和新的想法去应对这些张力，并由此推动组织的持续进化？

> 青色理念教育机构的内部是一个网状的结构，机构里的每个人都承担着多种角色，并在这些角色上独立承担责任，实现自我管理，同时和其他角色形成协作关系，整个机构也从传统的金字塔结构变成了一个个圈子组成的嵌套结构。

同时，基于青色理念的教学实践和组织系统，也都需要相应的能力素养来实现。如果说我们过去更重视老师的课程设计能力，或者学校领导者个人的领导力，那么今天，与青色教育相匹配的更高阶的元能力将被日益重视起来，并成为机构中每个人都应该掌握的能力，比如敏捷响应、教练式协作、欣赏式聆听、建设性冲突、议事规则、自我认知、情绪管理等。

举个例子。千万不要以为青色的教育里就没有冲突，整天都是“你好、我好、大家好”的状态。正相反，这种一团和气、隐忍不发的状态恰恰是和青色理念中提倡的“身心完整”的维度相违背的。同时，青色组织的目标进化很多时候是靠冲突引发的张力来驱动的。我注意到，在很多青色理念的教育机构中，“非暴力沟通”是一项很重要的能力，很多机构会安排所有的老师、家长和学生接受这方面的系统培训。

有一次我在瑞士的一所青色学校，问了校长一个问题：“你们学校这么好，大家都能自我管理，老师们都有多种角色，工作得很开心，那学校里是不是没有冲突呢？如果出现冲突，要怎么解决呢？”

校长跟我说：“当然会有冲突，只要有人就一定会有冲突。”然后他从口袋里掏出了一张小卡片说：“我们学校的每一个人都随身带着这张卡片，卡片上写了非常多关于情绪和心情的词。一旦发生冲突，我们就会把卡片掏出来给对方看，然后问对方，‘请问你现在是什么样的心情，什么样的情绪，能不能告诉我，我们探讨一下你的情绪背后有怎样的需求和期待’。”

大家想象一下这个场景，两个发生冲突的人，一旦有了这样一个动作，那么很快就会把冲突转变为一种沟通，一种共创，一种对问题的解决方式。

说到这里，我们可以很明显地看出，**基于青色理念的教学实践、组织系统和与之匹配的能力素养，这三者相互依存，互相促进。**

群岛的“青色”实践

我们已经看到了青色理念和通向自由的教育之间天然的匹配性，而在研究和实践青色理念在教育领域里的应用的过程中，我经常面临一个烦恼，就是如何让更多人感受到我在这个过程中所感受到的一切。我发现纯粹的语言表达很难有好的效果，最好的方式是让人们真实地体验，并在做中学。

前面我提到的在中国台湾做的那次工作坊和参访活动，是群岛组织的一次“台湾共学之旅”，参与活动的都是群岛教育社区里的教育创业者。这次共学之旅是一次深度的学习体验活动，也正是遵循青色理念实施完成的。

“共学”的概念体现在每名参与者的兴趣不同，学习的内容不同，但都在相互交流中丰富了各自的学习体验。还体现在整个过程中没有服务方和被服务方的概念，所有的参与者既是设计者，也是实施者，又是参与者。

很多类似的研学、游学活动往往存在“过度服务”的情况，组织者把参与者的衣、食、住、行、玩等方方面面全都安排好，巨细无遗，还会把这个当作自己业务的特色。实际上，这样的过度服务很可能会强化供需买卖的二元对立关系，这种关系是建立在“交易”和“消费”的基础上的，而真正的共学群体应该是基于“价值观”的共同体。更重要的是，**对一个教育机构而言，过度服务减少了学习者主动参与、共同创造的成长机会，也与对学习者的信任和自主性的培养相违背。**

在这次共学之旅的 5 天时间里，我们一共 20 余位成员，发起了几十个参访交流活动，这些活动都是发起人自己联络和组织的，其他人自由报名；每晚回来以后，大家聚在一起对各自的参访交流活动进行复盘，把自己的收获变成集体的收获，同时从其他人的反馈中深化自己的学习体验。

整个共学过程充分体现了“整合、共创、进化”的特点。我们希望这些教育创业者可以变得更加“青色”，于是我们不是采用说教的方式，而是在类似这样的共学活动中让他们充分地体验并亲身实践。

参与那次共学之旅活动的教育创业者中，有好几位也是做研学和营地教育的。其中有一位回来之后跟我说，他将活动中体验和实践的很多方法用到了自己机构的活动中。比如，他们要带一批孩子去北京游学，原本计划联系大巴，统一在火车站接站，然后把孩子们集体送到住宿的酒店。后来他们改变了活动设计，让孩子们自由分组，每个组给 100 元钱，让他们自己设计路线，自行抵达住宿地点。这样一来，孩子们有了更多的参与性，而不只是被动的消费者，也多了一次有意思的学习体验。

此前，群岛内部还组织教育创业者们通过“闪翻共学”的方式来学习和实践青色理念。我们一起翻译了《活力前线》（*Enlivening Edge*）网络杂志上全部关于青色教育的文章。这次为期两个月的“闪翻共学”过程本身也运用了青色理念，学习者们体现出了高度的自主、自治和自律。

在这个过程中，我有幸见证了每个人，包括我自己在内的成长，也深刻体会了涌现出的各种“美丽的意外”，这正是青色组织中最迷人的部分。最后，我们将翻译的这些文章汇集成一本名为“青色学校”的集册，面向广大教育从业者免费发放。后来，我还把这个过程写成了一篇文章，发表在了《活力前线》上，标题是“中国的青色涟漪”。

在我们翻译的其中一篇文章中，作者写道：

> 人们总是等着一些可以激发他们的事情发生，等着有趣的事情发生，等着有人来承担责任，等着有人来处理那些未被满足的需求，等着有人采取行动或变化发生。

这就是我们身处的真实世界。最早参与变革的永远只有一小群人，通过他们的实践和榜样力量，更多的人才会被激发，才会去参与。

所以，群岛对这段话的回应是：联结教育创变者，助力他们把好的教育、通向自由的教育做出来，把好的实践经验和思考总结出来，变成更多的案例和声音再传播出去，吸引更多的人来参与，共同推动教育的改变。

我们决定不再等了。

延伸阅读

教育的三个割裂与进化的三个方向

教育中有三重割裂：角色与全人的割裂，学习与成长的割裂，目标与手段的割裂。而青色理念中的“身心完整、目标进化和自主管理”正回应了这三重割裂，实现了更好的教育。

扫码阅读全文

EDUCATION 3.0

15 杜威还是布迪厄？——对教育公平的再反思[①]

教育公平更重要的是指每个人都有权利在适合自己的教育机构，以适合自己的教育方式，接受适合自己的教育内容，并且都会被公平地对待。

我喜欢在世界各地旅行，特别是去那些偏远地区，那些地方总能给我带来新的思考视角。2000 年的时候，我来到了位于英国本土最北端的一个小村子，那里距离伦敦有 1 100 公里。从这里坐一个小时轮渡，就到了北大西洋上的奥克尼群岛，更北端是设得兰群岛，都是英国的国土。我在村里和岛上住了好几天。

起初我会想，这里距离都市、距离英国的首都伦敦那么遥远，交通不便，自然环境恶劣，人们会不会觉得这里又偏远又落后呢？但很快我就发现，完全没有。这里的人珍爱自己的文化传统，会郑重地举办各种有当地特色的文化艺术活动。这里还有独特的地貌和物种，人们为此而骄傲。更令我感到意外

① 此章由顾远撰写，原为 2019 年儿童公益教育行动论坛上的演讲。

的是，这里的人交往更频繁的地方并不是英国本土，心之所向也不是遥远的伦敦，而是挪威。事实上，从历史发展的角度来看，这里在古代最早是挪威的领土，不仅地理位置上更接近，文化上也有相当的传承。

那几天的游历给了我相当大的冲击，让我意识到所谓“偏远”“落后”“弱势”等往往只是相对的，是基于某个权威的“中心”所设定的单一视角和标准而定义的，如果从当地的视角和标准出发，可能会有另一番景象。

从那以后，带着这种多元的视角，我对很多问题都有了新的观察和思考，特别是对我所从事的教育行业。

在一次教育创业路演上，一个创业团队是这样开场的：“我们那里的教育相当落后。我们去当地的小学跟五年级的学生交流，发现他们连奥运会、第二次世界大战是什么都不知道，而城里的同龄孩子早就知道这些了。”当时另一个坐在我旁边的教育创业团队成员就对我说：“我们那里也是这样，信息太闭塞了。而且更糟糕的是，我们那里的孩子真的不肯动脑子，一点儿都不爱独立思考。”

这又让我想起了那个在小山村里追问孩子“你知道刘翔是谁吗？”的志愿者。长期以来，教育一直有一种以城市生活为中心、以经济发达地区为中心的价值取向，忽略了地区差异，特别是城乡差异，依据城市儿童日常接触的教育资源和学习能力编写课程标准和教材，也默认以城市儿童为对象来组织实施具体的教学。这样一来，大量的儿童在教育上从一开始便注定处在了“弱势”地位。

在城市里，老师讲解“重力加速度”时，可以让孩子们想象乘坐电梯时的感受，而很多农村的孩子根本不知道电梯是什么。我在一所西部地区的农村小学随手翻开一本东部地区捐赠的课本，上面教育孩子要遵守交通规则、不随地吐痰，而当地的孩子还根本没踏出过自己生活的村庄，更没有见过红绿灯。这种情况下，这些农村的孩子会变得“弱势”，而且这种“弱势”的状态还会不断地累积，并随着教育阶段的提高而越加明显地体现出来。

杜威 vs 布迪厄：重新定义教育公平

关于教育对社会的意义，美国教育思想家杜威将教育看成一种超越自身利益、为构建共同体的未来理想社会模式而努力的实践活动，而在法国社会学家皮埃尔·布迪厄（Pierre Bourdieu）看来，教育是在传递文化资本，实质上是在固化社会阶层差异。这是两种截然不同的观点。面对中国当下的教育现状，我们不得不承认现实中的教育正越来越远离杜威的理想，而趋近于布迪厄描述的情形。

我们有必要更深入地理解并重新定义教育公平，然后据此开展进一步的行动。人们通常按照重要程度和实现过程，把教育公平分为起点公平、过程公平和结果公平：

- “起点公平”是指受教育的权利和机会上的公平，是教育公平的前提；
- “过程公平”是指公共教育资源分配上的公平，是教育公平的条件和保证；
- “结果公平”是指教育质量上的公平，是教育公平的最终目标。

按照这样的定义，中国在教育公平上的成就似乎有目共睹。从《中华人民共和国义务教育法》的颁布，到近几年在公共教育资源的分配上对农村地区和欠发达地区的大力投入等都能看出，但现实中仍有很多亟待解决的问题。比如在“过程公平”中，城乡差异、地区差异仍然非常巨大。

与这些比较显性的问题相比，有一个问题尚未得到足够的重视，那就是上述对教育公平的定义中并没有提到教育内容是什么，质量评估的标准是什么，而是默认了教育只有一种内容、一种方式、一种评估标准，而这些又都是基于单一的优势地区的价值观和视角来定义的。在这种情况下，很多受教育者从一开始便处于了“弱势”地位，而在后来的受教育过程中也注定很难实现教育质量上的公平。

在我看来，真正的教育公平指的并不是让孩子公平地接受公立学校的教育机会，也不仅是加大对教育资源匮乏地区的资源投入，教育公平更重要的是指每个人都有权利在适合自己的教育机构，以适合自己的教育方式，接受适合自己的教育内容，并且都会被公平地对待。

> 真正的教育公平意味着各种教育形态、教育内容、教育方式都可以被平等地对待，学习者可以自由地选择，并接受公平的评估和认可。

平均 vs 公平：实现教育公平的正确路径

图 2-2 的这幅漫画非常有名，经常被用来展示什么是教育公平。

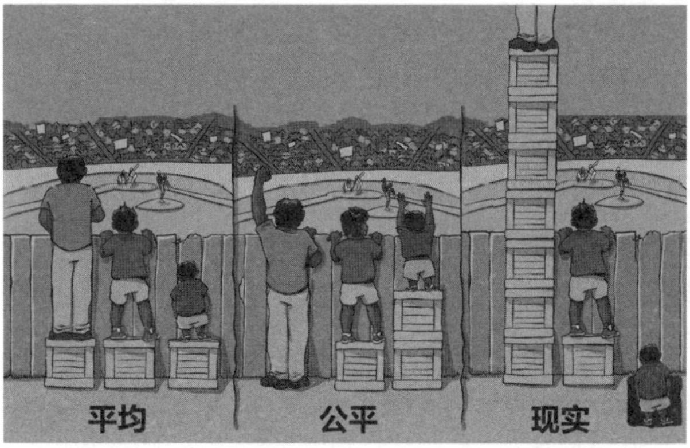

图 2-2 什么是公平

但我更喜欢用图 2–3 来展示我所理解的教育公平。这幅画所展示的“公平”，指的是每个人根据自身不同的情况，以不同的方式到达自己选择的目的地，这是对教育公平更好的隐喻。

图 2–3 更好的教育公平观①

① 此图由群岛教育社区伙伴 Gakko 根据本章内容重制。

从宏观层面来说，这样的教育公平意味着放开办学资质，对不同背景的教育机构和不同的教育形态一视同仁。在教育内容、教育形式以及教育技术的开发应用上将不同地区、不同人群的特殊性纳入考量。

从微观层面来说，这意味着学校和老师应该用更为个性化的方式对待不同的学生。很多时候，家长和老师口中的“问题学生”并不是真的有什么问题，只是相对于那个环境，相对于那个统一的权威标准，他们显得有“问题”了。

改善教育公平现状的思路不能局限于只是做公立教育的补充，或是模拟和追赶那些教育资源丰富地区所做的事情：他们补课我们也补课，他们有名师我们就搞“双师”，他们重成绩我们也不能落后。事实上，在现行的公立教育体系下，这样的追赶恐怕永远都没有尽头，只会让弱势的学生永远落在后面，直到他们筋疲力尽、自暴自弃。

有些教育机构希望借助新颖的教学方式和先进的教学技术去解决教育公平的问题，他们设计了精巧的教具、精美的课件、生动有趣的课程，在带给孩子们欢乐和广阔视野的同时，却并没有在深层次上影响孩子们的学习动机，提升他们将知识应用于实践的能力。这些团队原本有机会从事真正的教育，却有意无意地做起了包裹糖衣的粉饰性教育。

> 教育类的公益组织应该努力探索、尝试更多更适合当地情况和特定学生的丰富多样的教学内容、教学方式以及教学的组织形态，并在这种努力中体现自己对教育本质的理解，以及对教育基本价值观的坚守。

比如有不少学者认为，在发展中国家，政府的教育规划通常采用的是西方发达国家的传统教学模式，注重数学、科学、语言和社会领域的研究。这些教学内容可能会提升学习者的智识水平，却对改善贫困儿童的生活状况没有多少帮助。

还有一些学者坚定地相信，贫困地区的学生需要的不是更多学术方面的技能，而是能够让他们改善身心健康状况以及提升未来收入的生活、生存技能。这些技能包括财商素养、创业技能、保持健康的能力以及一些软技能，如团队协作、问题解决和项目管理的能力。按照这样的教育理念在贫困弱势地区开展教育工作的公益慈善机构有很多，比如孟加拉国农村发展委员会（BRAC）、印度教育研究组织布拉罕（Pratham）以及哥伦比亚的“新学校”项目。

在中国，不少公众对教育公益组织的理解还停留在扶贫形式的捐钱捐物、支教、建校上。尽管如此，还是有不少教育公益组织早已不满足于只是简单地把城乡资源拉平，而是把自己的工作重点朝向了以尊重“在地性”以及“学习者中心”为基础的多元视角下的“教育质量的公平”，积极地尝试面向多元人群——贫困乡村的儿童、残障儿童、有特殊需求的儿童等，进行多元的教育资源开发，提供面向未来的多元化教育。

有一家面向农民工子女的民办小微学校，叫“实务学堂”。这所学校的校长明确地表示他们的培养目标是塑造一个个“珍贵的普通人”，要教给这些农民工子女“生存与职业”的技能，既包括编程、机器人开发这样的硬技能，也包括沟通、协作这样的软技能。

类似这样的教育机构在中国正越来越多，群岛教育社区中就有好几位教育创业者正在帮助那些所谓的“问题学生”“边缘学生”培养终身学习的热情和能力。

同时我们也要思考，围绕教育的改变和教育公平，还有哪些领域可以去做。我们还可以继续想到很多有待关注的领域，比如如何培养更多非教师职业的人承担教育的部分职能，如何让企业和博物馆、图书馆等公共机构更深入地参与教育，如何推动教育机构对学习效果的不同评价和认证方式等。

2016 年年底，我接连参加了两场与教育有关的会议。先是在北京参加了 WISE 峰会与 21 世纪教育研究院联合主办的 WISE-LIFE 中国教育论坛，论坛的主题是“以教育创新促进教育公平”，与会者关注的是“如何改变底层教育的现状”。第二天我便飞到了新加坡，参加第一届亚洲教育科技峰会，我看到了许多十分前沿且价格不菲的教育科技产品。在回国的飞机上，我写下了一段话，我想就以这段话结束这篇文章：

> 如果教育创新没有与教育公平相呼应，未来的世界将会变得更加分裂且固化：一部分人接受的是用过时的教育方法灌输的过时的教育内容，未来只能从事高度流程化、低认知度的工作，从而深陷社会底层；另一部分人则充分享受新的、更加有效的学习体验，未来从事的是高认知度、高创造性的工作，从而稳居社会的高层。要想打破这种局面，教育领域的创新创业者们大有可为，也必须有所作为。

延伸阅读

当政府资源越来越多投入教育，教育公益组织还有哪些独特价值？

教育公益组织对于推动教育变革具有独特的价值，分别是：对教育基本价值观的坚守，成为教育创新的持续引擎，以及从社会问题的角度看待教育问题。

扫码阅读全文

关于教育，一杯精酿啤酒可以告诉我们些什么

精酿啤酒和工业啤酒的区别，就是小微创新学校和传统公立学校的区别。而精酿啤酒和创新教育的共通之处，是对创新的不懈追求，是互助、协同的实践，是独立、自由精神的体现。

扫码阅读全文

第三部分

角色转变：
从广播员到教育创变者

EDUCATION

3.0

教育，
为有志于改变世界的人
提供了新的
思考和行动的路径。

EDUCATION 3.0

16 为何教育创业繁荣了，教育的改变却很少发生[①]

第一性原理思维，是在不断应对变化的同时，思考究竟有什么根本性的东西是始终不变的。作为一个教育创业者，你对教育、学习和与未来人类发展有关的第一性原理的认识是什么？

2017 年，在伦敦少有的持续炎热天气中，我和群岛的同事大汗淋漓地穿行于 EdTech 全球教育大会暨伦敦教育周的各个会场之间。从教育到科技，从创业到投资，从传统的 K12 体制到终身学习的理念……如果说不远的未来世界是由“人文与科技的各种交汇点”联结而成，毋庸置疑，“教育 + 科技”是其中最引人注目的场域之一。

与往常一样，我的关注点更多地集中在教育创业方面。从对大会推出的各种各样产品的考察，到去欧洲各个教育加速器同行的办公室交流，一周内，我密集接触了超过 50 家教育创业团队。与中国的情形一样，当介绍起自己的项目时，每位创业者眼中都闪烁着晶莹的亮光——创业，既燃烧着自己，也感染

① 此章为周贤撰写于 EdTech 全球教育大会暨伦敦教育周现场。

着他人；而与教育有关的创业，更是因为在火光中加入了许多理想的催化剂，变得分外动人。

与此同时，这些交流也引发了我对一个问题的思考：比起一般的创业、消费领域，天然带有理想色彩和社会属性的教育创业，理应有着更为广阔的创新空间。然而这几年看下来，真正的“系统创新”或者“模式创新”却较为少见。这样的情况，无论在中国还是欧洲，都很类似。和英国教育加速器同行们探讨这个问题时，有人将原因归结为教育体系本身的僵化程度让人太难突破；也有人认为，与其他领域，特别是互联网或者纯消费领域相比，教育创业确实时间长、收益慢，很难吸引到那些最厉害的创业者；还有人说，教育创业的价值实现链条错综复杂，以小团队的形式改换一个小的切角，更容易入手和见效……的确，这些都是很重要的外部原因。那么，有没有创业者内在的原因呢？比如他们创业的起点或者创业的逻辑，会不会有需要重新思考的地方呢？

我把目前国内常见的几十家教育创业公司的思路简单梳理了一下。这些教育创业公司的教育创新产品大致可以归入三大类，我们逐类分析一下。

第一类：“乐高型”教育创业产品

这一类创业产品反映了教育者林林总总的想法，也已经有了很多有趣的样品，但我们很难说它们究竟是玩具，还是教具（单向度产品），还是可以归属于真正的教育。比如可拆卸的机器人、通过蓝牙控制的无人机、帮助孩子学习编程的不插电积木……随着科技的不断发展，几乎任何一个技术更新，都可以衍生出一些新的产品。

为什么他们能够被当作教育产品？几乎所有人的解释都很类似，就是因为它们能激发孩子思考，让孩子真正动手，促进小组协作式的学习等。同时，借助各种操作平台如 App 或者操作手册，它们能够减少来自协作者，如家长或老师的压力，或者降低对协作者的能力要求。

这些产品的操作方式也很类似：由一个 App 或操作手册来布置任务，孩子根据任务和步骤完成初步搭建，逐渐形成更为复杂的作品并以复杂程度来评估孩子的学习能力；家长或老师则根据操作手册来指导流程，引发孩子思考，并鼓励孩子们相互协作。

有意思的是，好几个创业团队都是从产品众筹平台 Kickstarter 起步，通过有情怀、有趣味的产品预售视频，获得了年轻家长们的追捧。这类产品起初的销量往往都很不错，在社交传播平台上的讨论热度也不低。有的是家长买，有的被买去给有孩子的家庭送礼，还有一些进入了学校渠道，成为创新课程的一部分。

我的疑惑在于，它们究竟算是玩具，还是教具，还是能够支持教育发生的整套产品呢？就像乐高，虽然大家都知道乐高，它也能生发出很多教育功能，但是我们很难把乐高归纳到教育产品中去。这类产品通常都很受孩子们喜欢，家长也很乐意购买，但是无论从学习发生的过程、学习递进的维度，还是从评估的角度来看，它们似乎都有所不足。

首先，这类产品大部分和真实世界没有太多交集。App 里布置的往往是一个系统先行设定、无须和第三方环境发生接触的任务，如完成一个模型的搭建；其次，学习能力提升的指标是能够搭建难度更高的“繁杂”作品，比如从搭建一座简单的桥到一座 50 层大楼的进阶，而非搭建“复杂”的作品。

搭建“繁杂”作品涉及的仅仅是“钟表类”问题，就像一个人把钟表元件拆了，要求他照原样拼回，其难度的区别仅在于是 100 个零件的手表，还是 1 000 个零件的手表。而生活中大量的问题，其实是要完成“复杂”作品的

“搭建”，这样的任务是多重交互的，不能完全拆分，更不能原样拼回。“搭建”这样的作品，所需要的思考和引导显然更为重要。

最后，在这类产品的宣传页中，无一例外都会出现“提倡团队分组、提高协作能力”之类的字眼。但从具体形式上看，无非是简单的按照任务分组，或者设定团队共同完成任务，而少有更为深入的设计内容。

更有意思的是，这类产品的团队创始成员很多是“技术达人”或具有媒体背景，却很少有教育、学习或认知科学领域出身的。有一个团队推出的两位核心创始人，一位是交互设计师，另一位是全栈开发工程师。我询问他们是否有教育背景，他们回答我：“我们认为只要孩子会玩这个东西，很多学习行为就会自然发生。”当我进一步询问学习能力的评估指标如何体现，团队协作如何发生，如果有水准不一致的情况要如何应对时，他们便说不上来了。

在我看来，乐高型的教育创业团队需要尽快弄清楚两个问题。

第一，由众筹网站吸引的第一波用户，是否属于真正的核心用户或者早期用户？

在众筹网站上，为情怀，为有趣，为新鲜而凑热闹的人比比皆是，很多人就是买一个新鲜体验而已。说到那些创业的恒久问题，如“我们究竟是为了谁，解决了什么问题，创造了什么价值”，这些用户往往给不出准确的反馈，反而让人有些迷惑。

第二，这类产品的持续影响力在哪里？用户会不会只购买一次就不买了？

就这个问题，我询问了一些创业者，好几位都回答“用户会升级”“会在App上内购新功能”“会购买我们的衍生产品”……但是，如果我在这些回答的前面加上一个“为什么”，询问他们“为什么用户会升级？”“为什么用户会在 App 上内购新功能？”“为什么用户会购买衍生产品？”，恐怕很多团队是没有想清楚的，也没有去验证过自己的假设。

总结：乐高型教育创业产品的特点是用户友好，玩得最开心的是孩子们。

第二类：“公文型”教育创业产品

我们先来看看“公文”（Kumon）是什么。[①] 公文式学习法曾经是一个非常流行的教育加盟模式，取得过巨大的成功。公文式学习法虽然最早始于 1958 年的日本，看起来非常久远，但是其原理完全可以套用最近几年教育领域的一个时髦词：自适应学习。

公文式学习法以理科和数学的学习为主，核心是一套极度细化的分级题库。从最基本的计算到微积分共有 12 级，每级包含 200 页的梯度细化练习，让学生“无须他人指导，只要自主练题”。如果答案正确，学习者便可自行进阶；如果答案不对，就退回类似梯度的题库重新做，直到答案正确为止。

公文式学习法的优点是，它确实有一套相对科学的梯度进阶方式，帮助孩子“自做题、自监督、自进阶”，根据自己的节奏不断调整。也有小学生通过公文式学习法一步步自学到微积分的例子。同时，这种方法大大降低了对老师的要求：老师不需要懂数学的讲解细节，只需要了解做题进度，给予学生适当激励。也是基于这个特点，公文型教育创业加盟公告声称“全职妈妈都可以在自己的社区里办一个公文教室”，这一模式的加盟成本和运作起点都很低。

① 以下关于公文式学习法的介绍参考自“芥末堆”投稿作者许贤彬的文章。

说白了，公文型教育创业的关键就是“核心题库 + 自适应做题”。随着技术的进步，这样的模式可以在前面加上一些看上去很先进的修饰词，比如“云题库 + 个性化评估 + 机器助教”等。同时，技术的更新正大幅提升着此类模式的效率。相比公文模式由人手动来编写题库，现在机器的效率高太多了。语文和数学这两门最受家长和学校重视的学科，自然成了最适合这种模式的领域。

但是，做题是否等于思考？记忆是否等于智商？所谓“自适应”是否等于个性化？这样的方式是否能够“培养智识”？对这些问题的回答，众说纷纭。与乐高型教育产品的创业者往往出自技术达人相反，公文型教育产品的创业者大多有很好的教育研究背景；公文型教育产品也有很多效果评估材料不断推出。

的确，公文式学习法在现有的教育体制下，很容易看出效果。对于客户，即家长和学校来说，教学过程容易观测，评估指标明确，应对考试效果良好。对于投资者来说，刚性需求外加巨大的市场规模，以及互联网技术带来的成本综合效应，使它远超其他产品模式。这样的创业产品，凡是能够看到一点市场数据和技术含量的，都容易被资本追捧。

总结：公文型教育产品的特点是客户友好，家长愿意购买，投资人也喜欢。

第三类：“HR 型”教育创业产品

这类产品我就不多说了，简而言之，就是企业的 HR 功能在教育领域的在线化，或者是传统的学习管理系统（LMS）的不断更新换代。它们能帮助传统学校里的老师上下班打卡、批改作业、优化课件、布置任务、同行间互通信息等，而且功能更好、交互更佳、选择更多。这类产品的形式变了，效率更高了，就是本质没有变，只是让老师的工作模式和学校的管理模式更有效而已。目前英国政府在大力推动“科技化社会”的大背景下，其公立学校对采购此类产品表现得十分积极。

总结：HR 型教育产品的特点是渠道友好。

教育创业繁荣了，教育改变为何很少发生

教育创业是一个很大的领域。看一个领域是否繁荣，很重要的一点是看参与者的数量是否增加，产品切入的角度是否足够多元，以及解决方案的技术匹配是否有效。从这个角度来说，教育创业已经呈现出一种全球性的繁荣，传统投资领域也日益看重这个市场。

然而，如果从创新，特别是颠覆式创新以及对教育和学习的系统性改变的角度来看，教育创业当下的繁荣更多地体现在数量而非质量上。回到本章开头的那个问题：在这种现象的背后，除了外在原因，有没有教育创业者内在的原因呢？比如他们创业的起点或者创业的逻辑，会不会有需要重新思考的地方？

要探讨这个问题，我们还是要回到第一性原理的思维角度上来思考。埃隆·马斯克是这么阐述他所认为的第一性原理的：

> 运用“第一性原理思维”而不是“类推思维”去思考问题是非常重要的。我们在生活中总是倾向于比较——别人已经做过了或者正在做这件事情，我们就也要去做。这样的结果只能产生细小的迭代发展。“第一性原理思维”是用物理学的角度看待世界的方法，也就是一层层剥开事物的表象，看到其中的本质，然后从本质一层层往上走。

说得更直白一点，第一性原理思维是在不断应对变化的同时，思考究竟有什么根本性的东西是始终不变的。

亚马逊的创始人杰夫·贝佐斯（Jeff Bezos）有一个类似的说法：

> 我经常被问到一个问题，那就是“在接下来的10年里，会有什么样的变化”，但我很少被问到“在接下来的10年里，什么是不变的”。我认为第二个问题比第一个问题更加重要，因为你需要将你的战略建立在不变的事物上。
>
> 在亚马逊的零售业务中，我们知道消费者都想要价格更低的产品，10年后仍然如此。他们想要更快的物流、更多的选择。很难想象，会有顾客在10年后跑来和我说：“杰夫，我喜欢亚马逊，但你们的价格能不能贵一点，或者到货时间再慢一点？”
>
> ……所以我们将精力放在这些不变的事物上，我们知道现在在这些事物上投入的精力，会在10年中和10年后持续不断地让我们获益。当你发现了一件对的事情，甚至10年后依然是对的，那么它就值得你将大量的精力倾注其中。

马斯克所做的4次创业都是直接从最核心的问题开始着手，然后一步步解决它。而绝大部分人，包括绝大部分创业者所用的方式都是类推式的，他们认为，面对同样的事情，别人是怎么做的或者过去是怎么样的，我只要比别人做得更好一点或者比过去更好一点就行了。

其实类推是创业或创新很好的切入口，能够让创业者更快地找到着手行动的地方，毕竟不是每个人都是马斯克。但是，如果所有人都在做类似模式的创业，只是在具体细节上你追我赶，我们将迎来一个既无趣，也没有未来可言的世界。

尤其对教育创业者来说，我们往往太过看重类推出来的新主意、新产品，比如某个新科技、某种新教学方法、某类新平台上的机会等，却很少有时间去深入思考一下，作为一个教育创业者，自身对教育、学习和与未来人类发展有关的第一性原理的认识是什么？

举例来说，我所认识的创业者当中，有些创业多年，一直都在忙忙碌碌地做着各种各样“看起来有希望、有意思、有价值”的浅层尝试，每次见面都会激动地和我说起某个新想法、新动作，但是细谈下去，却提炼不出自己对教育本身和未来的深度思考。

所以，也许我们可以多问问自己下面这些问题：

- 如果 10 年是一个周期，那么引领我在这个周期里创业的第一性原理究竟是什么？
- 我对教育的认知是真的经过了深入的综合思考，还是从某本书或某个“大 V”身上不假思索地借鉴而来？
- 我有没有把个人的情怀或理想，与对客观世界的真正理解和对未来发展的分析混淆起来？
- 我现在的创业行为是围绕和趋近这条原理，还是人云亦云，被市场、风声或眼前看似的机会推着走的？
- 有什么决策点是违背这条原理的吗？或者目前做得并不彻底，需要我全力突破的？
- …………

各位致力于教育变革的创业者们，你思考过自己教育创业的第一性原理吗？你找到自己的答案了吗？

EDUCATION 3.0

17 如何打破教育行业的“杠铃”结构[①]

要想带来教育的真正改变，需要更多教育者从微小的实践开始，把好的教育做出来，让更多人看见教育更多的可能性。

2017 年，WISE 峰会已经连续举办五届了。作为由卡塔尔教育科学与社会发展基金会支持的教育大典，它吸引了全球思考教育创新的“大脑”和优秀的实践者们。我在 2014 年参加过一次 WISE 峰会，再次回到熟悉的地点、熟悉的场馆，与同行们聚首漫谈这几年教育创新领域的变化，无疑是一次非常有价值的经历。

作为教育创新领域的工作者，每年国际、国内这个领域的各种大会我们都会参加一些，一方面感受教育领域整体的发展脉搏，另一方面也会和新知旧友重聚交流。虽然都叫大会，但是“会”与“会”之间可太不一样了。

① 此章由周贤撰写，是参加 2017 年 WISE 峰会之后的思考和分享。

群岛推动的社会化学习的教育理念常常强调：在教育 3.0 的范式下，未来教师的角色将会转变，从一个自上而下的填鸭式的广播员，转变为一个大千世界里的学习导游和知识的策展人。反过来，一场大会的策展人，也完全可以把一场会议设计成所有人都“有所得、有所学、有所交”的快闪学校。

现实中的各种大会林林总总，其核心也大大不同。有的大会以宣传为核心，重点推广各自的业务；有的大会以产品为核心，较多关注产品的细节和技术；有的大会以社交为核心，参会者更关心的是能否找到合适的合作对象……说起来，WISE 峰会是少有的真正以“教育思想”甚至“教育哲学”为核心的会议。基本上没有讲者在演讲中给自己打广告，听者也以真正的教育创新者为多；每届大会的主题都有一定的高度和前瞻性，起到某种“创新风向标”的作用，而大会的讨论范围也更为广泛。

2017 年 WISE 峰会的主题是“共存共创，为了共同的生活与工作而学习”。这个主题非常清晰明确，也呼应了时代的发展。讨论范围不仅包括一般的教育创新，也包括残障儿童受教育权利、战地儿童教育、难民教育、全球化教育等，非常全面。三个细分主题分别是“学会学习”“在一个变化的世界里共同生存”和“在未来的知识社会里共同创造”。无疑，这代表了目前教育创新最重要的研究和实践方向。

教育行业就像一个杠铃

我记得顾远在参加一次“群岛社会化学习城市论坛”的时候，回答过一位现场听众的提问。那位听众的问题是：“教育变革太难了，人太少了，力量太小了……怎么办？”

顾远当时打了个比方，也就是后来被不少人引用的“教育变革光谱说”：

人们对待教育变革的态度并非只有赞成和反对两种，而是分布在一条光谱上。这条光谱的最左端有一些人，他们完全不认为现在的教育需要变革，如果教育有什么问题，也只是因为还没有把现有的教育体制做到极致；光谱往右一点还有一些人，他们承认现在的教育体制的确存在一些局部的弊病，但是整体上是合理的；光谱再往右一点又是另一些人，他们很清楚，现在的教育体制需要根本性的变革，但是他们要么苦于不知道自己该做些什么，要么担心自己的力量太小做不了什么，要么担心如果自己真的去做了，搞不好就会从“先驱”变成“先烈”；而在光谱的最右端，是那些最勇敢的人，他们远不止于谈论教育变革，他们已经在实践自认为对的教育，他们是思考中的行动者。

而在参加 2017 年第五届 WISE 峰会后，我的感悟是：教育行业就像一个杠铃。

在世界范围内，真正在思考、创新、行动的人其实不少，他们属于“杠铃”的一端。而且，这一端的来源也非常多元，既有教育家，也有硅谷公司的 CEO；既有工程师，也有超级妈妈。然而，对未来的变革无法想象，甚至很难真正理解的人也很多，他们在“杠铃”的另一端。这一端，恰恰是原有教育体系里的工作者居多。

“杠铃”的中间是最细的，而且很难通过。为什么？有两样东西的缺乏导致了这种情况。一个是教育者们对未来的想象力和判断力非常有限，另一个是教育者们对技术的了解非常缺乏。这二者往往又互为因果。前者恰恰对应了顾远在 GET 教育科技大会上的发言①，大多数人无法想象“教育的底层范式竟然会发生变化”；而后者，也常常是教育者们的弱项。虽然大多数教育者都能感觉到世界正在发生变化，但是因为他们接触的新科技太少，对新科技应用及其

① 此篇发言稿已收入书中，即第 1 章“教育 3.0 时代的‘教’与‘学’”。——编者注

对未来的影响缺少真实的感知，更不觉得这会对自己的工作有什么“即刻的影响”。

为什么会有这种感悟？我来举个例子。

在这次峰会上，有一个工作坊，主题是“人工智能和机器人在未来教育中的作用”。这个主题非常吸引人，现场爆满，我是坐在地上听的。我们且略过嘉宾的发言内容，直接来看听众们提的问题。

在场的基本都是各个国家的校长、老师之类的教育从业者。大家都非常紧张，对这个主题如临大敌，提问集中在“人工智能替代了老师怎么办”“人工智能在情感教育上是不可能的”“未来弱势群体的孩子将会没有出路”……这些问题并非不值得关心，但是很明显，很多教育者们对人工智能等科技领域的认知基本处于道听途说、所知有限的浅显层面，因此有一种如临大敌之感，所以提出的问题都是负向的。

另外一个工作坊的主题是“如何帮助老师在新时代转型”。很遗憾，这一场的内容与我参加过的很多类似主题的讨论一样，嘉宾们对传统教育体系的细节如数家珍，对已存在的问题滔滔不绝，给出的解决方案也多是老生常谈：要提高老师的领导力，要给予多元化的激励，校长要转变为服务型……

问题在于，人们都默认了“老师即体系里的老师”，教育只能在“体制内学校”那团紧紧耦合的麻绳团里发生。但是，如果未来的教育有可能发生在更广阔的空间，未来的老师会由更多元的人群构成，未来的技术会带来更大的可能呢？

耦合，是个多么可怕的词。传统的教育体系是个高度耦合的系统，就像一个紧紧缠绕的麻绳团，每个人都身在其中，挣脱不得，同时眼界狭窄，只能看到自己眼前的一小块。

其实，挣脱那个麻绳团，还有更广阔的空间和更多的可能在未来等待着我们。而且，教育的变化，速度将会越来越快。

杠铃结构能否被打破

关于教育行业的杠铃结构，我从此次峰会第二天的众多分论坛得到了更多的线索和思路。要想打破这个杠铃结构，路径其实很简单，就是群岛一直以来的理念：**限制催生创新，创新催生公民。**

先来介绍一个有趣的分会场，主题是“行为战略：为正确的教育选择轻推（nudge）”。刚看到这个主题时，我感到有点奇怪：nudge 是“微调、轻轻用肘一推”的意思，那它在教育里是什么意思呢？再仔细一想，恍然大悟。原来这里谈到的 nudge 就是 2017 年诺贝尔经济学获奖者理查德·塞勒（Richard Thaler）的助推理论（Nudge Theory），即如何通过小的设计推动人们“无意识的”行为改变，从而达到目的。

举个例子。学校自助餐厅的管理者为了让学生吃得更健康，在不改变既定菜谱的情况下，把蔬菜与低卡食物尽可能放在靠近餐台的位置，高度也尽量与学生的视线等同，同时把薯条之类的高卡食物放在不显眼地方，结果学生选择健康食物的比例大幅提高。

塞勒便把这种规划或设计称为“助推”。“助推”和“强迫”不同。如果管理人直接改变菜谱、去掉所有的不健康食物，或者校方直接明文禁止学生选择不健康食物，那么这就不算助推，只能算强迫。

助推理论主要涉及经济学政策、人类行为认知改变、心理学等多重研究领域。这个理论的重点在于，要改变人们的行为，光讲道理是没用的，自上而下的强迫或者命令，其实也是没用的。但是如果事先设计好，通过情境打造与物质安排来引导，就像建筑师设计房屋一样，便可以促进使用者在不经意间做出正确的决定与举动。

在欧美国家的政府体系中，助推理论也已成为越来越重要的公共政策实践理论。比如，伦敦居民的水电费账单，不再是一串串数字和表格，而是一段时间以来家庭使用水电量的对比表，以及几个简单的建议，告诉居民：“只要试一下，下个月的电费支出就可以减少 ×× 元。”通过这样的简单设计，就能让居民们自动减少能源消耗。

那么这个经济学以及心理认知学的理论，如何应用到教育上来呢？这就涉及座谈的一位嘉宾沙拉斯·吉万（Sharath Jeevan），以及他创立的印度 STIR 基金会（Schools and Teachers Innovating for Results）。

STIR 基金会通过鼓励普通教师日常的微创新，并将这些微创新传播给更多的老师，带来日拱一卒的改变；当这些微创新被更多老师使用，有更多的老师敢于尝试自己的“创新”并开始具备创新精神，这就能给教育带来自下而上的变革。这也是这个基金会名叫“STIR”（搅动）的原因。

我自己是因为比较关注“设计”，才一步步发展到对人类行为改变、认知模式等心理领域产生兴趣并开始学习。助推理论并不仅仅是一个理论，而是牵涉整个的理论研究链条。STIR 基金会是群岛的同事曾经研究过的案例。那时候，STIR 基金会的基本理论还是释放教师的个体自由和创新能力，从微小的变化，也就是我们常说的“MVP（Minimum Viable Product，最小可行性产品）”开始，带来整体系统的变革。而本次峰会上的座谈，让大家看到了 STIR 基金会更为深远的理论和实践的映照。

我参加的另外一个分论坛的讨论也印证了这些想法。这个分论坛的主题是老生常谈的“如何平衡公平和卓越”。人们总是认为卓越的教育质量需要大量的经济投入，但弱势地区的教育无法做到这一点；不同地区之间的经济鸿沟会进一步带来教育的鸿沟。这个问题该如何解决？

WISE 峰会的嘉宾大部分都是“教育创新者”，几乎所有人都认为：

> 公平和质量并不是两个绝对相斥的概念，好的教育完全可以通过创新做到两者之间的平衡。经济的投入必然会对教育的变化发生影响，但是“好的教育”并不一定是钱堆出来的。

座谈中举的几个例子也很有意思。比如在越南，在那些位于河流两岸的偏僻小村里，孩子们无法上学。那么，人们就开设船上学校（Boat School），将学校开在船上，航行到各个偏僻小村，为孩子们提供上学的机会，而不是一味等待有资金时在当地建造实体砖瓦学校，因为无论是从教育资金的缺口还是当地政府的意愿来看，这种等待可能永远也不会有结果。

来自美国南加州大学教育学院的院长也举出了他们的创新案例。10 年前，作为一所教育学院，他们对每年都能培养出非常全面而优秀的老师感到非常自豪。唯一的问题就是老师的数量太少，只能以十位数计算。同时，这些老师毕业后大部分去了那些为精英阶层所青睐的中小学校。所以，教育学院被比喻为“精品店”，意思是产品很好，就是数量少、价格贵。而这与学院创建之初的理念是不一致的。作为一所著名的私立大学，南加州大学教育学院的工作并不受政府和政策的影响，其在创建之初，就确立了自己的使命是“为教育公平而培养更多在实践、研究和政策领域的领导人才”。很显然，那样的“精品店”模式，是不符合这个理念的。

所以在 2005 年，学院就开始尝试在线授课，为那些已经拥有其他专业本科文凭，但是想成为老师的人提供快速通道。这在当时还是很少见的，尤其在教育类人文学院。通过这种尝试，学院每年可以为当地提供的老师数量大大提高。如今，该学院线上线下上课的学生的比例几乎达到了 1 ∶ 1。

南加州大学教育学院还和当地的特许高中学校合作，特意鼓励和集中培养那些“有可能成为家族里第一个大学生”的孩子，特别是针对弱势群体，因为他们认为，这些孩子改变命运以后，能够为原来深陷代际贫困里的整个家族甚至整个地区带来无与伦比的影响。用该学院院长的话来说，“若干年以后，你的孙女的孙女会对你说，‘谢谢你，外婆的外婆，你当年的努力和选择让我有了不一样的人生’”。如今，南加州大学教育学院 48% 的新生，都属于这一类“家族里第一个大学生”。

以上这些创新举措，如果单纯从财务投入的角度来说，并不算大，但其带来的改变却是切实而深远的。

如何通过“助推”打通“杠铃”的两端

让我们回到教育的“杠铃”问题上来。如何通过“助推”，让“杠铃”的中间通畅起来，让教育变革的光谱真正流动起来呢？

我想起了组织管理学中的贝克哈德变革公式：

$$D \times V \times FS > R$$

（Dissatisfaction × Vision × First Step>Resistance to Change）

解释一下就是，对现状的不满程度乘以对未来的愿景乘以初期的实践大于阻力。

这个变革公式说明，所有真正的转变，都需要三个必要因素：对现状的不满、对未来的愿景和初期的实践。这三者发生的顺序并不是关键，需要重点强调的是发生变革的关键要素以及乘数的关系。

同样，教育要想发生变革，也需要如下三个条件：

- 人们对当前的状况已经表示出强烈的不满；
- 必须为人们展现一个更好的愿景；
- 必须有确实的、既可信又可行的初期步骤和小的勇敢尝试，并被人们看到。

这三者共同作用的结果必须大于变革的阻力，如果三者中任何一项较低或者为零，阻力一般就会占上风并让变革消亡。更重要的是，从公式左边着手总是更有趣，也更有效，也就是我们常说的，与其改变存量，不如改变增量。

因为在公式的右侧，也就是阻力那一端，“他们自成一个耦合体系”，我们作为体系外的变革者，在整个麻绳团里真正能做的或者可以撬动的点是很少的。同样的精力和资源，若用于改变等式的左边，即增量，效果要远大于改变体制内的存量。

这也让我想到了群岛正在推动的变化：

- 对于教育这个领域而言，强烈的不满早已存在，无须多谈；
- 我们正通过“社会化学习”这个教育理念为人们展示更好的愿景和想象；
- 教育创变者们也正在通过自己的力量，为人们展示确实的、可信又可行的“最小可行改变”。

如果有更多的教育创变者出现并成长，那么社会化学习将成为一片群岛；如果教育领域有更多的群岛出现，所有的群岛将汇聚成一片新大陆，并最终创造一个新世界。

这些变化不会在朝夕之间改天换地，而是一点一滴地从最小可行变化开始；也并不是靠大规模的“砸钱、砸设备、砸资源”就能瞬间发生，而是要依靠我们的智慧、耐心，同时也要由我们新一代的年轻教育者们来承担。对此，我充满信心。

就像群岛的标语一样，“在群岛，我们共创学习之道；在群岛，没有人是一座孤岛”——教育的变革公式，应该由我们一起写成。

EDUCATION 3.0

18 改变教育，需要的不是等待超人

那些貌似最不可能发生创新的地方，往往是最容易出现创造性想法、遇见优秀教育创业者的地方。

教育的三大鸿沟

现在关心教育的人越来越多，这是好事。这些人大致可以分为三类。

第一类为“教育爱好者”。他们研读各类教育学名著，可以熟练地引经据典，对各种新的教育理念十分着迷，却很少将自己对教育的热情转化为真实的行动，而是消耗在了不懈的口头论战和笔头抒情上。

第二类为“教育工作者”。他们比爱好者们多了行动，热衷于探讨和实践某一个教学主题应该如何展开，某一堂课应该如何设计，某一本教材应该如何更有效地使用，某一款教具应该如何改善用户体验、提高学习效果……

我在各个教育微信群里都可以看到众多教育爱好者和教育工作者分享资讯、传播理念、探讨教学实践，内容大到“教育为了什么”的终极问题，小到“某个绘本应如何进行亲子共读”的操作问题。这样欣欣向荣的景象让我们看到了教育变革的希望，但也提醒我们进一步思考：除此之外，教育变革还需要我们做些什么？

改变教育还需要第三类人：教育创变者。教育创变者的关注点超越了一本书、一堂课、一个主题、一件工具，他们的使命是跨越教育的三个鸿沟。

第一个鸿沟，是人们对教育的期待和现实之间的鸿沟。

在今天这个时代，没有人会怀疑教育的重要性，人们期待教育帮助自己解决生活中的实际问题，帮助自己更好地应对未来，帮助自己成长为自己想要的样子，过上想要的生活。但教育让我们失望了。当下的教育，不是在为我们服务，而是要求我们去适应它；不断给我们灌输过去的知识，却很少教会我们如何创造未来；教育与生活脱节，人们去学校是在为未来的生活做准备，却忘记了教育其实就是生活本身。

第二个鸿沟，是日益增长的教育不公平造成的“精美”与“大众”之间的鸿沟。

更好的教育理念和方法往往首先在教育资源更多、教学条件更好的地方实施，新的教学内容和教学工具也首先在那些地方得到应用，更多的教学资源和更优质的生源、师源也随之流向那里，于是产生了“好的越好，多的越多”的马太效应。长此以往，《人类简史：从动物到上帝》一书的作者尤瓦尔·赫拉利（Yuval Harari）在一次演讲中描绘的带有强烈“反乌托邦”色彩的未来场景完全有可能出现。在那个场景中，“新的不平等可能将社会分裂为两个截然对立的部分：一边是新的‘经过升级的精英’，一边是新的‘百无一用的普罗大众'，在这种不平等中，教育将成为最大的帮凶。”

第三个鸿沟，是新旧教育体系之间的鸿沟。

教育变革的最大阻力正来自现有的教育体系。与颠覆自身相比，它更有动力将一切时代赋予的机会和工具用于修补和维持自身的持续运作。许多体制外教育机构，如各种补习班、特长班，所做的也不是去创造我们所期待的教育，而是去迎合现存的应试教育体系。科技的发展原本是变革的重大机遇，却被用在了抄作业、找家教、改考题、记考勤之类更容易带来经济收益的事情上，反而强化了现存的教育体系。

> 期待教育变革的我们显然不能寄希望于旧体系的一夕崩塌，而是必须把新的教育理念“做”出来，并且为更多的人带去更多更好的结果，这样才能在这场竞争中实现“此消彼长”。

不只要关心教学内容和方法，更要解决实际问题

和其他领域的创业者一样，教育领域的创业者首先要做的是界定和分析自己要解决的教育问题。在“WISE 丛书”中有一本《可复制的教育创新》（*Innovation in Education*）。这本书的作者考察了 80 个 WISE 大奖候选项目，发现这些项目分别是从“学什么”（what）、“怎么学”（how）、“谁来学”（who）、“为什么而学”（why）等角度来解决某一类人群的教育问题的。

教学内容和教学方法的变化，是很多关心教育的人最容易想到的教育变革内容。对于教育创变者而言，他们在尝试对“学什么”和“怎么学”进行改变时，首先考虑的不是内容和方法有多新颖，更不会去生搬硬套某个时髦的概念或技巧，而是考虑哪些内容和方法最能呼应特定人群的真实需求，解

决他们的实际问题。

事实上，这不正是“以学习者为中心”这一新型教育理念的具体体现吗？对于生活在巴拉圭偏远的贫困农村的孩子，学会种蔬菜、养牲畜并在市场上销售出去，是他们最需要的实用技能，也是最好的商业教育；对于撒哈拉沙漠以南地区那些没有受过多少正规培训的教师，为他们提供标准化的课件和教学资料，则会给他们的工作带来极大的便利，提高他们的工作热情和出勤率。

如何激发学习动力以及如何让更多的人接触教育，是很多教育爱好者和教育工作者不太会触及的问题，而这正是教育创变者可以贡献独特价值的地方。透过对问题的深入分析，教育创变者往往会找到解决某个复杂教育问题的关键发力点，以小搏大，撬动整个社区甚至系统的变化。

加拿大多伦多的摄政公园社区曾经长期凋敝，种族问题突出，犯罪率居高不下。“教育之路”项目决心用教育拯救这个社区。他们并未改变教育的内容和方法，而是创设了一个让孩子们在恶劣的环境下仍能爱上学习、持续学习的激励系统。这个系统包括免费的上下学班车（让家长放心，同时节省家庭开支和家长的时间）、志愿者辅导员（给予孩子们及时的激励和指导），以及一笔教育资助，孩子只有读到大学才可以领取。

> 教育创变者的服务对象往往是在社会中处于弱势的人群，所以在设计产品和服务时面临的挑战会更多，更需要他们对所要解决的问题进行深入分析，用创造性的方式解决问题。

经济条件是制约很多人接受教育的一个重要原因，所以教育创变者必须以更低的成本交付同等质量甚至更高质量的教育产品和服务。

技能条件是另一个原因，比如计算机技能的不足限制了学习者使用新的教学材料和工具，学习障碍者无法有效融入主流的教育体系等。所以教育创业者必须重新设计学习过程，便于低技能的学习者无障碍地完成学习。因为各种条件的限制，很多人无法接触优质的教学资源，所以教育创变者必须擅于运用科技的力量和动员社会资本来弥补这一鸿沟。弱势群体的日常时间往往更加破碎，更加不规律，所以教育创变者必须重新设计学习过程，以便于学习者更加自主地完成学习，更及时地获得反馈。

在这里我想引用乔布斯的一段话，来说明教育创变者在分析和解决教育问题时表现出的特质：

> 当你最初看到一个问题，觉得它似乎很简单时，其实你并不明白问题的复杂性。你想到的解决方案也过于简单。随后，当你对问题有了更深入的了解，便会看出它非常复杂。于是，你会拿出各种绕来绕去的解决方案……大多数人都会止步于此。真正伟大的人会继续向前，直至找到问题背后的关键原则，最终拿出一个漂亮、优雅又实用的解决方案。

不只要想出一个“点子”，更要开创一种“模式”

很多教育爱好者和教育工作者很排斥“模式”这个词。在他们看来，教育是一种艺术，是一个很慢的过程，是高度个性化的东西，是很难被“模式化”的。这是对“模式”的误解。模式不是机械和僵化的指南，一刀切地规定所有的动作。

> 模式是一种能够让产品和解决方案稳定而持续地创造价值的方式，以及一个所需的生态系统，甚至能够在更优化的均衡上满足社会需求。

一个点子也许可以让一堂课更精彩，让学生对知识点的理解更透彻，让学校更受孩子们喜爱，而一个模式才可以让这个点子覆盖到更多的人，并促发更多的点子产生。安德鲁·卡内基（Andrew Carnegie）为后人称颂不是因为他建了多少个图书馆，而是因为他构建了一套如今为千百万美国公民提供服务的公共图书馆系统。单独一个图书馆固然能够使得其服务的社区受益，但是卡内基所开创的整个公共图书馆系统，却建立了一个能够保证所有公民，无论身处何方，是大城市还是小镇，都可以获得信息和知识的新的社会均衡。

教育领域里有很多人喜欢“小而美”，对于个体的教育工作者而言，这毫无问题。但是从解决教育问题的角度来看则远远不够。孟加拉国农村发展委员会是世界上最大的公益机构，旗下有 3.8 万所学校，受益人群数以百万计。它的创始人法兹勒·哈桑·阿比德（Fazle Hasan Abed）教授说过一句话，我深以为然：**“小即是美，而大是必需的。”**

教育创变者们在开创模式之前，会先做测试，先做试点，来验证自己的解决方案是否真的有效。在验证有效之后，他们会仔细分析自己的解决方案，看看其中关键的成功因素是什么，有哪些环节可以简化，哪些环节可以标准化，哪些环节可以用更简单的技术和技能实现和掌握，以及如何实现各个环节持续稳定地供给，等等。只有经过这样的分析，教育创变者才有可能让自己的解决方案更广泛地得到应用。

某种教学设计也许很好，但是过分倚重名师，只有具备丰富经验的教师才能实施；某个教育产品效果很好，但是对现场协作的要求很高，又缺少使协作者快速成长的机制；某项教学服务需要特定的场地或硬件支持，而这些资源的来源并不稳定；某项教育创新中的关键资源全靠外部输入，缺乏可持续性；某个教具功能齐全，但当地缺少具备应用技能的教师，也没有维护和维修人员……这些都是教育创变者在从“点子”发展为“模式”时经常需要考虑的问题。

2014 年的 WISE 项目奖得主之一是来自约旦的“我们爱阅读”项目。这个项目如果仅从“点子”的角度来看，并无多少新意，不过就是组织妈妈们陪着孩子一起阅读。它真正的价值在于开创了一种“模式”。这个模式包括：

- 一套指导妈妈们在自己的社区组建阅读小组的详细指南和关于如何讲故事的系统培训；
- 一个方便妈妈们组建社区阅读小组的工具箱，里面包含每周一套让孩子们带回家阅读的图书，共 30 本，足够一个小组自主开展 6 个月的活动；
- 一个资助者网络，提供可持续的资金来源；
- 一个由妈妈们组成的社群，可供相互学习、交流经验，并发展新的妈妈加入；
- 一个寺院支持网络，提供了独特的小组活动空间，安全、安静，还有洗手间，它们的支持对项目至关重要。

“我们爱阅读”项目只有一位全职工作人员，却已经协助创建了上百个阅读小组，服务了超过 4 000 名孩子，而它所开创的模式，也正在被中东地区的其他国家借鉴。

更为重要的是，任何优秀的教育创变者都势必兼顾“服务”和“倡导”。他们所开创的模式，不仅会稳定而持续地提供服务，而且必然会将所做工作的意义化作一种集体的使命，塑造出共同的价值观和目标，动员起更广泛的力量和资源，最终形成一种社会运动。

类似“我们爱阅读”项目所形成的社会运动，目的是带来更为长期的文化变革。这项运动的目的在于引起社会对培养儿童的想象力和独立思考能力的重视，同时为当地的女性赋权，让她们参与改变，并在改变中发展、证明并展现自己的能力。

唯有将自己的工作化作一场广泛参与的社会运动，将自己的使命泛化为共识，教育创变者才有可能在不增加自身规模和运营成本的情况下，在更大规模上解决教育的问题，也才有可能引起更多教育同行的关注，带来更大的系统变革。

从社会问题的高度看待教育问题

很多教育爱好者和教育工作者谈论和实践教育主要从教育本身出发，而**教育创变者将教育视作改变世界的利器。教育，为有志于改变世界的人提供了新的思考和行动路径。**

熟练的技能和明确的目标并不能天然地保证学习者为改进社会而努力。教育创变者不仅把自己的工作看成教育，更是看成一种引发和引领变革的方式。通过教育，他们首先在价值观层面上改变着社会。

在“WISE 丛书”的《学以致用》(*Learning a Living*) 一书中，作者列出了那些优秀的教育创新在促进“学以致用”上所遵循的三个步骤：

- 技能更新和匹配；
- 生成解决方案；
- 创造更多可能。

在那些教育创新中，对学习者在动手能力、创造力、学习能力等方面的培养以及品格的塑造并非纸上谈兵，而是直接通过解决某个真实的社会问题来实现。就像在商业领域，也有越来越多的优秀企业要求自己不仅在最终产品上产生社会价值，在生产过程中也要体现并产生社会价值。与之相似，**对于教育创变者而言，不仅工作结果能够产生社会价值，工作过程本身也在创造社会价值。**

与此同时，如前文所说，很多教育问题背后所隐藏的深层次原因是其他社会问题，比如性别平等、文化多元、语言障碍、经济贫困、社会医疗等，这些问题不解决，单纯加大教育上的投入也难有大的作为。而反过来，从教育入手，可以为解决很多社会问题提供一个有力的切入点，有助于那些社会问题的解决。女性受教育人数的增加有助于提升女性的社会地位；少数族裔的人接受定制化教育有助于传承和发展自身的文化，增加社会文化多样性；加强在实用技能类培训上的投入，有助于贫困人群改善生计，也有利于社会稳定；普及财务和商业知识，有助于小额贷款在消除贫困上发挥更好的作用；普及性知识、安全常识等，有助于减少艾滋病、传染性疾病的发生……

将教育与社会问题紧密联结，是一个教育创变者才能和价值的重要体现。拿食物教育为例，“食育”可以是一个简单的教学活动，用来丰富课堂体验，提升学生兴趣；也可以是一门跨学科的课程，实行项目制，是教学设计上的创新；还可以是一次社区改造的机会。

在美国纽约南布朗克斯地区的发现高中（Discovery High School）有一位名叫斯蒂芬·里茨（Stephen Ritz）的老师。这所学校所在的社区自然和人文环境都极其糟糕，里茨老师带的学生则属于全美生活最困难的学生群体。他想到用在教室里种菜的方式调动学生的积极性，同时让他们获得一些收入。这个主意大获成功，学生们种的蔬果不仅可以为学校食堂所用，还成为讲授科学、数学、技术和营养知识的极佳素材。

在这个过程中，里茨老师意识到种植活动不仅可以提供食物和进行创新式的教学，还能培养学生的公民意识，并进而改善整个社区的品质。于是，他发起并成立了一个非营利机构，名为“绿色布朗克斯”（Green Bronx Machine），提倡在学校开辟菜园，并借此“把布朗克斯建设成全美最健康的社区”。由于里茨老师的不懈努力，学校所在的社区环境得到了极大的改变，学生的学习热情和学习成绩也得到了很大提升，并且这种校园种植的模式也在全美各地得到推广。里茨老师为此获得 2015 年美国年度教师大奖。

社区问题在中国同样是一个大问题，甚至是一个更大的问题——我们真的有社区吗？一个你不知道邻居是谁的社区并不是真的社区。那么，教育可以成为构建社区的有效手段吗？我曾多次倡导“共享式教师”的理念，让社会各界的专业人士参与到教学过程中，按需提供教学支持。无论是一个虚拟社区（如知识技能共享平台“在行”的专家），还是一个真实社区（如一个公共生活场域），教育创业者是否可以在社区动员更多的共享式教师，进而形成一个更有凝聚力的新社区呢？“服务式学习”“项目制学习”都是教育创新里很流行的概念。教育创业者又该如何将之应用在社区的场景中，在学习的过程中促进一种社区感的形成呢？

> 从更高的社会问题的维度来看待教育，教育创业者才有可能找到更多的同盟者。这些同盟者未必都从事教育，但是在解决共同社会问题的目标之下，彼此可以相互借力，共同促进社会问题的解决。

这样的教育创变者在哪里

改变教育不是抱着一颗爱心等风来，教育变革迫切需要那些在一定理念和方法的指引下，边做、边试、边改进的教育创变者。他们对人、对环境、对社会发展有着深刻的洞察，能够清晰地识别出要面对的挑战和机遇，主动发现要解决的问题，设计出有效的解决方案，并开创一种可以稳定产出和推广的模式，最终推动自下而上的变化。教育创变者们要改变的不仅是具体的教学内容和方法，他们的努力最终改变的将会是行业规则、生态体系、角色关系、经济运作、激励机制、价值观念，进而改变人的行为。

换一种更简明的表述，教育创变者是那些在教育领域里完成“发现—实现—变现”的人。他们发现了某个教育问题的症结所在，他们尝试用新的解决方案在小范围内实现对问题的解决，他们开创模式，引领运动，在更大规模上实现解决方案在社会价值上的变现。

“发现—实现—变现”，每一步看起来都很难。这样的教育创变者真的存在吗？多吗？去哪里才能找到他们呢？

和所有的创新，特别是颠覆性创新一样，教育创变者会更多地出现在那些具备开放心态、乐于尝试、敢于试错的组织里，出现在旧有范式影响较弱的地区，出现在既定体系之外，出现在看似弱势、资源匮乏的领域，出现在教育界之外的跨界之中。**那些貌似最不可能发生创新的地方，往往是最容易出现创造性想法、遇见优秀教育创变者的地方。**

他们可能来自一所贫困地区的学校，没有资源，所以必须穷尽一切可能；他们可能来自一所学校里的边缘学科，因为不受重视反而有了更多尝试的空间；他们可能来自一所民间的小微学校，毫不起眼却饱含生机；他们可能来自一支教育创业团队，立志将时代赋予的机会充分应用于教育的改变。他们可能是对现行教育严重不满又充满想法的家长，可能是才华得不到释放的老师，可能是曾经饱受应试教育毒害、长大后立志让更多人免受其荼毒的年轻人，可能是不满足于传统慈善公益模式的教育类非营利机构从业人员，可能是没有受过多少正规教育但有着丰富实践经验的自学成才者，也可能是图书管理员、电脑极客、社区妈妈和社会工作者……

他们会是你吗？

EDUCATION 3.0

19 没有钱，能不能办出更好的教育

好的教育不一定是更贵的，但一定是更接近教育本质的。

如果你是一位家长，当有人告诉你在地上贴 6 根胶条，带着孩子在上面玩蹦蹦跳跳的游戏，你会尝试吗？如果告诉你孩子会玩得很疯，你也会度过一段难忘的亲子时光，你会相信吗？

这个小游戏正是群岛支持的一个教育创业团队带给家长们的亲子活动之一。参与活动的家长们组成一个微信群，每周都会收到一个教育活动方案，做完之后拍照上传到群里“打卡”，然后讨论感受和心得。

发布胶条活动的那个星期，群里打卡的家长明显少了很多。原来，不少家长觉得这个游戏太简单了，肯定没什么意思，所以就没带孩子玩。在这些家长看来，一个好的游戏一定要有五颜六色的道具和详细的指导说明。他们没想到，那些带孩子玩了胶条游戏的家长会这样告诉他们：“这个游戏实在是太好玩了！我们家孩子玩得根本停不下来，正过来跳，反过来跳，横着跳，竖着跳，单腿跳，双腿跳……各种花样，胶条一直贴在地上，孩子都不让揭下来！”

在每天与我打交道的教育创业者那里，类似的故事经常发生。

> 人们往往会下意识地把一件事情的价值和它的复杂程度挂钩，把一个产品的价值和它的科技含量，连带它的价钱挂钩，教育产品似乎尤其如此。

大家都认为教师的学历越高越好，教室的硬件越高科技越好，教材内容越丰富越好，教具越新奇越好……这种想法除了便宜了商家、满足了某些人的面子，不仅无助于改善教育质量和教育公平的现状，反而束缚了教育行业的想象力，抑制了教育创新，还加剧了教育不公平的现象。

节俭式创新：没钱也能办成事儿

我们显然不能指望以利润最大化为首要目标的商业机构来主动推动教育公平。领先的技术和创新的产品服务一定会先应用在有购买力的人群中，满足他们的需求。然后，伴随着技术使用成本的大幅下降，同时在现有的市场已经饱和时，这些产品和服务才有可能逐渐下沉到更底层的市场和更弱势的人群。如果我们静待这种情况出现，那么强者越强、弱者越弱的马太效应将不可避免。

> 以解决教育问题为目标的社会创业者所要做的正是在资源极其有限的情况下，为这个市场和这个人群开发出更低成本的解决方案，实现同样的甚至更好的结果。这正是所谓“节俭式创新”的要义所在。

就像那个6根胶条的游戏，它能带给孩子们的乐趣以及亲子互动的价值，想来不会比那些价格昂贵的产品少，反而有可能更多。

“节俭式创新”这个概念对很多人来说还很陌生。从字面来看，它说的似乎是创新的时候怎么少花钱。这种理解，既对也不对。对的地方是，节俭式创新确实是在钱很少的情况下发生的，而且缺少的不只是钱，还包括人才、物资，甚至体系制度等资源。不对的地方是，在节俭式创新中，创新不是目的，而是手段。它指的是在包括资金在内的各项资源非常匮乏的情况下，通过创新的方式，为广大低收入人群提供他们能支付得起的、有效满足其需求的产品和服务。

“想要马儿快快跑，又要马儿不吃草”，节俭式创新听上去很像是个不可能完成的任务。其实不然。就像在本节开头6根胶条游戏的案例中看到的那样，很多时候，一个解决方案是否有效跟这个解决方案需要花多少钱并没有直接关系，少花钱甚至不花钱也一样可以办成事儿，**关键要看对问题的理解是不是透彻，寻找解决方案的思路是不是开阔。**

有个经典的小故事。一家工厂想要挑出流水线上的次品，于是委托一个博士生设计解决方案。博士生经过一番研究，设计了一个很复杂且成本很高的方案。与此同时，流水线上的一名工人发现，只要是次品，一定比正品轻，于是在流水线旁放了一台风扇，风量刚好能把次品吹走。这个段子的真假姑且不论，但它背后的道理是对的。

创业本来就是个烧钱的事儿，创业者一般都缺钱，而以解决教育问题为己任的社会创业者们就更缺钱了。不过就像群岛常说的，“约束催生创新”，很多时候，人的智慧和创造力就是在资源严重缺乏的极度受约束的情况下被逼出来的。我问那位创业者是怎么想到6根胶条游戏的，她告诉我，很多年前她和一位外籍专家一起去一个村子，他们没有带其他道具，那位外籍专家就用了这么一个简简单单的游戏，很快就和当地的孩子打成一片。

每一项工作都存在创新的空间，也需要更多的创造力。从这个角度来说，**节俭式创新其实是在充分利用社会创业家们的“心智”资源，去弥补其他资源的严重不足。**

节俭式创新的成功关键：在地性原则

任何节俭式创新想要取得成功，社会创业家们都必须充分考虑在地性原则，具体包括以下 6 点：

- **可购性**——解决方案是当地用户买得起的；
- **可获取性**——解决方案是当地用户买得到的；
- **可用性**——解决方案是当地用户愿意买的；
- **可靠性**——解决方案要稳定可靠，并且所需的原材料、技术和人工是当地有的，减少在维护和维修上对外界的依赖；
- **可持续性**——解决方案要尽可能少破坏当地脆弱的自然生态和社会环境；
- **可接受性**——解决方案要能够很好地嵌入当地文化、历史、习俗、生活条件、生活方式中，在更大的系统层面被接受。

按照这样的原则，我们来分析一些教育领域节俭式创新的典型案例。

和所有的创新一样，节俭式创新并不是为了刻意求新而去“创”的，而是为了响应真实的需求，解决真实的问题。我在《那个蹲在地上玩石子的孩子为什么一定要知道刘翔是谁？》一文中写道：“如果一项内容对学习者来说既没有用，又不感兴趣，那么他们为什么要学呢？”21 世纪教育研究院院长杨东平先生看过这篇文章后问我："你这篇文章谈到了教育的本质问题。那么你觉得农村的学生到底要不要和城里的学生学一样的内容？"

关于这个问题，第 15 章也有深入探讨。抛开政策制度的因素不谈，我主张在学习内容和学习方式上给予农村地区（或者任何地区）的学生更多的选择。如果一些学生将来不打算参加高考，不打算进入现代都市生活和工作，而更愿意掌握某些技能，解决个人和家庭当下的困难，那他们的需求理应得到满足。

要知道，在中国西部相当多的地区，全县平均高考入学率只有 20% 左右。"如果 80% 的考生注定上不了大学，那么基础教育到底为他们提供了什么？如果我们整个基础教育就是为少数升入大学的人服务，那么这个方向是不是有问题？"

这让我想到了一位非常令人尊敬的社会创业家。我曾发表过一篇题为"消除贫困需要什么样的教育——一个"自给自足"的学校"的文章，讲述了他和他创办的一所学校的故事。这位创业家叫马丁·博特（Martin Burt），是巴拉圭基金会（FP）的创始人，历任巴拉圭商务部副部长、首都亚松森市市长。他开办了一所"自给自足的学校"。以下几段文字直接引自我的那篇文章：

> 和许多发展中国家一样，巴拉圭的教育系统没能有效满足国民的教育需求。中学里教授的知识是为了让学生进入大学深造，然而能够读大学的学生只有极少数。对于大多数贫困学生来说，掌握一些实用的技能，毕业以后找到一份像样的工作才是他们走进学校的动力。同时，对贫困家庭来说，学费实在是一个巨大的负担，政府又拿不出足够的资金来支持，于是辍学现象严重。根据当时的一项统计，在巴拉圭 15 ～ 24 岁的年轻人中，有 30% 的人要么没能在学校里学到任何实用性的技能，要么掌握了技能却找不到任何工作。
>
> 2003 年，巴拉圭基金会接管了一所已经破产的农技学校，招收来自

长期贫困家庭的 15 ～ 18 岁孩子，让他们寄宿在学校，一边学习一边工作。学校的课程分为 15 个教育和实践单元，需在三年内修读完成。内容既包括传统的高中各科目课程，也包括农业方面的理论知识，还有许多实践课程。在这些实践课程里，学生通过生产、销售等形式，实际参与运营校内企业，以此来学习农业和商业的实用技能。学生还得以通过这些实践获得收入，支付自己的学费。

这所学校让学生在较低年级时尽可能广泛地参与各种活动，学习各种农业理论知识和专业技能。在最后的一年，他们需要选择就业方向，然后深入学习相关领域的知识，并通过切实参与相应的生产和销售过程来锻炼技能。学校鼓励这些贫困孩子自主创业——每位学生在毕业前需要上交一份商业计划书，并可以获得一定量的小额贷款。每位合格的毕业生都会获得有国家资格认证的证书，他们可能成为农业推广人员或农业学校的教导员，也可能带着一份商业计划书和小额贷款回家创业。目前，该校的毕业生就业率已能达到 100%。

该校开办了 10 余家校办企业，既可以为学生提供充足的实训机会，也能够产生收入维持学校的日常运营。在巴拉圭基金会接管该校的 5 年后，这所学校通过校办企业实现的收入已经能够完全满足学校的运营支出，不再依赖政府的补贴和社会的捐赠。

2009 年，“自给自足的学校”获得 WISE 项目奖。博特在大会上提出了自己的“在实践和发展中学习”的理论。

在分享经验时，博特说道：“我们应当相信，教育活动自身也能带来收入，解决教育存在的问题，并有助于提升教育服务对象的尊严。”他进而指出：“有了尊严、适度的金融支持和合适的课程，我们就可以帮助一个贫困的 15 岁乡村女孩在她 18 岁时成为一名乡村创业者，或是找到一份合适的工作，从而摆脱贫困。”

在教育领域，与这所学校类似，不盲目攀比教育内容、紧贴在地需求的节俭式创新案例还有很多。如果我们深入分析就会发现，这些案例中普遍体现出了对“在地智慧”的尊重，以及对“在地资源”的充分利用。

当人们想去解决某个社会问题时，往往会不自觉地带有一些优越感，认为自己是带着解决方案去帮助那些弱势群体的，而忽略了那些所谓“弱势”的人群其实更了解自己的处境，已经在想办法解决问题了。

2014 年，我在卡塔尔结识了印度的 STIR 基金会，他们所做的正是找寻教师中的创新者，并把他们的创新扩散给更多教师。STIR 基金会的假设是教师队伍中存在着“教师促变者”，他们对教学有热情，并已经自发地开展了教学创新实践。从 2012 年到 2013 年，STIR 基金会在新德里走访了近 300 所服务于低收入家庭孩子的学校，和超过 3 000 名教师做了面对面的交流。走访的结果验证了他们的假设。期间，他们一共收到了来自一线教师的 170 份教学创新方案，从中挑选了 25 个最有潜力的方案加以推广。一位校长把教师的课程录了下来，让他们课后回顾。他设计了一份结构清晰的评估表，方便教师们在课程回顾时做自我评估，然后他会和他们分享自己的反馈意见。在另一所学校，一位教师设计了“学生信箱”，鼓励学生通过书信的方式和自己沟通。这种方式既拉近了师生间的距离，也能让教师了解学生的写作能力。

这些教学实践既不够宏观，也不成体系，却能切实地解决许多教师在实际教学过程中面临的真实问题。STIR 基金会将这些创新称作“微创新”，它们和教育理论的研究以及教育体制的创新一样，是一种能够引发教育变革的有效路径。

成立 9 年以来，STIR 基金会的做法取得了很好的效果。在由世界银行支持的独立评估中，从随机对照研究中发现，通过推广和实践 STIR 基金会所总结的微创新方法，学生的成绩有了明显提高，教师的工作动力和教学水平也都有显著提升。STIR 基金会除了在印度开展工作，还在乌干达开设了分支机构，截至 2021 年，STIR 基金会已发展成为一个包括 20 万名教师促变者在内的国际网络，改变了超过 600 万学生的学习生活。在 STIR 基金会看来，自己所开展的是一场浩浩荡荡的运动。这场运动将创造更好的环境，使教师的创造力得到极大的发挥，从而在应对全球性的学习危机中发挥更深远的作用。

不只是节俭式创新，更是颠覆式创新

节俭式创新在教育领域的实践还有很多，比如家长参与学校的硬件维护和日常管理，难民营里的女性被培养成教育工作者帮助孩子们学习，学习者自行传播学习资料并相互学习，学校和机构用提供标准化的高质量课件的方式降低教师的职业门槛、减轻教师们的教学负担……

敏锐的读者可能已经意识到，这些实践不仅能够大大节约成本，更重要的是，它们与现在的主流教育相比，更符合教育的本质和未来趋势。它们更关注学生的实际需求，以学生为中心来组织教学，实行做中学、小组式学习，鼓励同伴学习，鼓励社区参与。

事实上，节俭式创新并不意味着更廉价的产品和服务，而是强调用更少的资源为更多的人带来更大、更好的改变。

> 节俭式创新不仅是一套创新的方法和原则，对社会创业家来说，更意味着一种心智模式的转变：将资源约束看作创新的机遇，将服务对象看作合作伙伴，将创新看作一种动态的持续过程，而非一蹴而就、一成不变的终点。

从根本而言，教育领域的节俭式创新必然意味着办学模式和教学模式上的创新，意味着打破现有的封闭体系，将更多的社会资源纳入其中，让教育和学习的过程变得更加灵活而多元。

大量的针对创新的研究已经表明，一个领域里的“颠覆式创新”往往出现在被人忽视的边缘地带。我们完全有理由期待，对现有教育体系的颠覆正孕育在这些大大小小的节俭式创新之中。

延伸阅读

教育创新是为中产家庭准备的吗？

“创新教育是否一定是贵的教育？”“创新教育会不会加剧阶层分化？”这类问题是很多做教育创新的同仁最常被问到的。这篇文章是顾远在一次直播对谈中对这类问题的分享概要。

扫码阅读全文

EDUCATION 3.0

20 从教师到教师创业者，需要具备四种能力

人工智能对教师的最大价值，是帮助他们反思教育的本质，重新定义自己的角色。

如果称教师为“教育工作者”，相信大家都能理解。可“教师创业者”是什么意思？是鼓励每个教师都去创业吗？当然不是。这个话题，其实与我的个人经历及现在从事的工作有关。

20 多年前，我在一所私立高中做英语教师，教了 3 年书，带了一届学生，然后辞职进入了商业领域。一路摸索兜兜转转，到 2011 年，成立了 Aha 社会创新学院，希望帮助更多有志于社会变革的人和组织提升创意、创新和创业的能力，为此我们开发了很多的课程，也设计、实施了很多的教育项目。到 2014 年，我们开始做教育创业加速器，鼓励和支持那些教育领域的创业者，把我们认为好的教育理念变为现实，惠及更广大的人群。到目前为止，我们已经合作了大约 80 个教育创业团队，以及数百位各领域的教育创变者。可以说，我是从一个教育工作者，变成一个教育创业者，进而变成一个教育创业的支持

者。因此，我想谈谈我个人关于面向未来的教育和学习的一些思考。

教师的传统形象

提到“教师”，不知道你的脑海中会浮现怎样的形象？我就这个问题问过不同的人，发现所有人的回答差不多都可以用以下三种观点去概括。

第一种是韩愈在《师说》这篇文章里说的，教师的职责是“传道、授业、解惑”；第二种是很多人都听说过的“教师是人类灵魂的工程师”；第三种是刘慈欣在他的短篇小说《乡村教师》中塑造的那位重病缠身仍坚持教学生力学三大定律的教师的形象。

这三种观点从不同侧面展现了作为教育工作者的教师的传统形象。韩愈的“传道、授业、解惑”是从道德教化和知识权威的角度阐释了教师的职责；“人类灵魂的工程师”这个比喻则强调了教育及教师在意识形态和人的思想改造方面发挥的作用；而刘慈欣塑造的乡村教师形象反映的是教师典型的日常教学行为——在小说里，那位教师临终前说的最后一句话是两个字：“背啊。”

如果让我回答这个问题，我首先想到的会是20多年前的那个下午，在我所在年级组的办公室里，一位全国特级教师挥动着手中一本泛黄的备课笔记，对我们这些刚入行的年轻教师说：“这本笔记跟了我17年，有了它，我走到哪里都不怕！”我记得当时自己的反应是：“天哪，你不怕，我怕。”

很多人都知道，今天主流的教育体制诞生不过百余年，模拟的是大工业生产体系：统一的入学年龄、统一的上课时间、统一的学制安排、标准化的教学内容、标准化的教学方式和标准化的考试评估。这个体制设立的目的，是向大工业体系输出标准化的劳动力。在这样的体制下，教师一方面被期待扮演一个全知全能的形象，是知识和道德的化身；另一方面又在体制中处处受限，创造力被压制难以实现自己的理想抱负，只能做一颗普通的螺丝钉。

我曾经不止一次在文章中写过一句话："今天对主流教育体制种种弊病的抨击，一言以蔽之，就是'用 19 世纪的体制，教 20 世纪的知识，去应对 21 世纪的挑战'。"这种情况已经到了必须改变的时候，因为时代已经变了。

时代正在经历巨变

关于我们正在经历的这个新时代，不同的大师有不同的说法。德鲁克说这是一个"不连续的时代"，查尔斯·汉迪说这是一个"不理智的时代"。我前不久在读艾瑞克·霍布斯鲍姆（Eric Hobsbawm）的书，他说这是一个"断裂的年代"。现在一些商业畅销书还会使用"量子的时代"这样的说法，因为量子物理大家多少都知道一些，其研究的是微观世界里高度动态的、不确定的状态。

这些说法不一样，但描述的特征其实是一样的，那就是新时代是混序且快速变化的。最容易被我们察觉的变化可能是技术的变化。2016 年，人工智能就已经战胜了人类最顶尖的棋手，人工智能的发展对人类世界产生影响已经不是科幻小说里描写的未来场景，而是现实中正在发生的事情。

当年 AlphaGo 战胜李世石的时候，我就在一篇文章里引用过这么一段话：

> 对于一个接受了 16 年标准教育的人来说，假定他能活 60 岁，那他几乎花了人生 1/4 的时间全职进行学习。他能背古文诗词，能解圆锥曲线方程，会计算脱离地球引力需要的速度，知道各大历史事件的时间点……而这些，搜索引擎可以在几毫秒之内就找到答案。这就意味着一

个人花了16年人生中最宝贵的时间，去掌握计算机1秒就可以搞定的事。这样看来，根本不用担心人工智能是否可以威胁人类，因为已经在威胁了。

还有一些变化是悄然发生的，更不易察觉。比如多项研究都已经得出了同样的结论：

> 到2030年，人类现有工作中有50%～75%的工作都将消失，由机器来完成；反过来，在全世界的大学新生中，有65%的人在未来将从事现在还不存在的职业。

与此同时，我们每个人掌握的技能半衰期正在变得越来越短。技能半衰期的意思是过了一定的时间，我们当初学会的东西就没那么有用了，或者干脆就过时了。在20世纪后半叶，这个半衰期是30年；而现在是多少呢？5年。关于技能半衰期，我特别感同身受。20世纪90年代我大学毕业，在学校里学的是DOS系统，到了工作单位才发现，市面上已经开始用一种叫作Windows的操作系统了，于是从头自学。

所以我很认同一种说法：**未来每一个人都会永远处在“菜鸟”状态，需要持续不断地学习才能跟得上时代的变化，更重要的是，引领时代的变化。**我们都知道，学习其实是人的一种本能，而现在，学习更是一种必须熟练掌握的技能，尤其是高效学习。

教师对某些变化可能感受得更加真切。比如现在直播平台特别多，越来越多的教师从公立学校里走出来，宁愿舍弃稳定的“饭碗”，而选择去做所谓的“网络名师”。过去有种说法是：“此处不留爷，自有留爷处。”现在还可以补上两句：“处处不留爷，我就去创业！”这种情况过去在教育领域是很少发生的。

反过来，再看学生和家长这一边，一方面我们会看到学区房热、小升初热，“赢在起跑线”等现象，但另一方面，很多地方的高考率是在下降的，很多家长不再选择公立学校，而是选择私立学校，选择送孩子出国留学，或者干脆几个家长自己办学，搞家庭学校。这些现象在过去也是很少发生的。现在各种外界变化使条件具备了，这些事情发生得也就越来越多了。

面对这些快速发生又影响深远的变化，教师必须做出改变。我们要改变的远不止是怎么做出更漂亮的 PPT 课件、怎么更准确地猜题、怎么更有效地组织一次课外活动。如果仅停留在这个层面上做改变，我们最终面临的将是一种“降维打击”。这种打击直接来自科技的发展，因为人工智能做这些事情远比人类有效。现在人工智能可以更有效地写新闻通稿、进行股票交易甚至诊断疾病。如果教师的工作还停留在“知识二传手”这种低价值层面，他们离失业也就不远了。

面对这些变化，大家的态度应该是积极的，将其视作一种机遇。我很喜爱的作家凯文·凯利（Kevin Kelly）说过一句话：“人工智能最大的价值是帮助我们重新定义人性。”套用这个句式我也说一句：**“人工智能对教师最大的价值，是帮助他们反思教育的本质，重新定义自己的角色。”**

面向未来的“社会化学习”

在谈“教”之前，我们先看看“学”的方面正在发生哪些变化。我非常赞同北京十一学校的特级教师魏勇的观点：**“凡能‘百度’到的，一定不是教学的真正价值所在！”**我们前面说过，如果学习的内容就是记住那么多的公式、年代、理论……的话，那么我们不用跟人工智能比就已经输了。

传统的教育工作者常常会把“信息”和“知识”混为一谈，把“记忆”和

“应用”混为一谈，把“懂的东西多”和“有见识”混为一谈，把“会考试”和“能解决问题”混为一谈，把“学校学习”和“终身学习”混为一谈。

大量的研究已经表明，影响一个人未来成就与幸福的并非学术知识，而是各种个人能力，比如社交能力、学习能力、决策能力、适应能力和时间管理能力等，而这些恰恰是现行教育内容中普遍缺失的。面向未来的学习究竟应该学什么？尽管各种研究的结果以及政策标准不尽相同，但总体思路是一样的。

比如美国提出的21世纪学习框架中的“4C核心素养”。又比如，哈佛大学教育学院牵头的“全球教育创新计划”（Global Education Innovation Initiative）提出的“面向21世纪的教育”的基本内容，包括个人内心的成长、人际交往能力、认知能力、价值观、积极参与式的赋权教学法等，每一个类别下都详细列出了具体内容。这些核心素养和教学内容框架正在被越来越多的人和教育机构接受，指导着他们的教学设计和日常工作。

学习的方式也在发生各种变化。最显著的就是学习的途径和设备越来越丰富，学习再也不是只能发生在学校教室里的事了。

大家觉得被这种情况冲击得最厉害的是哪一门学科的老师？我走访过很多学校，不管是在农村还是城市，我发现最受冲击的是英语老师。过去，在我教英语的那个年代，英语老师在学校里可以算是一种很特别的存在。首先，英语是主科，地位很高；其次，会说一门外语，这是多么厉害的一件事啊！可现在早已不是这样，学生随便在网上就能接触到最正宗的美式英语、英式英语，还带字幕，学习效率高太多了。更可怕的是，学生一对比就能发现，很多英语老师发音并不标准，跟英语为母语的外国人根本没法比，于是英语老师的地位一落千丈。

有不少学生懂一些韩语、日语，他们不是在课堂上学的，而是看韩剧、日剧学来的，因为他们喜欢，边看就边学会了。还有很多学生在慕课平台上学习，比如国外的 Coursera、国内的网易公开课，上面有大量的课程，他们可以选自己喜欢的学，选自己喜欢的时间和地点自由学。

围绕学习的种种变化都显示，**学习正在变得越来越无边界，越来越“社会化”。**针对社会化学习，我在这里清晰地描述一下它的三个维度。

社会化学习的第一个维度：学习在窗外。

学习发生的场域再也不只是学校教室，也不限于课堂的 45 分钟，而是可以在博物馆、图书馆、美术馆、公园、森林、社区等任何地方，任何时间，以各种各样最合适的形式进行。群岛支持的“大儿童”机构即是以这种形式开展教学的。

专注于 K12 线上教育研究的美国极光研究所（Aurora Institute）[①] 曾发表一份报告——《探究个性化学习的未来》（*What's Possible with Personalized Learning?*），其中明确提出，学校和家庭应将更多的注意力聚焦在个性化的学习场域，淡化学校的学习场景和学习日程安排这些概念。学校和家长可以在任何适当的场所和时间，以学生为中心开展教育活动，真正实现“因材施教”。

社会化学习的第二个维度：他人即老师。

教学再也不只是专职的教师和学生之间的事情了。一方面，对很多知识而言，教师不见得就是最懂、最有经验的那个人，特别是很多教师本身就是“从学校到学校”，缺乏实践能力；另一方面，学校以外的社会上有很多人虽然不是专职教师，但他们的经验、能力、热情足以使其在某个领域、某些方面胜任

---

① 这家机构的前身为国际 K12 在线学习协会（International Association for K12 Online Learning，简称 iNACOL）。——编者注

教师的角色。他们就是我所说的“共享式教师”，不是专职教师，而是在合适的时机、以合适的方式参与到教学之中的人。

有一位北京的教师听到我的这个观点后非常认同，于是在自己的学校做了尝试。她和知识技能共享平台“在行”联系，从各个领域找来专业人士，组织他们和自己的学生对话，交流不同专业领域的行业动态、工作内容、发展趋势等，帮助学生更好地理解这些领域，培养兴趣，更好地选择自己将来的职业和学术发展方向。

社会化学习的第三个维度：世界是教材。

学习的内容不再局限于教科书，现实世界里的各种事物都可以作为学习的对象和素材。比如钱峰老师的“万物启蒙课”，以某个自然界的事物，比如竹子，生发出一系列高度综合的学习内容，既有趣又实用，还训练了技能。杜威说学校即社会，教育即生活；陶行知更进一步，说社会即学校，生活即教育。讲的都是这个意思。

教育 3.0 需要更多的教师创业者

很显然，社会化学习是一个高度开放、多元的系统。既然我们可以从整个世界中获得学习环境、学习资源，以及支持我们学习的共享式教师，那为什么还一定要通过“去上学”来学习呢？这是因为，学校将变成一个有利于学生进行社会化学习的地方，并为他们在解决现实世界里的问题及进行创造的过程中提供各种支持。这也就意味着，教师的职业在未来不会消失，但职能会发生很大的变化。这种变化，就是从教育 1.0 到教育 3.0 的转变。

在教育 3.0 的学习社群中，用来学习的资料、经验、信息、知识等应该是学习者们共同构建、综合形成、不断反馈和持续更新的。

> 教师的价值不仅体现在开放新的教学内容或设计新的教学形式上，而是要进一步拓展为为学习者搭建一个社会化学习的支撑产品或服务体系。

此时，教师的角色是多重的：是唤醒学习者内在学习动机和学习渴望的导师；是帮助学习者发现和发挥自身特点、优势的教练；是围绕学习者的兴趣和要解决的问题，在信息的洪流中帮助他们找到合适资源的“知识策展人”；是包括共享式教师、各种社会机构等外部学习资源的协调者、组织者；是学习体验设计师、课程设计师、课程实施者、学科专家、学习生涯顾问、测评设计师、课件设计师和助教……

读到这里，老师们可能既兴奋又担心。兴奋的是，看来他们不仅不会失业，将来的价值可比原来的“知识二传手”高太多了；担心的是，这么多角色和职责，一个人怎么忙得过来，又怎么能够胜任。别担心。在教育 3.0 里，教学内容是跨学科、主题式的；教学形式是教师、学生、社区、社会机构共同协作发生的；教学的设计、组织和实施将不可避免地以团队的形式来完成，而非依靠某一个教师，在团队中，不同的人承担不同的角色，共同完成教学工作。

教师创业者需要具备的四种能力

2010 年，美国教学质量中心（Center for Teaching Quality）与“2030 教师解决方案”小组（Teacher Solutions 2030 Team）共同发布了一份报告——《教学 2030》(*Teaching 2030*)。其中提出一个概念：教师创业者。这个词是由“教师”和“创业者”两个词结合而成的，意即有创业者精神的教师。

根据这份报告的预测，到2030年，教学将是一项复杂的工作，教师是一个混合型职业，他们会成为教师创业者，具备创造力、教学变革能力和领导力；他们会将一部分时间用于教学，另一部分时间用来担任学生的指导专家、教师教育者、社会组织者、学习设计师、政策研究者以及教师网络中的虚拟导师等。

在我看来，要想成为这样的教师创业者，除了教学技能，教师还必须有意识地提升自己在以下四个方面的能力。

第一种能力是“即兴力”。

我们可以把它理解为一种积极适应变化的心态和能力。既然未来是快速变化且高度不确定的，我们就坦然而自信地面对它，把变化当作一种机遇，推动事情的变化。很多人会把“即兴”和“任性”混为一谈，但它们根本是两回事。“即兴”讲究小步推进、随机应变和不断试错；“任性”则恰恰相反，是不管环境如何，都要固执于某种本能的情绪和行为。还有些人会把“即兴”理解为像滑西瓜皮那样，滑到哪里算哪里，但其实“即兴”是人的一种主动行为，而“滑西瓜皮”则完全将自己置于被动的状态。

我们都知道，要想成功就要做正确的事，并且用正确的方式去做。但什么事情对当下而言是正确的，以及用什么方式去做才是正确的，往往都不那么显而易见。

> 我们只有在一次次的尝试中，通过不断试错来发现和趋近成功。这个过程，需要我们沉浸于整个情境中，根据外界的变化，不断用即兴的方式，充分发挥自身所有的感知能力，去主动探索未知。

第二种能力是创新力。

人们对创新这个词的误解很多，以为创新就是去创造一种全新的东西出来。其实，用通俗的话说，**创新就是用同样的资源能够得出更多、更好的结果。很多时候，是把现有的不同要素重新组合起来，创造出更好的结果。**这也就是群岛常说的"约束催生创新"。

第三种能力是资源力。

我想引用一句我非常喜欢的话，这句话是耶鲁大学已故教师格雷戈里·迪斯（Gregory Dees）说的。他是社会企业家精神这个研究领域里的顶尖学者。他说：**"什么叫'创业家精神'？就是能够动员超过自身掌握的资源的能力。"**这个定义说得真好。想想看，在社会化学习里，教师要和各种各样的社会机构打交道，要去动员和激励共享式教师，这些机构和人都不归你管，但是你要能够把他们动员、组织起来为教学服务，这就是了不起的资源力，了不起的创业家精神。

第四种能力是领导力。

这个词也经常被误用，尤其是在中国，说的大都是权谋之术。其实**领导力可以被看作激励能力、协作能力、沟通能力和使命感的结合体。**未来的教学工作将越来越以团队的形式开展，而且团队成员不仅是跨学科的教师，还可能是跨组织边界的成员，比如前面提到的社会机构成员、共享式教师、社区成员等。因此，领导力这种在单人工作时不太明显的能力，就变得重要起来。

围绕上述这些能力的学习材料，市面上有很多，最重要的是要在实践中培养和提升。总而言之，还是那句话："未来已然发生，尚待分布均衡。"

EDUCATION 3.0

21 从孤岛到群岛：如何构建有活力的教育生态[①]

最开始我们都是小岛，但没有人是一座孤岛；
当小岛们联结成群岛，就是一片教育的新大陆。

群岛最初是一个支持教育创新和创业者的加速器，由澳门同济慈善会和Aha社会创新学院在2015年共同发起和成立。我们每年会甄选20家左右处于初创期或成长期的创业团队，为这些优秀的创业者提供共同学习和持续支持的环境，帮助这些新生力量获得从教育理念到产品设计，从组织形态到网络联结等各方面的加速成长。这样的创业团队都叫作“小岛”。目前群岛已经支持了近80家创业小岛，组成覆盖全国的群岛教育创新网络。

最开始，我们都是小岛

群岛有一句很著名的话：“最开始我们都是小岛，但没有人是一座孤岛。”

① 此章由周贤撰写，原为2019年LIFE中国教育创新峰会“丰富教育生态”分论坛上的演讲。

这句话的意思是说，作为一个创业者或者创新者，最开始没有人才，没有资源，没有经验，没有品牌，没有资本……看起来很弱小；同时，因为我们做的是探索未来的事，走的是“少有人走的路”，所以也不被“旧大陆”所包容，更像是大陆边缘的一个个岛屿。

我们都知道，创新和创业是非常艰难的一件事。在商业社会，创业成功率平均只有 3%；在中国，一家创业公司的平均寿命只有 1.5 年。再美好的理想，再坚决的信心，在萌芽阶段总是最脆弱的。在这个时期，给予他们从资金到资源、从培训到人脉等各方面的支持帮助，往往会带来出人意料的效果。这也是无论在商业领域还是社会领域，近些年来都出现很多加速器、孵化器的原因。他们大多会为创业团队提供各种资源。

但是，群岛接下来还有一句话，在我看来更为重要。而这句话，恰恰也是群岛之所以成为群岛的原因，那就是：“当小岛们联结成群岛，就是一片教育的新大陆。”

当小岛们联结成群岛

多年前，我们团队在北欧旅行兼走访，一路走来，斯堪的纳维亚半岛的景色和人文一直是大家讨论的主题。北大西洋沿岸本是严寒寂静之地，但是，无数的岛屿彼此连接，使该地的人文和地貌焕然一新。这些岛屿每一个都不算大，但都有各自的定位，自力更生，又相互合作，交换彼此之需，形成了大片的繁荣海域。而促成这些岛屿连接和繁荣的，既有无数的桥梁、隧道等基础设施，也有统一的文化和价值体系，以及岛民之间的交流和信任。

这些内容构成了一套联结体系，不仅让每个小岛发展壮大，更让这片海域生机勃勃。反过来，一片生机勃勃的海域使每一个小岛四通八达，得到更多资源和力量，甚至还会影响更多的小岛，由此形成一个良性循环。

当时我们就想，如果每一个教育创业的小岛都可以坚定地扎下根来，并且彼此联结，共同探索，那么整片教育的海域不就变得更有力量了吗？这就是群岛的缘起。在我看来，致力于推动教育变革的群岛，真正的价值在于“岛群”。群岛加速的不仅是个体的小岛，更是整个岛群的成长。唯其如此，才能带来教育的改变。实际上，群岛也是这么做的：“学会合作，发生联结，创造一个价值和行动的共同体”，是从始至终贯穿群岛的重要举措。

群岛支持的教育创业团队之间经常发生各种各样的碰撞和聚合：有的在一起联合开发产品，有的互相走访，有的在一起开研讨小会……我们计算了一下，单是 2017 届的小岛，深度联结的频率就达到 4 天一次，在线的讨论就更是无法计数了。

有意思的是，当一些商业领域的加速器来和我们交流时，我们发现他们注重的恰恰与我们相反。他们大部分会问：“到底哪一个团队值得投？”“哪一个团队最有潜力？”“哪一个团队的流量能够迅速上去？”……这样的“独角兽”文化，与群岛的文化显然是两个概念。

然而，真诚的合作与深度的联结并不是只要站在一起就能够天然发生。反之，这是一件不容易的事情。

为了庆祝创刊 125 周年，著名的科学期刊《科学》公布了 125 个最具挑战性的科学问题，以提醒全人类，在接下来的 100 年里，我们应该关注和探索的前沿科学研究方向。排在第 1 位的问题是：宇宙是如何构成的？而排在第 16 位的问题就是：人类的合作行为如何发展？阐释一下就是：作为地球食物链顶端的人类，为什么我们的合作行为总是如此困难？大家怎么看这个问题？你们觉得与人合作难吗？

人们对合作通常会有一些误解。简单地聚集在一起，彼此之间没有深入的交互，自然不算合作。那么，经常在一起，互相帮助，是不是合作呢？

我在坦桑尼亚旅行时对两种动物之间的合作关系感触颇深。浩浩荡荡的东非稀树草原上，到处都是动物的身影，其中有两种食草动物好友形影不离：角马和斑马。无论是在混乱的大迁徙中，还是在安定的日子里，这两种动物天天在一起，成群结队地吃草，喝水，排队行走，互相呆望……几乎从不分离。

这让我很是好奇。询问一番后，得知这种现象的产生大概有两种原因。

其一，角马和斑马虽然都是食草动物，但消化系统不太一样。角马的消化系统精致，只能吃那些最细嫩的青草；而斑马适应能力好，消化系统强大，对付粗粝的草叶、树叶甚至灌木都没有问题。所以，往往是角马吃完第一遍“精料”，斑马还能在原地扫荡剩下的“粗粮”，二者配合默契，互有补充。

其二，斑马视力好，听觉灵敏，只要周围稍有风吹草动，出现潜在危险，它就能及时报警，提醒大家注意安全。而角马的强项是特殊的嗅觉，它能嗅出方圆 60 公里范围内哪里在下雨或者有水潭，是寻找水源的能手。正因如此，在食物不足、充满危险的大迁徙过程中，角马与斑马各展所长，团结合作，彼此帮扶着，走过每一个艰苦卓绝的旱季。

这是大自然里随处可见的合作，令人惊叹。然而新的问题冒出来了：动物之间都可以合作无间，为什么人类社会的“在一起工作”却那么困难呢？

合作的目的，是让不同的人在一起工作，从而让那些靠个体无法解决的问题得到更好的解决。然而，问题与问题之间，存在着根本性质上的不同。著名学者戴夫·斯诺登（Dave Snowden）提出过一个复杂性战略思考框架，叫作肯尼芬框架（Cynefin Framework），用于辅助我们认知不同的问题类型并进行决策，如图 3-1 所示。

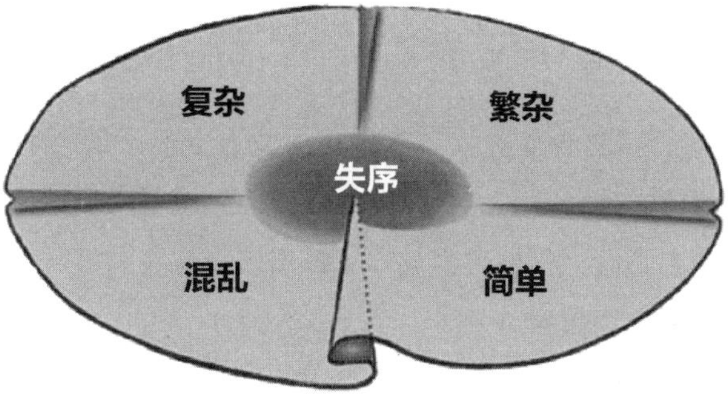

图 3-1　肯尼芬框架

简单来说，这个框架将问题域进行了划分，把我们可能遇到的形形色色的问题归为 5 类，分别是简单（simple)、繁杂（complicated）、复杂（complex）、混乱（chaotic）以及失序（disorder）。不同领域的问题，应当采取不同的解决策略。

简单问题大家都好理解：我们知道问题，也知道答案，按部就班去做就好。但是复杂和繁杂这两类问题，区别在哪里呢？就像之前那个比喻，如果我们把一个高级的机械表拆解开来，可能有几百个零件，看起来很“复杂”，但是在有经验的专家指导下，哪怕再困难，也完全有可能将它一步一步地拼装回去。所以，这就只是繁杂问题。

但是，如果我们把一个人体拆解开来，那就很难装回去了。复杂问题所呼应的情境更像一个有机的、动态的、因果不确定的过程，不可能通过简单分拆或机械匹配来解决。对于这样的问题，没有人有标准答案，甚至连那些专家提出的“最佳方案”都无法借鉴，而需要我们自己摸索前进，才能在过程中找到答案。这样的问题，就是真正的复杂问题。

显而易见，教育绝对不是一个简单问题，也不是繁杂问题，而是一个复杂问题，甚至混乱、失序的问题。创新和创业确实千头万绪，事情很多，但它也不仅仅是一个繁杂问题，而必然是一个复杂问题。

当我们理解了问题的本质就会发现：那些自上而下的行政命令，那些专家、先行者的指导支持，那些到处分发最佳方案，希望人们一招一式效仿的做法，无论花费多大心血，付出多少成本，喊出多么响亮的口号，在教育创新领域，基本上是不可能奏效的。

如果把肯尼芬框架迁移到人与人的合作行为上，就很容易理解，为何合作与联结是那么不容易。

角马和斑马的合作是在简单问题上的合作：彼此发挥明显可见的优势，按照标准流程做好自己那部分就可以了。繁杂问题上的合作，交由一个经验丰富的专家或领导人来设计、安排和管理，也许就能比较有效地解决。

> 对于像教育和创业这样的领域而言，合作双方需要具备真正的自主意识，掌握有效的联结能力，并在不断交互中加深共识，才能形成高效的合作关系，共同探索那些关键的复杂问题。

除了问题的性质，我们还可以看看时代的变化。

这几年，“VUCA”[①]这个词越来越多地出现在大家的语言中，其实这一概念最早是美国在20世纪90年代用来描述冷战结束后越发不稳定、不确定、复

① VUCA是Volatility（易变性）、Uncertainty（不确定性）、Complexity（复杂性）、Ambiguity（模糊性）的首字母缩写，VUCA这个术语源于军事用语并在20世纪90年代开始被普遍使用。——编者注

杂、模棱两可的多边世界的。随后，“VUCA”被越来越多地用来描述已成为“新常态”的、混乱且快速变化的商业和社会环境。有位朋友将之音译成“雾卡”，我觉得翻译得特别棒，因为这个词恰好呈现了这个时代的特征：雾蒙蒙的，到处都卡。

对于身处这个时代，希望在极其复杂的教育领域里进行创新和创业的小岛们来说，他们面临的现实可以说是“三重VUCA”了。创业本身就像走钢丝，要承担巨大的压力；教育问题错综复杂，属于强耦合、难突破的领域；而这个时代又是一片“雾卡”。三重VUCA之下，每一个有理想的教育创业者都很不容易。

有人说，做真正的教育，会很慢；还有人说，做真正的教育，会很小。如果要按照传统观念，考虑用户数量、员工数量、年收入甚至办公室大小等，这些创业组织目前真的不大。但“慢”和“小”并不代表没有力量，更不能说明没有影响。无数个“小”加在一起，也可以发挥大的力量。不过，是不是无数个“小”站在一起，自然而然就能发挥大力量了呢？恐怕也不是。

在谈到中国的社会问题如此广泛、如此迫切时，我曾引用一句广为人知的话：“小即是美，而大是必需的。”现在我要把这句话改一下：**小即是美，而“联成大”是必需的，是可能的，同时也是需要每一个有志于此的个体，去持续学习和反复实践的。**

越是在VUCA时代，越不可能有针对简单问题的合作行为。如果我们希望小岛与小岛之间、小岛与更多的伙伴之间形成联结，充满活力，产生影响，那就需要每个小岛都具备真正的自主联结能力，而不仅仅是单向度地关注自身发展。

从孤岛走向群岛的三大原则

群岛还有一个别称，叫作“教育创变者的终身学习社区”，我们有几条基本的运作原则。

原则一：在群岛，每一次学习都是深度协作的练习。

群岛里有各种各样的学习模块，其学习方式都可以称为深度协作的练习。小岛们一起做过电台，借此提炼和传播团队管理的经验；一起将自己的教育理念做成帆布包，在陌生的城市里销售；一起结成不同的开发小组，有时 10 人，有时 5 人，有时还会交叉进行，迅速推出新产品。而每一届小岛加速完成学习后的毕业作品展示，就在一年一度的、国内少有的非正式形式群岛大会上进行。

2019 年的群岛大会，是由分布在全国 19 个城市的 30 位教育创业者完成的。他们在工作和生活之余，远程在线协作，用 70 天的时间筹备了一个别具一格的创新大会。那些漂亮的毕业作品，看起来是用不到 3 个月时间就完成了，而在那之前近一年的各种尝试、碰撞、交互和协作，则像海面下的冰山，不为人所见，却是一步步构建而成的。

说到走访或者游学，很多人的脑海中第一个蹦出来的词可能是“组织方”，因为这样的活动往往会有一个组织方，事先设定走访路线，安排好食宿，并带领大家按既定的路线一路走完。但群岛的游学活动是没有组织方的。就拿我们去台湾的那次走访和游学活动来说，小岛们互相协作，与台湾各家教育机构事先取得联系，设计好几条不同的路线，大家各自结对，安排好各自的住宿。活动过程中，有的人对教师培养感兴趣，就会走师范学院的路线，有的人对设计产品感兴趣，就会走设计学校的路线，有的人对小微学校感兴趣，他们还有另外一条相关路线……每天清晨，大家各自出发，晚上再找一个共同地点进行当天的信息分享和经验复盘，然后再根据真实情况和需求，自主调整第二天的路线。

原则二：在群岛，教育和创业是融会贯通的实践。

群岛推动的共同愿景是教育 3.0 的发生。而教育 3.0 的理念，是不是也发生在我们作为教育创业团队的日常工作方式、团队管理和网络构建中呢？

如果一个教育团队号称他们的教育服务能够帮助孩子自主、自由地学习，充分鼓励想象力、创造力，结果到团队内部一看，仍然是权威式的管理模式、僵化的工作方式、自上而下的管控形态……我是无论如何都不会相信他们能提供“以人为本”的教育的。

> 在群岛，我们共同学习“真正以学习者为中心，敏捷且精益的产品开发方法”，一起实践“如何构建自组织和以青色理念为宗旨的适合时代的组织结构”，同时尝试“跨组织协作快速联结成网络的运作能力”。

在群岛，所有的学习方向和内容，所有教育创业所需要的方法论，所有模块背后指向的价值观和共识，都是一体的。那就是：

> 每个人都有权利和能力，在学习和成长的过程中，在产品开发的协作中，在青色的进化组织里，在持续交互的跨组织网络中，创造自己独特的体系和节拍，同时通过自己的智能和产出，丰富和扩展社群和组织本身。

原则三：在群岛，“空”是很重要的价值，更是一种态度。

我们总希望事情一下子就做得丰富，饱满，完整无缺，而不太习惯“空”。在我听过的关于教育评估的分享里，有一位来自深圳佰仕佳小学的熊校长，他的一段话给我留下了深刻印象。他的大意是：

> 在设计教学评估体系时，校方会邀请家长和孩子一起参与这个设计和评估过程。可能有些人会说，教学评估是非常专业的，这些家长并不是专家，他们能做得好吗？我认为，参与本身就是一种价值。另外，教学评估体系不用那么完美，可以模糊一点，留一点白，评估体系本身就是逐渐调整和生长的。

我非常同意他的看法。很多时候，空、留白、模糊，本身就是一种很重要的价值，更是一种态度。

曾经有一位朋友想构建一个教育者的自主学习社群，于是找了一个他觉得特别好的社群群规给我看，那篇群规写得密密麻麻：哪些是违反群规的行为，哪些是讨论的错误姿势，正确的应该如何进行……面面俱到。我只问了他下面这几个问题：

- 这个看似面面俱到的群规，跟你有什么关系？
- 里面涉及的每条规定，是否会真实地发生在你将要创建的社群中？是否又是你那个社群里最合适的解决方案？
- 如果一个教育者想加入这个主张自主学习的社群，在一无所知的情况下，迎面而来的是一堆密密麻麻的规则，你觉得他会有什么样的感受？

当然，“空”并不意味着什么都不做，白白地等着。在群岛，任何一个模块的设计，都会有一个简单的动作规则：

- **初始设置**——只做最简单、最核心的初始设定；
- **稍后修复**——有问题也不用太担心，可以稍后修复的就稍后修复，而不需要面面俱到、事无巨细；
- **即兴涌现**——随时关注真实的发生过程，在即兴涌现的各种需求和张力中，找到改进的机会；
- **持续迭代**——把改进本身变成一个持续迭代的习惯和过程。

到这里，其实我们走过的仅仅是从孤岛到群岛的过程。群岛作为一所永不毕业的教育者大学，推动的不仅是每个小岛的成长，也是一个岛群、一片海域、一个共同体的诞生。

我们相信，如果每一个小岛都真正拥有了联结的能力，并在其周围环境中再次形成属于它的岛群，那么教育变革的这片新大陆，必然会诞生。

延伸阅读

和一群等风的人在一起，就是一所最好的学校

“学习在窗外”是一种权利：没有这种权利，后两者根本不可能发生；“他人即老师”是一种能力：没有这种能力，其他两者不可能有效；“世界是教材”则是一种自然而然的动力。由此，这三者合在一起共同构成了社会化学习这一教育新范式的要义。

扫码阅读全文

第四部分

能力升级：
教育创变者如何修炼进化

EDUCATION

3.0

教育，
就是要帮助学习者充分发挥
自己的学习天性

EDUCATION 3.0

22 开源教育的三个维度[①]

真正的开源教育就是开放和激发学习的源头，即“自由”：开放和激发孩子学习的自由，从而让他们自由地学习。

“开源”这个词第一次在互联网世界提出是在 1998 年。20 多年里，这个词逐步进入大众视野。但是将开源与教育关联起来，还是一个很新的话题。可能很多人听说过开放教育（Open Education），那么开源教育（Open-Source Education）又是什么意思呢？

当我们听到“开源”的时候，如何理解这个词中的两个字？“开”代表开放，还有公开的意思。那么“源”呢？

群岛是社会化学习的推动者。在 2017 年 iStart 教育论坛上，顾远做过一

① 此章由周贤撰写，原为在 2020 年 iStart 在地教育论坛上的闭幕演讲。

场主旨演讲，叫作“面向真实世界的教育”[①]。当年 iStart 教育论坛的主题非常有趣：来自世界各地的美术馆馆长、策展人和教育创新的实践者们聚在一起，共同探讨由美术馆、学校、家庭和社会共同编织的教育交互网络可以为教育带来什么改变。这恰恰是群岛一直在推动的社会化学习教育理念的映照：学习在窗外，打破地域的界限；他人即老师，打破角色的界限；世界是教材，打破内容的界限。

在了解了社会化学习理念以后，有几位老师和校长找到我说：“社会化学习很容易啊，不就是开放学习资源吗？我们每年都会组织学生去游学，政府也在大力提倡研学。”还有人说：“我们不仅把孩子带到了户外，还邀请当地老专家为学生讲课。如此一来，不也就是‘他人即老师’吗？”我问：“那你们是怎么做的呢？”于是他们给我看了几张活动照片。我发现照片上的孩子都在忙着做笔记，因为人多，有的孩子就趴在前面孩子的背上写。

提到开源教育，人们很可能马上想到开放学习资源。但是很显然，如果开放了学习资源，却仅仅停留在信息的获取、记忆和输出上，那就依然停留在教育 1.0 的范式中，即老师是全知全能的输出者，学习者只是一个被动的接收容器。接受这样的教育，哪怕孩子们走出了校门，接触了各行各业的专家，看过了大千世界，他们往往也只是一时觉得新鲜，却并未经历真实的学习，更没有获得真正的成长，就像诗人 T. S. 艾略特（T. S. Eliot）在《空心人》（*Empty Man*）中所描述的那样，“有态而无形，有影而无色”。

“开源”的本义从何而来

什么是真正的开源？让我们从教育里暂时跳出来，回到“开源”这个词的

① 此篇演讲已收入书中，即第 10 章“社会化学习给教育带来的 5 大改变”。——编者注

来源和本义。20 世纪 80 年代，软件和互联网行业开始了开源运动。[①] 这里的“源”指的是“源代码”。什么是源代码呢？打个比方，不同的软件就像一道道菜，而菜谱就是背后的源代码。有了菜谱，我们就知道这道菜如何能快速地做出来，还可以进行改造。

开源就是开放源代码的意思。那么开源这个想法是怎么来的呢？这就要提到开源运动最早的倡导人理查德·斯托曼（Richard Stallman）了。他是麻省理工学院一位非常优秀的软件工程师，在他年轻的时候，有一次要使用施乐激光复印机。那时候的复印机已经是软件控制的了，当时复印机里面的软件出了问题，他打电话让厂家的人来修，结果迟迟不来人。斯托曼对厂家的人说：“那你把软件的源代码给我吧，我自己调整一下，这很容易，我还可以把我是如何改进的告诉你，帮助你升级。”对方说：“不行，你没有资格这样做，我们不会告诉你源代码。”斯托曼气坏了，他认为知识和一般的东西不同，知识应该流动，应该共享，应该共创，这样才能使整个群体获得更好的发展。科学领域是这样，互联网领域也应该是这样。一个软件的源代码应该公开，才能帮助这个软件本身获得发展，快速迭代，让所有人受益。

由此，从斯托曼开始，掀起了一场轰轰烈烈的开源运动。目前世界上的开源软件其实非常多，对于普通用户而言，接触最多的就是手机的安卓系统。我们所有手机品牌的操作软件都是基于开源软件安卓开发的。2015 年的调查显示，全世界 75% 的公司都在使用开源软件，这说明我们日常生活的背后都有自由 / 开源软件的支撑。

一个软件是开源的，最基本的含义是这个软件背后的源代码是公开的，任何人都可以去查看、使用、修改、复制和传播。同时，一旦你使用了开源软

---

① 由于理念和宗旨有所分歧，开源运动逐渐分化为自由软件和开源软件两种模式。为了便于读者理解，本书对自由软件和开源软件未做区分，统一称为“自由 / 开源软件”。

件，或者改造了源代码，就必须分享出去，而不是藏着掖着。自由使用、自由探究、自由分享和自由改进，是自由 / 开源软件的基本信条。

有开源，自然就有相应的闭源。比如 Windows 系统，我们是没办法修改其背后的源代码的。如果有问题，就只能等着微软公司来修改。这是一个自上而下的系统，就像大多数教科书一样，是闭源的。

开源的好处是什么

我们还是拿做菜来打比方。有一道好菜，做法非常复杂，如果发明这道菜的人将菜谱公布出来，把它变成“开源菜”，那么其他人就可以利用源代码，也就是原始菜谱，做出更多的好菜，让更多的人品尝。大家还可以进一步组成社区，一起探讨并持续改进这道菜的做法，结果，大家就都有了更为丰富的味觉体验，而不仅仅是品尝到最原始的那道菜。

开源，让知识和学习有了更多创造，更多可能。

再好的软件，运行时也总会出现各种问题或漏洞，应该由谁来修复呢？大家都听过一个词叫“捉虫”，所有愿意关注这个开源系统的人，无论是用户、爱好者，还是专业人士，都可以加入进来，使问题解决的速度更快、视角更多。所以，每一个自由 / 开源软件都会进入真实世界，在真实的环境里校验最终的成果。

开源，让知识和学习本身在真实世界里更快迭代，共同受益。

当然，每个自由 / 开源软件的背后，必然还有一个开源社区。火狐浏览器的开源社区有上万人，遍布全世界，他们有的是专业人士，有的是业余爱好者，有的是最终用户，很多人都是在业余时间来到社区，一起研究探讨，互相学习和激励。自由 / 开源软件有成功的案例，也有失败的可能，无论失败成功，这样的社区都为所有人提供了共同探索和合作开发的机会。小米集团副总裁崔宝秋曾说："开源是一个巨人，即使强大如 Facebook 这样的科技公司，与开源社区相比都是渺小的存在。"

开源，不仅提高了知识传播的效率，也推动了人的进步，促进了整个社群的高效协作和共同成长。

然而，什么样的人愿意开放自己辛辛苦苦开发的源代码呢？很多自由 / 开源软件的开发和改进并不能带来收入，为什么人们都还愿意投入？这是因为人们在这个过程中能够享受到"研究、学习、分享和创造的乐趣"。那么是什么样的人会特别享受这份乐趣呢？那就是知识工作者，或者换个词——自主学习者。

德鲁克说过，未来的时代都是"知识工作者"的时代。知识工作者并不仅指那些"有知识"的人，也不是日常口语中的"知识分子"，而是指那些能够主动利用知识工作，创造价值，甚至再创造知识的人。

德鲁克这么形容："知识工作者已经开始成为工作中的最大族群，但也可能是最昂贵、最稀缺的族群。任何国家、产业、公司的竞争地位，都将会越来越取决于知识工作者生产力的提升。"他进一步认为："知识工作者比科技本身更有可能改变组织和社会的未来。"

> 我认为开源运动最大的贡献之一，不仅是为世界提供了好的软件，更重要的是推动了一大批互联网领域知识工作者的产生，推动了互联网整体人才的发展，推动了人们对创造、协同、开放组织等概念的全新理解。

从开源软件到开源社区，再到开源生态和开源人才的发展，核心就是开源精神：

- 能够自由、自主地创造和分享；
- 能够为整体带来价值和意义。

这才是学习、创造、成长的内驱力和源头。一个人的自主性越受限，其创造力就越少，学习意愿也越低。把开源这个概念带入教育，就是我们所说的未来教育 3.0 新范式。

教育该如何开放"源代码"

在互联网世界里，开源的本义是开放源代码。那么，在教育的世界里，"源代码"又是什么呢？教育该如何开源呢？我在这里和大家分享开源教育的三个维度和一些案例。

成都的麓湖 4A 美术馆在 2020 年与 iStart 教育论坛同期举办了一个活动，叫作"青少年口斤言论坛"，鼓励孩子们表达自己的声音。在"口斤言"的微信公众号上，有句话特别好："把说话的权利交还给孩子们。"没错，是"交还"，而不是高高在上的"赋予"。

同样，教育如何开源？**首先就是要把学习的主体权利交还给孩子：让孩子自由使用学习系统，自由破解学习系统，自由创造学习系统。**比如说，教科书可以开源吗？

美国几家高中曾经开展过一次改革运动，叫"破解教科书"。老师和学生在一起，将教科书的内容拆分重组。他们创建了近 100 个博客，将学生设计的课程和教案公布出来，邀请更多的老师和学生尝试使用并提供意见；他们还设计了同伴评估的评价系统，甚至为这个系统创建了一个游戏。

再比如说，上课时的角色可以开源吗？图 4-1 是“大儿童”里一位小朋友担任科学课老师的情景，他自己设计内容，自己设计流程，为同学们讲解这一课的内容。我有幸听了这位新“老师”的试讲课。

图 4-1 “大儿童”的小朋友担任科学课老师

在国内推动 PBL 的知名机构“三有”开展过一个活动，叫作“破解 PBL 导读”，面向的是基层老师，目的是帮助他们理解 PBL 教学法的原理、要点和实践。假如我们可以更进一步，带领学生们破解 PBL 的设计原理，让他们为自己、同学或者其他班级设计一次 PBL 学习呢？

开源教育的第一个维度便是，把学习的主体权利交还给孩子。

国内最好的幼师学院之一日敦社，曾经在微信公众号上介绍过内蒙古鄂尔多斯的一家幼儿园，讲他们如何带领孩子们高频率地在户外自主探索，让“学习在窗外”成为教学的常态。

从课程开展的方式来说，因为是幼儿教育，很多人可能觉得将围墙外的事物搬入教室，同样可以开展教育。但是这家幼儿园的老师们说：

> 自然之物只有在它们原来的地方，才是它们最原始而本真的样子，才能发挥其生命存在的价值。如果把它们搬到室内，放到桌面上，就失去了它们生命的色彩，只能当作我们的实验品或观赏品。而这些实验品在教室里和自然中的样貌天差地别，儿童无法从中获取关于它们的第一手感受。

这就要说到开源教育的第二个维度，就是把真实的世界交还给孩子：自由使用“真实世界”，自由破解“真实世界”，自由构建“真实世界”。

“学习在窗外”并不需要走到很远的地方去，与我们日常生活息息相关的社区就可以变成一所学校。来自西安的乐鱼小学在学校搬迁过程中，将新学校的设计变成了一个学习过程，让孩子们参与进来。孩子们一方面用诗意的语言描述出自己对未来新校区的情感，另一方面在老师的指导下，用设计的方式表达自己的需求。在后续的搬迁和新学校的设计过程中，还会鼓励孩子们不断地产生新想法，让他们参与到真实的搬校和建校过程中。

成都的 iStart 儿童艺术节也是一个很好的案例。在第一、第二届儿童艺术节上，孩子们是以艺术家项目的参与者与合作者身份参加的，而到了第三、第四届，则设立了独立的展厅和策展单元，完全由孩子们来引导展览。2019 年，iStart 儿童艺术节的项目是“再见学校，你好学校”，将主题回归到孩子们生活的重要现场——学校，通过对自身“学校生涯”的反思与想象，去打破，去重塑，去创建。在这项活动中，孩子们共同探讨了“学校是什么”“你是否想毁掉学校”“我们是否需要学校”“如何共建一个令人喜欢的学校”“如果你掌控一所学校”“如何设计出最好玩的课程”“如果我们的学校在别处”等有趣的问题，甚至还共同建构了一个关于学校的乌托邦实体项目。

我不禁在想，也许我们还可以在这个基础上持续创建一个开源社群，一个开源生态，让不同的项目之间产生联结，让孩子们可以分享彼此项目的源代码，去共同迭代所有的项目，去传播给更多的学习者。所有展出项目的源代码都可以一年一年地开源下去，鼓励有兴趣的人参与进来，持续迭代。等到了第二年我们可以再看看，在这些持续的迭代之下，不管是项目思路还是参与的学习者本身，会发生什么变化。

这就是开源教育的第三个维度，把学习的共同体交还给孩子：自由联结学习的伙伴，自由建设学习的社群，自由共享学习的收获。

开源教育的关键在于自由

什么是真正的开源教育？就是开放和激发学习的源头，即“自由”：开放和激发孩子学习的自由，从而让他们自由地学习。而通过把学习的主体权利交还给孩子、把真实的世界交还给孩子、把学习的共同体交还给孩子，教育得以开源。

如此，我们就创建了一个生生不息的开源生态，催生了一个教育 3.0 的学习体系。在这个过程中，每一个人都成了更好的学习者，并且用自己的智慧，丰富和扩展了社群本身。

EDUCATION 3.0

23 你需要的不是单一的观念，而是一整套体系

单一的教育观念往往是靠不住的，唯有一套细密、丰富而又内在自洽的“教育观念体系”，才能给教育实践的探索以坚实的支撑和持久的动力。

如果有人问你“好的教育是什么样的”，你会如何回答？我在网络上搜了一下，发现答案非常多，“美的教育”“爱的教育”“回归人的教育”“面向真实生活的教育”“让孩子感受到精神力量的教育”“家长和孩子一起成长的教育”“德、智、体、美、劳全面发展的教育”……每一个回答都是一种教育观念，每一个观念看起来都有道理。但这又不免让人困惑，到底什么才是好的教育？为什么？以及如何实现？

观念是对一类事情的基本观点和信念。教育领域从来不乏各种观念。每一位教育创业者一定都有自己的教育观念，但未必人人都有自己的“教育观念体系”。

单一的观念往往是靠不住的

单一的观念常常很空洞。任何观念其实都不止于一个结论，完整的表述理应包括前提条件、默认假设、适用范围，以及由此观念产生的一系列推论和与之相关的其他观念，等等。例如，“爱是无条件的接纳”这句话很多人都听过并深表认同，但是让我们冷静一下，问问自己这句话究竟是什么意思，在现实中又该如何落实。如果一个人在表达这个观念时不做任何详细阐释，那我们完全可以将之视作一句鸡汤式的口号。事实上，我在一场分享会上，就曾亲眼看见一位听众向分享者质问：“你的意思是就算我家孩子杀人放火，我也要无条件地接纳吗？”分享者连忙解释：“我不是这个意思。我是说心态上要包容，要接纳孩子本来的样子。”

单一的观念往往也很单薄。哪怕这些观念看似天经地义，也仍然很容易被反驳和质疑。当一些人不假思索地引用古人“仓廪实而知礼节”的名言时，显然忘记了同样是古人，还说过“予唯不食嗟来之食”的话。当一位教育者用“陪伴和信任就是最好的教育”来解释自己在面对遇到学习障碍的孩子时不做任何回应的表现，这究竟是出于对现场情形的有力把握，所以鼓励孩子自我探索，还是因为不知如何应对，因而无所作为呢？

把各种单一的观念组合在一起，并不一定会让教育创业者们变得更有力量，相反，很可能让他们变得更加困惑，并因此感到焦虑。

在去年日敦社幼师学院举办的“有点新”深度学习论坛上，来自南京师范大学的刘晶波教授提到，教育领域有一个“风来风去”的现象，就是说每隔一段时间，教育领域就会冒出一些新的概念、方法、理念、工具，让很多教育者无所适从。如果教育者自己没有一套稳定而自洽的教育观念体系，又无法从观念体系的角度去理解每一阵“风”，就会生怕自己落伍，害怕错过任何新的“风向”，于是很容易“跟风”，表现为不断地参加各种会议、报各种培训班、买各种知识付费类产品，最后收获的只是信息的堆砌和更加焦虑的情绪。

> 每一位教育创业者都必须意识到：单一的教育观念往往是靠不住的，唯有一套细密、丰富而又内在自洽的“教育观念体系”，才能给教育实践的探索以坚实的支撑和持久的动力。

“内在自洽”是观念体系的本质

现在让我们想象，一位教育创业者抱持着这样一个教育观念：每一位学习者都应该是完全自由的。然后，我们来看这样一场对话：

“所以我认为学校里不应该设置任何必修课。”

“那么你认为一个人应该学习吗？”

“不是‘应该’，而是‘一定会’，学习是人的天性。”

“所以学习应该是一种完全自发的行为，对吗？”

“是的，当学习者有了内在动力，他自然就会去学习，教育者在此时去支持他才会有意义。”

“如果一个孩子对任何事情都不感兴趣，该怎么办？”

“耐心等待，帮助他找到最感兴趣的事情，找到内在动力。”

“所以教育者并不只是被动响应，也必须在恰当的时机主动参与。”

“是的，但不是干预，而是对话。”

“如果孩子想要杀人放火，教育者该怎么做？”

“肯定要干预。我们倡导的自由有两个前提：不能伤害自己，不能伤害他人。”

“这两个前提可以看作某种‘必修课’吗？”

“可以。自由是有边界和规则的，这种边界和规则的制定是通过对话，而不是外在施加的。”

“很好。再问一个问题：你是不是认可‘最近发展区’理论？或者说，人的成长，包括身体、认知和社会情感，都是有客观规律的？”

“认可。”

“那么，这是不是意味着在某一个阶段最适合，也最需要学习某种知识技能，而错过了最佳时期，以后再弥补可能就晚了？”

“是的。我猜你想表达的意思是，还是应该有一些必修课的，对吗？”

“是的。至少语言的习得是有最佳时期的，而在青春期连续通宵玩游戏，显然也有害于身体发育。”

“是的。我说的不设任何必修课并不意味着教育者完全无所作为，而是强调教育者的任何干预措施都应该基于平等沟通，学习者必须充分理解、信任，而不只是参与。”

以上是我和一位朋友的真实对话，你能看出其中谈及了多少教育观念吗？当时的对话很长，仅仅截取这个片段，也足以让我们感知到何谓“教育观念体系”了。

我们所说的观念体系显然不是一堆单一观念的拼凑，而是内在自洽的。“内在自洽”意味着观念体系中的每一个观念都其来有自，逻辑严密，经得起推敲和追问，更重要的是，经得起各种实践场景的检验。观念体系可以有不同的层级和不同的复杂程度，越是细密丰富，其内在自洽也就越难做到。

一旦有了自己的细密、丰富而又内在自洽的教育观念体系，我们在进行创新教育的实践探索时，便会更有力量，更坚定不移：

- 我们不会随意追逐“风向”，而会辨明它的底层逻辑、思考范式以及方法论与自己的观念体系是否符合，或者能否有所启发；
- 我们在实践的过程中会不断地呼应，也不断地反思自己的观念体系，并持续迭代更新；

- 我们会在不断地实践和反思中，找到下一步要学习和探究的主题，构建自己的知识技能图谱，创造属于自己独特的学习节拍。

对教育创业者而言，这还意味着可以更好地和外部沟通，获得更多的信任和支持。因为我们的教育观念体系经得起质疑和挑战，也经过了实践的检验，所以我们可以自信地回应家长、老师、学生以及其他利益相关方的提问。反过来，在招聘工作伙伴、招募老师和学生、寻找合作资源时，我们也更有把握做出正确选择。

在任何领域，具有一套细密、丰富而又内在自洽的观念体系，都意味着具备了更高的智慧和更深的思维。此时，我们会发现，在看似不相关的其他领域，很多底层的观念也是相通的，于是就可以触类旁通，快速学习，世界因此变得豁然开朗。

在一次群岛社区的讨论中，有的“小岛”提到：“教育孩子，重要的不是向他灌输规则，而是教会他如何制定规则，并在这个过程中培养价值观并学习解决问题的能力，持续迭代，而不期待一次就制订出完美方案，解决所有问题。”这个观念出现在家庭教育中，而其底层逻辑同样适用于其他领域，比如：

- **学校教育领域**——不用一次考试结果定终身，评估应该是生成式的，过程评估与结果评估同样重要，甚至更重要。
- **创业领域**——不追求一步到位的完美解决方案，而是在产品和用户的持续交互中不断迭代。优秀的产品永远是未完成的，优秀的组织永远处在创业状态。
- **组织发展领域**——不追求固定不变的完美组织形态和标准化的流程，而要将组织设计成可以动态调整、快速响应外部变化的样子。

- ……

一个人如果在许多领域都拥有完整的观念体系，并能够打通不同领域，做到跨界的自洽，那该是多么强悍的思考能力和行动力！

教育 3.0 之下的观念体系

关于什么是“好的教育”，群岛也有自己的回答：好的教育是通向自由的教育。如果没有任何阐释，那么这也不过是一句口号。熟悉群岛的读者都会知道，关于自由的教育，我们从“动力、权利、能力”三方面做了详细阐释。

与这一教育观念相匹配，在群岛，我们坚信“教育的第一性原理”是“尊重和发掘学习者的兴趣和热情”；教育的终极目标是“帮助学习者成为一个自由的人”。为了实现这样的目标，教育必须发生“范式转变”，从教育 1.0 逐渐进化到教育 3.0。在这个过程中，“社会化学习”的程度会越来越高，学习最终将变成一场“无限的游戏”。为了能够支持教育和学习形态的持续进化，教育机构必须变得越来越“青色”，实现组织形态上的持续进化，而这种进化又与人的“意识进化”紧密关联。

同时，群岛有自己的“教育公平”观，持续为“教育创新创业者”赋能，期望通过他们带来“涟漪效应”，推动更多的人在“教育变革光谱”上发生位移。我们相信，真正的成长和变革不会止于“去做”，而必将成为现实。

正是上文提到的这些概念构成了群岛的“教育观念体系”，而每一个概念本身，也同样包含了许多相互关联并内在自洽的教育观念。

我们并不是预先构想出一个高屋建瓴的体系，然后去现实里印证，也不是事先就设计好了一张完整的“路线图”，然后按图索骥、按部就班地去实践。从 2015 年群岛提出“社会化学习”的概念开始，到构建出教育 3.0 的完整体系框架，我们用了 5 年时间。基于持续的研究和实践，这一观念体系才得以逐渐变得细密、丰富，内在自洽。这个过程，是一个典型的观念体系自下而上的演进过程。

伴随着这个体系的构建，我们把每一步思考都写成了文章。我们对每一篇文章都有两个基本要求：

- 第一，必须回应一个真问题，而不是在空洞地抒情，或者罗列铺陈一些信息；
- 第二，至少一年后，这篇文章不会过时。这意味着文章对某个问题的回应不能是赶时髦，更意味着它对这个问题的回应必须是深思熟虑的，至少在较长的一段时间内，经得起实践检验。

如果你是一位教育创新创业者，希望你在更深刻地理解了教育 3.0 的本质之后，可以“寻门而入，破门而出”。相信到那时，你定会壮怀激烈又沉稳坚定，你的教学热情和创造力将被点燃，你想要去发现、去思考、去行动，去和你的伙伴一起做出改变。

EDUCATION 3.0

24 你掌握了哪些能够促成创新的元能力

我们必须面对这样一个事实，即我们正处在时代的边缘，人类可在此时扩张其智慧和创造力，就像在 19 世纪运用机器来扩展人类体力一样。

——克里斯托弗 · 亚历山大

（Christopher Alexander）

创新不是为了“新”而“新”

近年来，我在群岛的大部分工作都和“创”字有关：研究的是“教育创新”，日常接触最多的是“创业者”，自己也和团队“创造”着不同的新项目。于是，我经常被问到的问题包括以下几类：

- “你觉得我真的能做一个创业者吗？我思考事情比较遵从逻辑，更喜欢看书和做研究……”一个想创业的人这样问。言下之意，创业者应该是撸着袖子往前冲，不需要多思考的那种人。
- “你说我们机构该怎样创新？我们一直老老实实做事，脑洞大开这种事，真的不太擅长啊……”一个机构的负责人这样问。言下之意，创新所需要的就是灵机一动、头脑风暴。

- “创造力这种事，聪明的孩子天生就会，不用学。一般的孩子，能把正常的学习搞好就不错了，还能怎么培养……”一个教育机构的从业者这样问。言下之意，创造力只有聪明人才有，一般人教也教不会。
- “培养创造力，是不是一定要开发右脑？请问哪里有专门开发右脑的课程可以学？……”一位家长这样问。言下之意，创造力是右脑的事，跟左脑没关系。

真的是这样吗？人们对“创”和“新”这两个字的误解也许真是太多了。实际上，就像我们反复强调的那样，创新并不是为了“新”而“新”，而是“为了比原来更有效地解决问题”。同样，太阳底下本无新事，所有的“新”都是基于“已有要素”的“重新组合”，而非凭空冒出来一个“谁也没有看到过的”新东西。

创新所需要的“元能力”

那么，究竟什么样的人，或者说具备什么能力的人，才能创新？坊间有各种各样的研究，在我看来，说到根本，也就是以下三个方面的能力：

- “观察全局”的能力；
- “洞察局部”的能力；
- “重组构建”的能力。

为什么这三个能力是创新的“元能力”？在非常有价值的技术创新原理书《创新算法》(*The Innovation Algorithm*)里，远见卓识的创新大师、TRIZ 理论[①]的创始人根里奇·阿奇舒勒（Genrich Altshuler）讲到，创新存在一个客观

① TRIZ 理论意为发明问题的解决理论。这套理论成功地揭示了创造发明的内在规律和原理。——编者注

的标准，就是能消除矛盾。就像群岛常说的那样，“约束催生创新”，光一股脑地去追求“新”，是不能解决问题的。要创新，先要找出事物中的矛盾，也就是先要理解“旧”。

正因如此，阿奇舒勒反复强调，创新过程其实是一个理性推进的框架。作为一个“单体工程技术”的创新，过程是这样的：

- 首先要做的是对发生的问题、环境和相关的设备进行全面而仔细的观察；
- 然后拆分各个要素，将所有的要素组成一个矛盾矩阵，发现元素与元素之间的关系，洞察其中的矛盾之处；
- 再基于他所总结的 40 种发明原理，着手以各种方式尝试重组；
- 在不断的组合与尝试中，“总有一款新组合是比原来更有效果的”，于是，“砰！”创新自然就出现了。

问题在于，在局外人看来，最容易被看见、最突出，也最有传播效力的，就是那最后一步：“砰！”突然一个新想法就出现了。于是大家得出结论：“创新果然只有天才才可以做啊，果然是灵感来了才会有啊。”而前面那几个更为重要的步骤，尤其是观察和洞察阶段是看不见的，也就容易被局外人所忽略。而在第三步“重组构建”里，很多不成熟的发明家也只是无谓地摆弄手上的部件，随意组合，认为只要不断地试，总能试出个结果，却忽略了重组过程本身也需要逻辑、方法和思考的支持。

据传，美国最著名的创新奇才尼古拉·特斯拉（Nikola Tesla）就笑话过爱迪生的做事方式：

> 如果爱迪生需要从草垛中找到一根针，他会马上像勤奋的蜜蜂般一根根地检查稻草，直到他发现自己要找的东西……看到这样的做法，我

感到非常遗憾。这样的方法效率很低，会花费大量的时间和精力，最终往往一无所获，要么纯粹靠运气。因为我们知道，只需要一点点理论和计算，他就能节省 30% 的时间。

TRIZ 理论诞生于半个世纪之前，举例对象以工业技术为主。如今，随着时代的变化，“单体工程技术”的创新和设计已经很少见了，从一款手机，到一项网约车的出行服务，几乎每一个问题背后都联结着更为复杂的整体性服务体系，而社会性创新更是如此。**看似一件很小的事，如果要解决得比以前更好、更有成效，背后都有一个小生态，与之相关的信息也更趋广泛、分散和无序。**

举个最简单的例子，我家附近最近要安装一个信号发射塔。与很多人想象的不同，安装不仅是“装”的事，要让这个发射塔顺利落地，需要整套方案：社区居民会反对，物业要多收钱，发射塔后期要维护，等等。整个系统都需要重新创新，否则就会发生问题。光靠某个厉害的天才脑洞大开，灵机一动，凭着直觉去试，是不可能产生“创新”的。

> 创新不是天女散花，更不是野蛮上马，而是一种可以借助逻辑和框架来思考的过程步骤。创新是逻辑思维、直觉思维和创新流程中的实践技巧的结合，更是一种每个人都可以学习的能力。

正因如此，如果有教育机构宣传诸如“要想提高你家孩子的创造力，一定要开发右脑。因为右脑的感知力更强，创造性思维是右脑的产物”之类的伪科学时，我们可以很快地反击：任何创新的思维和动作都是左右脑的协同工作，大脑其实是一个“全脑”，根本不应该做这样的分类，更没有哪个人天生就适合或不适合创新，只不过是个体之间创新能力学习的时间，创新实践机会的多寡，以及创新工作经验的深浅有所不同而已。

创新需要重组“人与人之间结构”的能力

刘震云是我比较喜欢的国内作家之一，有一篇关于他的人物访谈非常有意思。很多人都说“小说作者就是讲故事的人”，刘震云却说：“（讲一个故事）是一种写法，但不是一种特别高级的写法。高级的写法的话，我觉得还是人物关系和人物关系背后的这些东西……比这个更重要的是整体的（人物关系假设）结构，这种结构特别考验一个作者的胸怀和眼光，包括他站到了什么样的高度。”这段话既引发了我的共鸣，也引起了我的思考。

很多投资者同行和基金会的朋友都会问我一个问题：“你觉得什么样的创业者是好的创业者？”当然，答案可以有很多，比如有好的价值观、勇敢、执着、执行力强、有远见、能举一反三等，但回过头来细想，我觉得：

> 一个真正愿意去观察人，能够深入洞察人的关系并重组“人与人多方联结结构”的创业者，才是最好的创业者。

也就是说，**创新，针对的不仅是具体的事，更重要的是与之相关的人。**而我们所关注的社会性领域，“社会”二字更是由人和人的关系所构成；社会性领域的创新，其根本也在于此。在社会性领域，较少出现纯科技或者纯客体的创新，更多的是模式上的创新，联结上的创新，应用上的创新。而人，正是这些创新的主要因素，人不仅是创新的客体，即为更多的人解决问题而创新，更是创新的主体，即让更多的人一起来参与创新。

举个例子。当我们谈到“保护地球”时，更为真切的诉求在于“人类只有善待环境，才能更好地保护自己的利益”。因为地球恒久，受损的只是蝼蚁般短暂生存的人类。有意思的是，几乎所有的环境问题恰恰都是人类自己造成的，所有我们要做的事情都是去改变人的观念、影响人的行为，大部分需要解决的问题也都是人和由人组成的系统的问题。

所以，要让创新发挥真正的作用并产生可持续的影响，我们不仅要去观察、洞察、重组“事”，更要观察、洞察、重组“人”和“人与人之间的结构关系”。

> 一个创业者，无时无刻都应该在做的就是观察整个体系里的人，洞察和匹配人与人之间的关系，重组一个所有相关的人都能积极交互且彼此受益的架构。

比如，观察用户还不够，还要观察用户身边的人和他们彼此的关系；当我们提到渠道时，渠道是个空泛的名词，但渠道的背后是具体的人，这些人也有自己的需求、自己的群体及彼此之间的联系；当我们不断提到团队时，团队是个空泛的名词，但团队背后是一个个具体的人和需求，以及他们彼此的互动关系；当我们谈论商业模式的架构时，其实背后真正匹配的都是各个模块所代表的人，他们之间需求、动作、交互、联系的架构，决定了这个模式是否能够有效运作。如果不去观察、洞察和重组“人的体系”，一天到晚讲创业，这个业是创不出来的。

也许会有人说，这不是常识吗？是的。但在真实世界里，特别在社会领域，还有其他的景象。

有些教育创业者，其实是“学习爱好者”。他们喜欢闷头研究各种“新、奇、美”的教育理论，花费很多时间去琢磨各种课程的具体设计。但是，说到对用户的了解、观察和实际接触，却没有花多少时间去研究。

有些社会创业者，其实是“项目执行爱好者”。他们总是带着团队，一股脑地跑到社区去推动和实施项目方案。但是，他们关注的是项目是否按照计划做完，至于社区的人是怎么想的、社区内部的关系结构、社区不同角色的需求和期待等，却不去考虑。于是，项目做完了，激起的“水花”也消失了，社区依然如故，问题依然存在。

有些创业者，其实是“发号施令爱好者”。看起来很有新意的主意，依然通过自上而下的命令式去执行，对执行中的变化，整个团队的反应都是僵硬的，或者完全不做反应。

有些创业者，其实是“一味埋怨者”。他们总是埋怨渠道方太苛刻，合作机构不配合，基金会不通融……却很少站在对方的立场，去思考如何帮助对方理解和接受，如何帮助对方更好地工作，如何通过合作，达成双方的利益诉求。

创新需要对平衡的把握能力

说到这里，可能大家会发现，我们所说的创新，并不仅仅是做出某个新东西，而更多的是建立一个解决问题的新系统。是的，创新是一种对系统架构平衡感的把握，说白了，就是把握元素重组时的平衡。一味追求具体某一个事物的“新”是没有意义的。

创新是一种人人可以学习、实践和提升的能力，而不应该成为某个特殊人群的标签。遗憾的是，在目前中国的教育和文化背景下，创新成了少数人的标签，常常与桀骜不驯、特立独行、敢于冒险等联系在一起，为人们所追捧。

想显示自己不是一般人？好，那就“创新”一个把大家眼睛都“闪瞎”的东西出来吧。至于这个“新”和真实用户有什么关系，与现实环境和行业如何匹配，背后的人与人之间的关系结构究竟怎样，如何在内部运作时保持持续改良的频度，等等，是这些人根本不在乎的。而这样所谓创新的东西多了以后，后续真正运营时的“不靠谱”反过来又会引起人们对创新的质疑：“创新没什么用吧？还不如老老实实把事情做好。”

在《形式综合论》（*Notes On The Synthesis of Form*）这本书里，著名设计师克里斯托弗·亚历山大就举了这样一个例子。假设我们要为大规模生产真空吸尘器之类的简单家居用品选择材料。对时间和运动的研究表明，材料种类越少，装配效率越高，因此，在一定程度上要求精简材料种类。但这种精简要求又与另一个事实冲突，那就是为了更好地发挥效能，应根据不同用途，分别选择最合适的材料。此外，从另一个角度看，用途各异的多种材料又会使各部分之间的连接复杂而昂贵，并且不易维护。以上 3 个方面，分别强调的是精简、性能和连接，不可能均等地符合我们希望材料成本最小化的目标。假如我们为每种用途分别选择了最便宜的材料，显然就不可能达到精简，同样，也不会拥有最佳性能和最简单的连接方式。你看，即便是在如此简单的问题中，互相冲突的连线也多达 5 条，更不用说复杂的社会问题了。

从这个角度看，发明了无数酷炫玩意儿的尼古拉·特斯拉是个单打独斗的创新高手，但把电推向市场，使其成为公共产品的爱迪生则架设了整个系统；虽然前者似乎更符合我们对创新创业者或者天才的想象，但是一个真正厉害的创新者，是把事和人的元素重新架构并动态掌握的高手，也就是“体系创新高手”。

社会化学习既是创新的结果，也是创新的过程

群岛是一个教育创变者永不毕业的大学，也是一个教育创变者的实践基地，我们所提倡的社会化学习，目的并不仅是让学习者记住某些知识点或者某个技术，而是将学习置于真实的社会生活之中，帮助他们体验和发展“生而为人”最重要的品质和能力：创造能力、独立思考能力、沟通能力、好奇心、合作能力、勇气、公民素养等。

在实践上，我们提倡打破原有的框架，在学习方式上，不仅是学校教室里的“教和学”，还可以通过社会化的方式进行；在学习对象方面，不仅发生在“老师—学生”这样的单一框架下，还可以包括家长、同学、社区、各种专业人士等；学生的学习资源将来自整个社会，而不再局限在校园这个物理范围内，不再仅仅来自统一的教材。与此同时，学生尝试学习的项目和主题与真实的、变动的、热气腾腾的社会直接相关，而不再仅仅是机械的书本知识的组合。这些也就是我们倡导的“世界即教材”。

大家也许发现了，其实社会化学习的本意就在于全面观察学习过程中所有的元素，无论是学习地点、学习材料、学习过程、人与人的关系等全都包括在其中。要深入洞察各个元素的关系，打破原有设定，把已有的元素重新架构和整合，组成更符合学习和人性本身、效率更高、效果更好的“系统创新方案”。学习一定要在学校进行吗？只有专业教师才能成为老师吗？上课一定要坐着吗？教材一定要印刷吗？……按照创新算法里的“矛盾矩阵”，我们可以重新列出比《元素周期表》还复杂的重组模式，也就意味着无数种创新的可能。

社会化学习既是教育创新的结果，也是教育创新的过程。同时，如果一个创业者能够很好地把握创新过程中各个元素的匹配和平衡关系，并给予巧妙的设计和理性的推动，一个最自然的可持续的教育创业过程就产生了。

好奇心是创新的前置基石

说到与创新、创造、创业有关的能力，最后还有一个很重要的前置基石不能不提，那就是好奇心。一个没有好奇心的人，被逼着去创造，最后的结果要么是机械模仿，要么是投机取巧。

其实，好奇心是人类的天性，也是推动人类不断向前发展的本能。问题在于，天性是可以磨灭的，尤其在当前的教育体制下，学校、家庭和社会可以说是“好奇心三重剿灭机”。“如何保护孩子的好奇心？”这是很多家长问我的一个问题。其实答案很简单：

> 在生活中多留一些时间和空间，让孩子有机会多观察这个世界，带着孩子洞察世界里各个元素之间的关系，就是保护好奇心最好的方式。

也有教育团队的领导者问我：“怎样能够让团队更有创新能力？”其实方法也很简单：别着急让每个人马上去执行某个具体方案，更不要什么事都由领导者下达命令。先给出一段时间和空间，让大家一起来观察全局，一起来洞察元素之间的关系，然后协同尝试新的可能和组合。创新并不是一拍大腿，马上就干，更不是靠着脑洞大开，野蛮生长；创新是一种逻辑过程，是逻辑思维、直觉思维和创新流程中的实践技巧的结合，慢就是快，快就是慢。

为自己创出独具特色的人生

我很认同乔布斯的“连点成线”概念，大意是回首人生中的每一个点，把它们连接起来，才是今天的自己。其实，每个人的人生全局中，都散落了各种各样的点。但并不是每个人都有能力去观察这些点，洞察点与点之间的联系，并将之重组，构建出独具特色的人生。自己的人生其实就是我们最大的产品。只有不断去学习和实践创新能力的人，才能够让“自己的人生”这件独一无二的产品变得更有价值和意味。从这一点来说，**创新不应该是少数人的专利和天才的行为，而是每个人都可以学习、实践和掌握的人生“元能力”。**

25 教育的服务设计，从“为什么”开始

只有从系统性地问“为什么”开始，去理解用户，理解系统，理解价值，才能从整体上建立一个“有人性”的生机勃勃的服务体系。

“双减”政策让2021年的教育行业风云变幻，甚至可以用惊心动魄来形容。对那些应试类教培机构来说，破产几为大概率事件；近千万的从业人员也在被裁员和转行中身心无措。更重要的是，对我们这些在做真正的教育、在做好的教育的人来说，同样带来了政策风险和高昂的运营成本。很多教育创新创业者和我交流时，忧心忡忡地表达了各种状况和担忧：

- “那些有资本的大机构转眼摇身一变，也变成了素质教育机构。表面上看，好像应试教育减少了，一下子冒出了很多打着各种旗号的素质教育或者创新教育，但其实他们都是投机主义，做的东西连我们都看不上。但是用户很难分辨，市面上的竞争一下子激烈了很多……”
- “现在情况不明，我们也不敢招太多人。但是我们还想好好做自己觉得有

价值的东西，人手又不够，该怎么办……”

- “我们的宣传文稿，甚至课程框架，都被其他机构拿去洗稿了。他们找几个老师一模仿，很快就开发出类似的课程，其实都只是抄了表面。以前这么做的人不多，我们也不去计较。现在市面上突然冒出大量类似的包装课程，真的让我们很为难……”
- ……

是啊，该怎么办呢？难道只能放弃了吗？ 当然不是。

始终存在的教育服务问题

几年前，有一次我和几位教育创业者坐在一家咖啡馆里聊天。大家聊到一个困境，就是那些大机构的资金和人力都很雄厚，无所不用其极，像我们这样的教育创新创业者该怎么办？有一位朋友还提到具体的案例：“听说有些热门的应试教育机构对家长的服务就像海底捞一样，什么休息室、零食架、派车到点接送……一应俱全，服务比我们好多了，我们是无论如何也比不上的。还有一些机构，他们的很多广告文案和课程说明文字都是从我们这里抄袭的，但不熟悉我们的家长也看不出来……”

另一位朋友不太服气地说：“什么都比不上课程好，只要把课上好，产品够好，就不用整那些虚的。”

那位朋友马上回应：“可是素质教育不像应试培训，不是一时半会就能看出课好课坏的。”

另一位说：“我们也知道在服务过程中还有很多可以改进的地方，可是天天说，员工也不听，总不能什么事都管吧！”

二人争论不休。

可见，即便没有“双减”政策，类似的情况也是时有发生——只要我们想做好的教育，想把好的价值传递给更多的用户，想让自己的组织可持续地发展下去，就始终会面临同样的挑战。

我随即问了大家一个问题：“什么叫作‘服务’？什么叫作‘产品’？我们去咖啡馆，买的究竟是那杯咖啡，还是其他的东西，或者是一个完整的‘服务体系’？”

与此相关的还有第二个问题：“一家咖啡馆里最重要的，真的只是咖啡师吗？究竟谁应该对用户价值负责？如果只是咖啡师对用户负责，那么其他人员有什么动力来提高自己的工作水平呢？”

紧接着，自然就产生了第三个问题：“像去咖啡馆喝咖啡这样的事，其实是一种‘无形的体验’。对大多数用户来说，他们很难分辨两家咖啡馆里的两杯手冲咖啡，所用的咖啡豆究竟有何不同，咖啡师的手法究竟谁更标准，甚至他们的广告用语、门口招牌、菜单套系等都可以做得很类似。那么，究竟是什么决定了一家咖啡馆在用户心目中的价值？”

由此还产生了更多的问题：对一家咖啡馆来说，真的是人员越多，服务越好吗？在人员成本日益高涨的今天，怎么才能可持续地发展和扩大？……

随着问题越来越多，大家都参与了进来，那一场讨论精彩纷呈。而这些，恰恰都是服务设计的核心问题。

那么究竟什么是服务设计？我们作为教育创业者，为何要掌握它？

比“是什么”更重要的是“为什么”

我们应该从一个看似不言而喻，却让无数教育者、创业者忽视的点开始。北京师范大学的丁道勇老师曾在一篇文章中提过这样的一个故事：

> 2019 年 12 月 26 日，我在上海遇到了一个募捐的小男孩。在活动的茶歇时间，几个小学生带着校方自制的明信片，来向坐在前几排的嘉宾推销。明信片一套 5 张，50 块钱一套，可以扫码购买。一个小男孩跑到我这里来推销。
>
> 我问他：“你知道明信片一般多少钱一张吗？你知道寄一封信一般要花多少钱吗？你知道这些募捐来的钱会用来做什么吗？你认识那些被捐助的小朋友吗？”我问了一大堆诸如此类的问题，一个五年级小男孩可能会怎么回答，大家不难想象。在所有这些问题的答案都是“不知道”以后，我拒绝了这个小男孩。
>
> 这个小男孩应该没有做过遇到这种情况的预案，他的面色霎时变得通红。我觉得自己给他上了宝贵的一课。与成功卖出一套明信片、完成老师交代的任务相比，拒绝他的这个“怪叔叔”给他留下的印象可能更加深刻。我代表了某种意外，而这种意外是人生中最有意思的部分。它总会在出其不意的地方跳出来，吓我们一跳。

看到这里，我不禁会心一笑，在我们的“教育”过程中,“是什么”远比“为什么”出现的次数要多得多。

这让我想起不久前的一次咖啡馆经历。当时我和同事路过那家咖啡馆时，看到他家装修很特别，咖啡的香气也蔓延而出，不禁让我们停下了脚步。说笑之间，就上了二楼空旷处。工作日的下午，几乎没有客人，沿街的大玻璃窗前空出来很多座位。刚想坐下，一位年轻的服务人员随之而来，跟我们说：“不好意思，你们不能坐在这里。”我不禁好奇地问：“为什么不能坐在这里？”服务人员答道：“我们有规定，下午这里不能坐人。”我追问：“这个时候也没有其他人订位，我们来咖啡馆就是想坐在窗边看看风景，为什么不能坐呢？”他说：“不好意思，我们店里规定这个时候这里不能坐。”服务人员严肃而坚定地拒绝了我的要求。我不由得好笑又好气，声音也大了一些：“那你能不能告诉我一个原因？”结果他还是说：“这是我们店里的规定……请你们理解……”

更有意思的是，当时旁边还有两位服务人员，看到这一幕，一个若无其事地继续做着自己手上的事；另一个倒是对着我们笑，却重复着同样的话：“哎呀，要不你们到楼下，楼下一样的……”

没有人在意我作为一个顾客所提出的“为什么”，没有人给我一个真正的解释。似乎一句“店里规定如此”便解释了一切，也让一切都合理了起来，至于接不接受这个规定，自然就是顾客自己的事情。或者，他们作为一线服务人员，自己也并不知道甚至无须知道“为什么”，因为主管就是这么规定的。

我们一分钟都没有停留，立刻离开了那家咖啡馆。走到街上，我不禁回头再次看了一眼它那装修特别、想必花费了不少钱的门面，轻轻叹了一口气。

从“为什么”开始，重新思考教育服务设计

为什么我要讲这两个故事？因为在教育领域，道理也是一样的。好的教育产品，本身就是一个“无形体验”的过程。无论我们借助的现代工具有多少，就其本质而言，教育产品的提供和使用两端是近距离的“人—人”交互过程，这就意味着，真实情境千变万化，很难有统一的标准化流程，更无法自上而下

地一一规定；同时，交互过程细节繁杂，涉及的人员多、流程长，评估标准难以绝对量化。如果创业者仅把改进重点放在表面的“是什么”和“怎么办”上，就像在玩打地鼠游戏，眼见问题一个一个冒出来，见一个灭一个，但新的问题还会层出不穷地冒出来，久而久之，不仅见效不佳，还会把领导者累死。

只有从系统性地问“为什么”开始，去理解用户，理解系统，理解价值，才能从整体上建立一个“有人性”的生机勃勃的服务体系。同时，也只有帮助团队里的每一位成员，支持每一位一线人员从系统的角度，从真正的“为什么”开始，去理解用户，并根据真实的场景为用户提供价值、迭代系统，才能让每一个人在具体的工作中不断自主涌现更好的“是什么”，进而让每一位团队成员都成为一支队伍，一支小的创业团队，也可以变成一个集团军。

EDUCATION 3.0

26 好的教育不仅要做出来，还要写出来

写作可以帮助教育者找到同频之人。

好的教育要做出来，这一点无须多说。可是为什么还要写出来，却很值得说一说。

为什么写作很重要

这个问题可以有许多答案。我自己喜欢的一个是：

> 写作作为“输出倒逼输入”最有效的方式，将自己身边所看、所听、所想、所悟通过自己的话语，以另一种形式呈现出来，从而完成一次知识的新陈代谢。通过这种方式，那些知识会真正内化成自己的。

这个答案是从有效学习的角度来看待写作的价值。

我曾经写过一篇文章《知识工作者应该如何写作》，从知识工作者的角色和职能谈到写作为什么重要：

> 要想成为一名出色的知识工作者，先要成为一名勤奋的写作者。写作是和自己沟通的过程。有时候自己以为明白的道理，到下笔时才发现可能还不太明白，于是写作的过程就是一次梳理和锤炼思想的过程。写作也是知识工作者们相互沟通的工具，可以修正原来的思想，也能激发新的思想。持续写作还能带来一项额外的好处，那就是“自我营销”。人们会通过文字了解你的为人和才能，甚至足不出户，需求都会找上门来。

教育者必须终身学习，同时教育者也是知识工作者，所以，写作能力对教育者来说非常重要。

为什么写作这么难

有的人会说，尽管知道写作的意义，可写作这个事情还是一件痛苦、烦人的事。我自己算是一个非常有经验的写作者了，从 2007 年在平面媒体上写专栏开始，已经持续了十几年严肃写作，可仍然会不时觉得写作很难，有时甚至会纵容自己偷懒。

写作之难，可能有以下 3 个原因。

首先，“写作之难，在于把网状思考用树状结构体现在线性展开的语句里”。这是当代思想家、世界顶级语言学家和认知心理学家史蒂芬·平克（Steven

Pinker）[①] 的经典名言。

其实，不仅写作如此，说话也是。世界本就错综复杂，万事万物相互关联又相互影响，写出了一些东西，就意味着忽略了一些东西，选择了某种叙事，就意味着对错综复杂的关联性做出了唯一的定义。更何况，还有那么多只可意会不可言传的事物。

其次，大多数人恐怕都对写作有一些心理障碍。写作时，似乎有两个形象分别立在两侧，看着我们。一边是一位作家，思如泉涌，胸有成竹，下笔千言行云流水；另一边是一位评论家，横眉冷对，不屑一顾。前一位让我们以为写作是必须有特别的天分才能做的事情，而后一位让我们羞于看见自己，对自身的独特性不抱自信，更谈不上欣赏和表达。

最后，我们做的教育需要亲身去体验才能被感知，我们的理念诉诸文字可能会很平常，而只有在实践中才能被体会。这也是很多教育创变者不愿意写作的原因。

为什么把好的教育写出来很重要

教育者写作的内容可以有很多。其中，把自己认可的教育理念以及正在做的教育实践写下来尤其重要。

首先，你写出来，并且写得清楚明了，别人才能知道你所认为的好的教育到底是什么样的。和其他领域一样，教育领域也存在一个“观念的市场”，不同的教育观彼此竞争。如果我们不去主动表达教育可以有多种选择，不去阐

---

① 史蒂芬·平克在其著作《心智探奇》（*How the Mind Works*）中对人类心智的起源和进化做了深入探究。本书中文简体字版已由湛庐引进，浙江人民出版社 2016 年出版。——编者注

述我们所理解的教育的起点和目标，那么这个市场只会被应试教育和焦虑所垄断。

一个有趣的现象是，即便使用了同样的表达，实际意思却未必相同。某种概念、理论、方法一旦流行开来，它的本意往往会逐渐地被稀释、误解、歪曲，或者变得庸俗而肤浅。一家做应试辅导的机构可以声称自己应用了“游戏化教学”，培养了孩子的“多元智能”；一家只是用固定的教具带着孩子们按固定流程做活动的培训机构也可以说自己做的是“STEAM 教育”。更不用说现如今，很多人都开始谈论共创、共学、对话、协作、青色……而对它们的理解和实践却可能大相径庭。这让我想起华德福教育的开创者鲁道夫·斯坦纳（Rudolf Steiner）的那句抱怨：“我恨不能每天都给人智学[①]换上一个新的名字。”

其次，写作可以帮助教育者找到同频之人。有一些读者读罢你的文章会感叹：“你写出了我的心里话！”“你把我想说而说不清楚的意思表达清楚了！”“没错，就是这样！”“我可以和你们一起做些什么呢？”……对教育创新创业者而言，这带来的不仅是心灵的安慰和同行的切磋，还有很多实质性的益处。很多教育者的业务模式、教育模式都与传统主流的模式不一样，是基于信任与合作的，所以找到合适的人非常关键。对他们来说，自己的教育理念、教育方法和独特气质在写下的一篇篇文章中得到充分的展示，是吸引用户，尤其是那些基于价值认同的忠诚用户的主要方式。不仅如此，有些教育创业者告诉我，他们那些最优秀的工作伙伴并不是从市场上公开招聘来的，而是读了自己的某篇文章后觉得气味相投，主动投奔而来的。

最后，如果教育者持续地围绕自己的教育理念和实践进行写作，其写作的内容势必会呈现出在这种教育之下，学习者的成长变化。对每一个教育者来

---

① 人智学是鲁道夫·斯坦纳创立的一门精神科学，用科学的方法研究人的智慧、人类以及宇宙万物之间的关系，是华德福教育的理论基础。——编者注

说，这样的成长变化都是一种莫大的激励。同时，对教育变革而言，正是因为有了越来越多的成果出现，才会有越来越多的人敢于尝试创新教育。

所以，各位教育创变者们，现在就开始写吧。从写下第一个句子开始，先写再改，不求完美。正是在不断的书写中，我们开始变得敢写、能写、爱写，直至对写作“轻微上瘾”。

延伸阅读

知识工作者应该如何写作？

史蒂芬·平克说：“写作之难，在于把网状思考用树状结构体现在线性展开的语句里。”作为长期笔耕不辍的写作者，顾远分享了他的经验和做法。

扫码阅读全文

知识工作者应该如何阅读？

作为每年阅读百本以上书籍的知识工作者，这一篇文章是顾远总结的 8 条关于阅读的经验和建议。

扫码阅读全文

27 面对不确定的未来，即兴是一种必备能力

真实的世界从来都是充满风险和不确定性的，人类要想生存和延续，就必须具备随机应变的能力。

无准备，无剧本，一群人通过 6 小时的学习，就能不断地变换场景和角色，表演情景剧、电视广告或是集体创作诗歌，创造出独一无二的现场剧。这不是哪家演艺学院的课堂，而是群岛自 2017 年起，每次集训营的第一天内容，进行即兴创作和表演的，是 20 家教育创业团队的成员们。

2017 年年初，我开始学习即兴表演。很快我就发现，即兴表演的基本原则和体验与创业非常类似，比如不要太把自己当回事，大胆去尝试；在高度不确定的情况下，演进式地推动事情的进展；抓住每一个机会，创造新的可能；对未来保持乐观的态度；通过说“是的，并且……”句式来表达对搭档和团队的充分信任，给予每个人展示创意的机会……所以，当现场有教育创业者对我说用即兴表演的方式做“破冰热身”的主意非常好时，我答道：“这不是破冰，这就是群岛创业集训内容的一部分。”

即兴其实是人的一种本能。真实的世界从来都是充满风险和不确定性的，人类要想生存和延续，就必须具备随机应变的能力。达尔文说过："在漫长的进化史上，占优势的永远是那些能够学会合作和即兴发挥的物种。"这句话在未来可能比现在更加正确，因为只要我们对正在发生的种种变化稍加留意，就不难意识到一个必然的趋势：未来的世界只会变得越来越不确定。于是，**即兴不仅是一种本能，更成为在未来世界生存发展的必要技能。**

有人把即兴发挥比作"灵魂的太极拳"，我觉得非常精当。小时候读《倚天屠龙记》，读到张三丰教张无忌太极剑这一段，印象非常深刻。张三丰教了几轮下来，不问张无忌招式记住了多少，反而问忘记了多少。张无忌越练，忘记得越多，张三丰就越高兴，直到最后张无忌把所学的全忘光了，这才算出师。

当时不太理解，后来明白了，真正的高手过招讲究的是随机应变、见招拆招，更厉害的高手是飞花摘叶皆可伤人，而最厉害的高手则是"一法通，万法皆通"。那些出手一招一式、有板有眼的，不管练得多么勤奋，招式多么娴熟，只要没能做到在实战中即兴而为，都不算真正学会，不管出生在怎样的名门正派，在江湖上都不会是什么厉害的角色。

由此看来，张三丰，或者说金庸，可谓是真正理解教育和学习真谛的人啊。

即兴发挥意味着关注当下，相时而动。很多人应该都有过这样的体验：因为知道下面要轮到自己发言，就忙于自顾自地在心里提前准备，而不去倾听正在进行的讲话，关注正在发生的事情，结果错失了很多有价值的信息，提前准备的内容也未必就是最合适和最好的。

"即兴发挥"和"充分准备"并不是一对矛盾体。但传统的教育方式让我们形成了一种思维惯性，总认为通过学习可以记住所有问题的答案，学得越多，记得越多，准备得越充分，应对问题的时候就越有把握。可在真实的世界中，很多情况下我们根本无法预见会遭遇哪些问题，获得哪些机遇。过度的准备，一切按计划行事，反而会让人笨拙无措，不合时宜，或者丧失机会。

即兴，意味着很多事情都不是计划出来的，但是当机会到来的时候，要敏锐地抓住它。群岛的社群伙伴们曾在全国各地举办过100多场《极有可能成功》的观影会，但其实这一切并不在原本的计划之中。

2017 年年初，我们在讨论如何推动“社会化学习”概念的普及和实践时，偶然想到了这部纪录片。于是，我们尝试联系制片方，结果发现可以申请公映权。然后，我们申请了 4 场在中国的公映，确定了 4 个合作伙伴，并且每一场都有不同的设计和侧重点。这些设计我们以前并没有做过，有很多的风险和不确定性，现场也有不少即兴发挥的成分。最后，这 4 场公映及随后的讨论会都圆满成功。

后来我把这个经历写成了一篇文章，并附上了制片方的联系方式，鼓励更多国内的机构申请公映权。没想到在短短几周内，就有各种教育机构纷纷联系并自行组织公映，美国的制片方特意给我发来一封邮件，邀请我作为“创变推动人”（change agent），担任该片在中国的正式授权代理人，这才有了后续的 100 多场观影会，如同一颗小石子投入池水中荡起的一圈圈涟漪。这件事给我的感悟是，保持即兴的状态，抓住每一次机遇，推进自己想要做的事情，这就够了。

既然即兴是为了应对不确定性而主动采取的行为，那么它就必然要求行事者具备一定的心理素质，敢于承担风险，信任伙伴，并保持乐观和自信。而这样的“即兴力”，就像肌肉一样，每个人都有，但是需要不断练习，越练越强健。只有这样，才能脱离固定的“剧本”，特别是别人写好的“剧本”，不断地创造可能性，开启无限的未来。

这样的即兴人生，你敢过吗？

EDUCATION 3.0

28 批判性思维的教育和教育者的批判性思维

培养批判性思维能力，培养的不仅是寻找答案的能力，更是提出问题的能力。

批判性思维的能力极为重要却又长期被忽视，甚至经常被有意无意地压制。我一直认为学校里最应该开的课就是批判性思维课，而作为教育者，如果我们希望培养学生的批判性思维，那我们自己首先应该是一个具有良好批判性思维能力的人。

那么，教育者的批判性思维能力究竟如何呢？你不妨思考如下几个情境中的问题：

- 在一家幼儿园里，一个孩子把同学推倒了，同学受伤流血了，这个孩子却像没事人一样有说有笑。如果你是在场的老师，第一反应会是什么？
- 在一个小学的课堂上，一位学生问老师：“为什么在上课的时候我不能唱歌呢？”如果你是那位老师，你会如何回答？

- 在一所创新学校里，一位老师困惑于自己该不该在课堂上讨论社会议题时，明确表达自己的观点，他担心这会影响学生的独立判断。你又如何理解这位老师的担心呢？

这些年，教育领域对批判性思维的重视程度越来越高，各类核心素养框架里总少不了它，很多创新学校在自己的办学特色里，也会有意识地突出批判性思维。伴随人类进入人工智能时代的脚步，批判性思维更是被视作抵御人工智能威胁、保持人之为人的最后特质之一。有意思的是，当教育者对批判性思维的重要性不假思索地接受时，这种行为本身就是缺乏批判性思维的表现；而当一些教育者用灌输的方式提升学生的批判性思维时，这种教授方式本身恰恰就是有悖批判性思维的。

2016 年，我主持了一场关于“教育领域里的批判性思维”的研讨会。我向与会专家提出了以下几个问题，每一位教育者不妨也都思考一下，看看自己对批判性思维的理解究竟是怎样的：

- 批判性思维的本质是什么？
- 批判性思维和逻辑性思维的关系是什么？
- 批判性思维为什么会影响一个人的创造力？
- 有人认为批判性思维就是辩证法，凡事都有正反两面，有利有弊，有对有错，你对这个观点怎么看？
- 都说真理越辩越明，真的是这样吗？如何做到呢？
- 如何运用批判性思维抵御大众文化、大众传媒对人的认知的影响？
- 有人说，如今获取信息的碎片化方式无助于批判性思维的养成，有人则说，今天借助互联网可以获得大量信息，特别是其中含有很多不同观点，而这会有助于提升人的批判性思维。你怎么看？

现场讨论的问题还有很多。作为一场教育领域的研讨会，讨论最终集中到了这个话题：**教育者应该如何培养学习者的批判性思维能力？**

有一次，我在去成都先锋学习社区参加理事会时，顺便观摩了一整天他们的日常教学。在下午的一堂导师课上，先锋学习社区的创始人刘晓伟和几位学生讨论何谓“愚蠢”。他在白板正中心写了一个大大的“STUPID”，然后问学生，能不能举几个例子，说明他们各自心中愚蠢的人或者行为。

然后，刘晓伟又在白板上画了一个十字坐标，分享一位美国学者的观点。这个坐标的横轴是“利己与否”，纵轴是“利他与否”，于是，人和行为就被分为4类：“利己又利他”的是聪明人，“只利己不利他”的是盗贼，“只利他不利己”的是无助的可怜人，而“愚蠢”就落在“既不利己又不利他”这个象限里。“为什么我们要关注‘愚蠢’呢？”刘晓伟说道，“因为这类人以及他们的行为无法预测。”

见我在场，刘晓伟还特意引用了我以前和他半开玩笑地提过的“与笨蛋打交道的三个原则”：“不跟笨蛋玩，不为笨蛋生气，不告诉笨蛋他是笨蛋。”学生们听后有人乐了，有人皱眉沉思。接下来，师生们共同观看了电影《阿甘正传》的前半部分。在这部影片里，主人公阿甘从小到大都被人称作“笨蛋”。“那么，你们觉得阿甘是笨蛋吗？为什么？”刘晓伟继续向学生们发问。

关于“教育者应该如何培养学习者的批判性思维能力”，这堂课便是一个很好的例子。

我们常说应试教育是死记硬背的教育，也是洗脑的教育。这种教育不仅给出了标准答案，事实上，它还首先给出了标准的问题，而这些问题又定义了什么是值得思考的，亦即思想的边界，由此也就定义了世界和社会的规则体系及观念体系，塑造了我们的意识和下意识。

> 培养批判性思维能力，培养的不仅是寻找答案的能力，更是提出问题的能力。

遗憾的是，在很多学校里，尽管批判性思维已经得到了重视，但是教授的方式却是模式化的，教授的内容只是一系列的分析套路和辩论技巧。对学生们而言，学校不过是又开了一门课而已。学生们充其量只是掌握了一些批判别人观点的技能，但不能有效建构自己的立场。最危险的是，学生们甚至会开始习惯于进行破坏性的批判，变成一个技能娴熟但没有情感温度和价值判断的旁观者，一个“杠精”。这种培养批判性思维的方式，本身就是反批判性思维的。

不管是单独开设一门批判性思维课程，还是把批判性思维融入各个学科的教学中，教育者都理应为学习者拓展出更丰富、更有价值的学习空间，并使其有助于观照学习者在真实生活中遇到的真实问题。怀特海说过：“任何一门课程，它的大部分内容都应该针对生活本身，其主要课程内容都应该是精彩的，而非零散的片段，旨在激发学生对世界、对人类居于其中的场所产生疑惑、敬畏和欣赏之情。”这句话用在培养批判性思维上尤其合适。

在那场研讨会上，关于如何培养学生的批判性思维能力，我同样提了几个问题，大家不妨也都思考一下：

- 把批判性思维融入学科教学，在人文社会学科中往往更容易理解和实施，那么在数理化这样的学科中要如何实现呢？
- 不同年龄段的学习者在学习批判性思维时有哪些差异？关于这一点，教学上有哪些经验可以分享？

- 教育者努力培养学习者的批判性思维，但考试却是标准化的，怎么办？

我当时还提出了其他几个相关的问题，但有一个话题因为时间关系没来得及探讨，我觉得非常有意义，那就是：**教育者应该如何运用批判性思维反思教育本身？**

如果你读过《去学校化社会》（*Deschooling Society*）、《被压迫者教育学》（*Pedagogy of the Oppressed*）和《后现代与复杂性教育学》（*Postmodern and Complex Pedagogy*）这样的书，或者读过群岛的很多文章，那对这个话题一定不会陌生，想必也一定思考过类似下面这样的问题：

- 每个人都应该学习数理化吗？
- 什么样的知识是值得学习的？
- 一个受过教育的人是什么样的？
- 什么是真正的教育公平？
- 教育的本质是什么？

这些问题看似和日常教学没有直接关系，却深刻影响着我们作为教育者的思想和行为，而教育的变革，也正有赖于我们对这些问题的积极思考。

EDUCATION 3.0

29 你具备提出真正问题的能力吗

问题的层次反映了思考的层次，也决定了决策的层次。

我们常常发问，但提不出好的问题

教育创业者们并不都有能力思考真正重要的问题。事实上，很多教育创业者根本提不出真正重要的问题。

在一次关于创新教育的交流会上，几位教育创业者围绕一所国外创新学校的案例“积极地”提出了各种问题，包括“这所学校允许孩子们用刀具，万一出了事情，责任算谁的？”“这样的学校招聘老师困难吗？老师的薪水是多少？”“学校的面积有多大？学校是怎么规划布局的？”……有意思的是，没有人询问“这所学校的教育理念是什么？”“学校的组织运营和教学设计是如何体现它的理念的？”之类的问题，而这类问题不是更具启发意义，更应该先去了解吗？

我在平时与各种教育创业者对话的过程中，也经常遇到类似的情形。一些教育创业者总是会直截了当地询问：“我们的产品如何更快地进入公立学校？”或是：“我们的课程要怎么优化才能吸引更多家长，实现用户指数型增长？”他们也期待获得一个同样直截了当的回答。

这样的提问，常常让我想起一个经典的案例。美国铁路公司找到世界著名的设计咨询公司 IDEO，询问：“如今乘坐火车的人越来越少了，能否请你们帮我们重新设计和改进车厢环境，来提升乘客的体验，让更多的人愿意乘火车出行？”IDEO 的回复是：“如果仅是让我们来改进车厢环境，这个单子我们不接。”

猜猜原因是什么？因为美国铁路公司提出的问题里已经暗含了他们对所要解决问题的理解，并且已经包含了他们认为正确的解决方案，即改造车厢环境就能解决乘坐火车的人越来越少的问题。

好在最后美国铁路公司接受了 IDEO 的建议，双方开展合作。他们分析了从用户决定要出门，到买票，再到上车，甚至到下车回到住处的体验全流程，重新定义了所要解决的问题，并最终提出了更有效的解决方案。

为什么很多创业者提不出好的问题

究竟为什么很多创业者提不出好的问题呢？最直接也最容易理解的原因是：他们太忙了，忙于应对创业过程中大量琐碎、紧迫、棘手的事务；他们也太急于求成了，往往凭着直觉和经验提问，然后期待一个现成的答案。

在更深的层次上，我们会发现，不仅很多创业者不会提问，其实很多成年人也不会提问，甚至根本不提问。童年时那个爱问“十万个为什么”的孩子到哪里去了？这恐怕得从教育上找原因。

今天主流的教育仍然以灌输知识为主要职能，评判学习者好坏的标准不是看他提出了什么样的问题，而是看他能不能给出标准答案。孩子好不容易长大了，进了职场，环境还是类似的。人们受到奖励不是因为提出了好的问题，而是因为知道问题的答案。长此以往，我们变得越来越不会提问了。殊不知，**只有提出好的问题，才能有更好的答案。**

为什么提问的能力对创业者如此重要

对创业者来说，具备提出好问题的能力至关重要。按照问题和答案的确定性，我们可以区分出 3 种情境：

- **问题是确定的，答案是确定的。**典型的例子就是学校教育里的标准化考试题。
- **问题是确定的，答案是不确定的。**典型的例子是技术研发，创业者也经常面临此种情境。
- **问题是不确定的，答案也是不确定的，这是创业者经常面临的情境。**比如创业之初，我们往往既不知道用户是否真的有这个需求，也不知道什么样的解决方案是最有效、最能提供价值的。

真正的创业者，总是在为已有的问题寻找更有效的解决方案，需要从新角度找到突破；或者是在探索一个别人压根儿没有注意到的问题，也就更谈不上有现成的解决方案了。创业者正是通过提出一个个好的问题，来驱动自己对未知的不断探索，也是通过提出一个个好的问题，来实现持续的创新。

当所有人都在预测“接下来的10年里会有怎样的变化”时，贝佐斯提出的问题是“接下来的10年里什么是不变的”。对这个问题的回答，决定了亚马逊应该把全部的精力倾注在哪些领域，也最终决定了亚马逊今天的行业地位。

> **创业者首先要判断的是该做什么，为什么，然后才是怎么做。问题的层次反映了思考的层次，也决定了决策的层次。**

很多创业者之所以陷入救火队员的状态，整日疲于应付，正是因为他们只能提出低阶的问题，随之匆忙做出低阶的应对决策。

比如，当一个教育创业者在思考“我该如何回应这个家长的需求”之前，先要问问自己的是：“我要服务的对象究竟是谁？我的目标是什么？”然后才能到下一阶：“我是否有必要回应这个家长的需求？”因为，也许某一类家长根本就不应该是他的用户。而在回答了这些问题之后，才是那个低阶的问题：“我该如何回应？”

提不出好的问题，就不可能做出好的决策；提不出正确的问题，就有可能做出糟糕的决策。德鲁克对此有着精辟的论断：

> 卓有成效的管理者知道，最差的决策就是对错误的问题做正确的决策，因为这将是无法修正的。如果对正确的问题做了错误的决策，通常还有机会脱离苦海。所以，一开始必须明确的是，要对什么问题做决策。

归根结底，**问题的水准反映的是提问者的水准。**

德鲁克非常尊敬通用公司的前CEO阿尔弗雷德·斯隆（Alfred Sloan），并经常引用他的事迹来论述自己的观点。在德鲁克看来，用人的决策是组织中最重要的决策之一。有一次，通用公司高层提议把一位候选人提拔到更高的职位，因为大家一致认为“这个人处理危机的手腕让人啧啧称道，把问题解决得尽善尽美，而且能以沉着冷静的态度防患于未然”。此时，斯隆提出了在整场讨论中自己的唯一一个问题：“你们说的这位先生的记录可真是辉煌灿烂。但是，请解释一下为什么他会碰上那么多的危机，之后又处理得那么天衣无缝呢？”

什么是好的问题

前文中我们把学习的内容分为三类，即信息式、结构式和转化式。我们可以借用这三个分类来区分创业者们提出的那些问题，不同类型的问题，有各自不同的功用。

第一类，信息式的问题。这类问题往往是为了同步信息，确认对方对事情性质的理解，避免默认对方已经理解而实际上并没有达成共识，或者明明对事情不够了解却自行“脑补”的情况。对“设计思维”熟悉的创业者都知道，产品设计中很重要的一个步骤是列出“我们对这个领域或者要解决的问题已经有了哪些了解”，此时，提出的问题便是信息式的。

我在与创业者的对话中，也会经常问“你为什么会这么认为？”“关于这个事情，还有什么可以告诉我的吗？”之类的问题。这些也都是信息式的问题。

第二类，结构式的问题。这类问题最大的作用，是在已有信息的基础上进行模式的提炼和迁移，并从中获得洞察和启发。比如我在与创业者的对话中会提这样的一些问题：“通过刚才介绍的几个让你印象深刻的用户，你能发现他们有什么样的共性吗？”“为了解决你关心的这个问题，你觉得还需要哪些信息，哪怕这些信息与这个问题看上去没什么直接的关系？”“你觉得还有其他什么领域也有类似的问题吗？”“你觉得这个功能还能应用在其他哪些领域？”“如果这个人是这家机构的负责人，你愿意让自己的孩子在他手下工作吗？”……

为了更好地提出和回答这些问题，有时需要借助一些工具、方法，以及一定的协作技巧。

第三类，转化式的问题。这类问题一般都很“大胆”，往往是一些别人不曾想过的根本性的问题，对这类问题的反思和回答，能帮助我们挑战假设，发现问题的根本原因，并就此引发行为和决策上的重大改变。

> 就本质而言，转化式的问题往往都会带来心理上的转变，也就是从根本上改变我们对事物，包括对那些原本很熟悉或者默认有共识的事物的认知方式，以及自己的心智模式。

以下就是一个典型的转化式问题的例子。记者问德鲁克：“您闲暇时间里都做些什么？”德鲁克不假思索地反问：“请告诉我什么是闲暇时间？”

乍一听，德鲁克好像是在说自己忙得都没有闲暇时间了，但深想一下就会意识到，德鲁克用这样一个问题指出，记者的问题背后默认了一个前提，那就是把时间区分为工作时间和闲暇时间，而这个前提，在德鲁克那里并不成立。

德鲁克提出过的最著名的转化式问题恐怕要数他的“事业三问”：

- 你的事业是什么？
- 你的事业应该是什么？
- 你的事业将会是什么？

这三个看似文字游戏般的问题，其实是在从三个角度帮助创业者们反思自己的事业。

第一个问题问的是事业的根本性质是什么；第二个问题问的是当下事业的性质与你的初心一致吗，它的性质还可以如何定义；第三个问题问的是基于各种内外部条件的变化，事业的性质将会如何变化。

这让我想起我在乌干达旅行时的一次经历，当时我住在一个很棒的民宿里。有一天，我偶遇了民宿的创始人，他是一个美国人。10 年前，他来到乌干达旅行，喜欢上了这里，于是在这里定居并开起了民宿。我问他："你觉得你做的究竟是什么事业？"他告诉我，起初他觉得自己就是一个开民宿的，自己喜欢，自娱自乐。后来，他发现自己雇用的当地人在工作中获得了成长。这些人原本在其他地方是很难获得好的教育和工作机会的。于是他开始有意识地培养员工的技能，并在这些员工熟悉了运营一家民宿的全部业务后，鼓励他们独立出去，去别处开自己的民宿，而他会拿出一部分资金，作为对员工开办民宿的初始投资。

这位美国人告诉我，他后来逐渐意识到，自己真正的事业并不是开民宿，甚至不是旅游业，而是"社区发展"。他发展了员工的技能，创造了独立自主的就业，保护了当地的自然环境，也保留了当地的生活方式和文化，而这正是他真正的兴趣和价值所在。

这些年来，已经有不少员工变成了独立的民宿主，而这位美国人的日常工作，也从经营一间民宿变成了经营一个旅游平台。通过这个平台，他一方面不断培养更多合格的旅游从业者，另一方面为旅行者设计整套旅行方案；而具体的服务，包括提供民宿、组织漂流和参观猩猩等，其提供者都是原来的员工和他们雇用的当地人。

对这个美国人来说，从所创造的价值到用户的真正类型，再到提供的系列服务以及可持续发展的模式，全都因为一个新的界定而发生。

关于“第一性原理”的问题

转化式的问题中有一类问题特别典型，这类问题可以把看似错综复杂的难题化为一个或少数几个最为根本性的问题，我把它称为关于“第一性原理”的问题。刚刚提到的贝佐斯提出的问题，便属于此类问题。

在群岛 2016—2019 年对教育创业团队的筛选中，我们会给每一个候选团队发一封邮件，其中包括一个故事和三个问题。那个故事讲述了莱特兄弟是如何发明第一架飞机的。在莱特兄弟之前，已经有很多人尝试了各种办法试图飞上天，但是都没有成功。莱特兄弟在反复试验的过程中，逐步把这个难题分解成了 3 个根本性的问题：

- 第一个问题是，“我们怎样保持不从空中掉下来？”其他飞机设计者关心的是“如何飞上天”，而莱特兄弟意识到，最容易被忽视的飞行系统，既不是升力系统也不是推力系统，而是控制系统。
- 第二个问题是，“公认的空气动力学设计表是否正确？百年来一直沿用的升力系数是否正确？”此前从没有人就此提出过怀疑，而莱特兄弟基于自己大量的飞行数据，敢于提出此疑问。
- 第三个问题是，“我们需要怎样的引擎和螺旋桨才能把滑翔机改造成飞行器？”解决了这个问题，飞机才可以稳定、自主地长时间飞行。

在看过莱特兄弟是如何从提出根本性问题出发，逐步找到解决方案的案例之后，我们又在邮件里给候选团队提出了 3 个问题：

- 就像莱特兄弟把飞行简化为 3 个最需要解决的根本性问题那样，你能把目前正在做的产品或者创业项目简化成几个最基本，但又最让人“抓狂”的待解决问题吗？为什么这几个问题是最基本、最关键的呢？
- 对这几个关键问题，你将从哪里入手解决？
- 这几个关键问题里，哪一个是你作为创始人在接下来的一年里最关注的呢？为什么？

第一个问题就是一个典型的“第一性原理”问题，而对这三个问题的思考，也是每一位创业者的必修功课。

创业者如何提升提问的能力

好的问题并不等于古怪的、刁钻的或晦涩难懂的问题。相反，**好的问题是清晰透彻、简明扼要、发人深省的，往往还能再引发一系列的好问题。**其实对创业者而言，好的问题是有章可循的，特定的情境、挑战和困难，往往都对应着特定的好问题和好的思考分析框架。

比如，我们会不断向群岛里的创业团队提的那个经典的“群岛三问”：“你究竟在为谁解决什么问题，创造什么价值？”这个“群岛三问”背后的思考分析框架就是创业过程中“用户—问题—解决方案”的匹配原则。

对创业者来说，**提升提问能力，首先并不是要去掌握和理解这些思考分析框架，而是保持一种“无知”的心态。**这也是乔布斯的一句名言：“保持饥饿，保持愚蠢。”

德鲁克可能是世界上最成功、最知名的企业管理咨询顾问，帮助过大量的创业者和企业家。他的学生曾经问过他成功有没有什么秘诀。德鲁克的回答是：**“没有秘诀，你只需要问出正确的问题。”**

这名学生于是接连提了3个问题：“那么你是如何知道该问哪些问题的？你的提问是基于你对相关行业的了解吗？当你首次做顾问时，在毫无经验的情况下，你是如何拥有做这份工作的知识和专长的？”德鲁克答道：“当我提问或承担咨询工作时，并不是基于知识和专长。恰恰相反，我完全把我的知识和经验放在一边，以无知的心态进入公司，这是无论在什么行业，帮助他人解决问题的最重要因素。”

德鲁克进一步解释了为什么“无知”的心态很重要：“第一，你所知道的往往是错的。第二，寻求答案要先抛开任何预设。”

行文至此，读者可能会留意到我已经多次举德鲁克的例子，但德鲁克并不是一位创业者，而是咨询顾问和创业导师。我举他的例子一方面是因为德鲁克提出的很多问题正是创业者们应该关注的真正重要的问题；另一方面是向优秀的咨询顾问和创业导师学习，也是快速提升创业者提问能力的好方法。

> 每一位创业者都应该找到一个或几个真正关心自己事业的导师或顾问，定期交流，认真思考对方给自己提出的问题，同时反思这些问题背后的逻辑是什么，由此便可以不断提升自己的提问能力，让自己也能提出好问题。

说到这里，创业者也应该意识到，要想识别一个咨询顾问或者创业导师的水准如何，一个重要的判断标准就是对方能否提出有价值的问题，而非能否很快地回应你提出的问题。事实上，有些所谓的顾问或者导师，仅凭短暂时间里的几句对话，就开始长篇大论地给创业者提各种建议，其方式和效果都大可存疑。

最后，提出好的问题，不仅是创业者自己要提升的能力，也是整个团队里每一个人都应该具备的能力。所以，在团队中创建一种鼓励提问的氛围是非常重要的。或许，创业者应该先给自己提出的一个好问题就是："我该如何在团队中创建一种鼓励提问的文化呢？"

第五部分

应对挑战：
教育创变者如何开创可持续的模式

EDUCATION

3.0

能看见，
能洞见，
有远见，
由此才能有担当。

EDUCATION 3.0

30 “三见”，是每个教育创变者必备的能力[①]

远见并不是说你具备看穿三年以后未来的能力，而是说你可以去重新定义那些熟视无睹的词，找到你所赋予它的意义，并让它成为你行动的指向，从而开拓你所认可的未来。

在一次教育创新论坛上，大家谈到，好的教育创业者先要是一个有担当的人。然而，何为“担当”，大家的理解各有不同。

“担当”本是一个日语词，所以我特地去查找了日语的意思。我找到了这样 3 个解释：有勇气，能执行，需要负责。

这就引发了我的思考：胸口贴着一个“勇”字，对任何事情都说“放着我来”，就叫有担当吗？把事情做完，就叫有担当吗？因为自己是一个项目主管或者班长、经理等有职位的人，需要对某些事情负责，就叫有担当吗？担当所需要的，只是一个意愿吗？

① 此章由周贤撰写，原为 2019 年乡村教育夏令营发展论坛上的演讲。

在我看来，担当不仅是一个意愿，也不仅是一连串的动作，更不仅是一个职位或头衔。担当，首先是一种能力，也就是我想说的“三见”的能力：能看见，能洞见，有远见。由此才能有担当。

看见

我的工作内容决定了我需要经常出差。有一次我住进了一家宾馆，结果刚刚打开衣柜门，衣柜中间的一块隔板就掉了下来，砸在我的脚上，疼得我一下子跳了起来。于是我就把宾馆的经理找来了。这位经理的第一句话就是：“对不起，对不起。”第二句话是：“这块板怎么又掉下来了！”第三句话是：“这是一批新柜子，是我们的工人没装好，我马上就叫他来修。我马上给您拿红花油。”

大家觉得这些话是真实的吗？是真实的。是真心的吗？也是真心的。那隔板修好了吗？修好了。

三天后我离开这家宾馆，去前台结账时，旁边有位跟我同样住店的客人对前台的工作人员说：“你们这个柜子太有问题了，隔板掉下来差点儿砸了我的脚，幸亏我闪得快！”前台工作人员说：“您没事吧？”这位客人说：“我赶着要走，来不及了，你快帮我把手续办了吧。”

我仔细观察了一下，前台工作人员迅速把手续办完，然后客人就走了，那位工作人员接着忙其他的工作去了，并没有把这件事情记录下来。所以事情解决了吗？没有。

很显然，他们都只看到了当时眼前的一个点，紧急地处理掉了，却没有看见整体。我很想找到这位经理，连续地问无数个“为什么”：“为什么隔板会掉下来？”“因为工人没有把钉子钉牢。”“那么为什么工人没有把钉子钉牢呢？”“可能是因为工人的培训没有做好。”“为什么工人的培训没有做好呢？”这后面可能还有深层次的原因。

“为什么第一次有隔板掉下来之后，还会有第二次出现同样的问题？”“为什么前台工作人员在听到这样的事情后，却没有和几天前类似的事故联系起来？”“为什么一批新柜子，没有人进行全面的检查？”……

看了，却没有看见真正的原因；处理了，却没有解决真正的问题。那么当我们在看的时候，究竟看见了什么？

怎么才能更好地看见呢？最简单的方法就是多问一些为什么。最起码连续问 5 个为什么。通过问更多的为什么，你才能看见全局，看见体系，看见逻辑，而不是急急忙忙地去解决眼下的那个点。

洞见

我有一位朋友，曾经支教过半年。她讲了这样一个故事：有一次，一个平时很害羞不爱说话的小姑娘，找她要了一个苹果。她以为小姑娘饿了，而她当时手头上正好有事情，所以匆匆忙忙塞给小姑娘一个苹果，就去忙其他的事情了。

奇怪的是，她发现小姑娘没有马上吃掉这个苹果，但这个小姑娘后来也没有再找过她。她过后自我反思，说了这样一段话：“孩子跟你要一个苹果时，她想要的或许并不是一个苹果。如果你真的给了她一个苹果，她就以为你只能给她一个苹果。”听起来虽然有点绕，但这段话展现了非常好的洞见：孩子的需求可能是获得关注，或者一段陪伴的时光，苹果只是她展示这个需求的一个契机、一个工具、一个手段而已；但我们只给了她表面上的苹果，却没有回应她真正的需求。当我们对孩子背后的真正需求产生洞见的时候，我们能给的就不只是一个苹果了。

怎么才能更好地洞见呢？当你不由自主地发出各种各样的拟声词，比如“咦？”“啊哈！”“嗯？”的时候，当你看见那些意外、矛盾、冲突的时候，抓住它们不要放过，因为在这些的背后，很可能藏着更深的洞见。

远见

这个词经常在管理学、领导力的培训中见到，比如说提升你的远见，好像所谓远见就是你能够探测未来、洞见未来、穿越未来，可以把三年、五年后的事看得很清楚、说得很准确。

可是这也常带给我们很大的困惑：世界这么复杂，信息如此多元、错综，我们还年轻，经验也有限，怎么能预测到三年、五年以后的事情？

这里我想说说，什么是真正的远见。有一次，我跟“大儿童”一起做面向公众的对谈。他们介绍自己做教育创新的故事，分享了很多体会。在这次对谈上，或者说几乎在每一次这样的教育创新分享活动里，人们都不免要问同一个问题：“你们做教育创新，做得是很好。可是太小众了，你们怎么生存？怎么活下去？怎么规模化发展？”“大儿童”的创始人晨曦是这么回答的：

> 在讨论生存、活下去、规模化这些问题的时候，我们首先要重新定义什么是生存。
>
> 什么是你所认为的生存？什么是你所认为的规模化？对我们“大儿童”来说，老师的工资在当地还算好，我每天做着自己想做的事情，每天都在成长，家长也越来越认可我们，我们在一步步往前走，我觉得我

们活得挺好。

我们并不认为规模化就是开无数的店或者开辟无数新的场所。我想，规模化是我对教育理念的实践。这是我所定义的规模化。

他们也确实是这么做的。

所以什么叫远见？远见并不是说我们具备看穿三年、五年甚至更久之后的未来的能力，而是说你可以重新去定义那些熟视无睹的词，找到你赋予它的意义，并让它成为你行动的指向，从而开拓你所认可的未来。

“三见”的能力源于生活

掌握“三见”的能力，成为有担当的人，其实是从生活中开始的。

我们在群岛经常会一起探讨生活中的各种“三见”，还会把它做成广播节目，分享给更多的伙伴。有一次，顾远分享了一个生活中的“三见”。他说，自己在雾霾天参加活动的时候，会发现一个问题，他经常是现场唯一戴口罩的人，而且身边的人看他戴着口罩都很同情他，说“南方人不习惯这里的天气”，或者说“还是你会保养、会保护嗓子”，还有人说“今天算好的了，前两天雾霾指数更高”。

“于是这里就产生了一个洞见，”顾远说，“我忽然意识到，此时戴口罩有三种作用：第一，保护自己脆弱的呼吸系统；第二，与人群中那些少数的‘异类’共情；第三，无形的倡导。”

在这样的“看见”和“洞见”之后，顾远重新定义了戴口罩这个行为背后的意义。所以在他后来参加的众多活动中，只要是雾霾天，他都会戴上口罩。

在一次成都举办的教育论坛上，顾远和另一位嘉宾都戴着口罩。那一天，成都的空气质量指数高达 180，而全场 200 多人，没有一位意识到这个问题。全场只有两个人戴着口罩，看起来有点奇怪，很多人主动询问：“你们为什么戴口罩？”于是他们解释了自己的原因，并告诉人们这个行动背后的意义。

会后，有几位看到他们戴口罩的参会者还想到了一个新的主意：下次可以将白色口罩和彩绘笔提供给参会者，每个人都可以绘制自己的彩色口罩并骄傲地戴上。这样，大家都会觉得：可以戴口罩，应该戴口罩，而且也没有什么不好意思的。

你看，**生活中的一场“三见”变成了一种新的可能。**

同样，我们还可以在伙伴中练习自己的“三见”能力。群岛还发生过这么一件趣事。有一位教育创业者忽然发现了一个问题，他说：“你们有没有注意到，《小猪佩奇》中文版里的普通话，无论是妈妈还是乔治，都操着标准普通话；但是如果你去看英文版就会发现，里面有各种英语口音，有些是法国口音，有些是伦敦本地口音，有些是威尔士口音，并没有统一。”

他把这个“看见”分享给大家，于是大家开始从各个角度展开不同的“洞见”并重新定义的“远见”。

大家谈道：“多元视角开始从孩子们的视野甚至思想中消失。”“有一天《小猪佩奇》中文版里会不会出现‘粤普’‘川普’‘沪普’甚至‘藏式汉语’？”“如果语言只是交流工具，口音有那么重要吗？”

甚至有人谈到，在语言学的某个层面上，口音被赋予了价值判断，变成了我们评判人的标准，将我们面前这个想跟我们交流的人刻板化了。我以前还真没想过这个问题。

不仅如此，群友们借“看见”和“洞见”又想出了新的活动：大家找了一首诗，然后用各种方言去朗读它。很快，10 人，15 人，20 多人，都用自己的方言朗读了同一首诗。我们还把这个活动做成了一张海报，放在微信朋友圈里去传播，告诉其他朋友这件事。后来很多社群之外的朋友也参与了这个活动。

如果没有一开始的“看见”“洞见”和“远见”，那么用方言读诗就仅是一项好玩的活动，大家可能做完就一笑而过了。但正是群友们一起讨论过的“看见”“洞见”和“远见”，让整个活动有了不同的含义，并让我们无论在教育工作上，还是在日常生活中，都有了不一样的行为，从而就带来了不一样的未来。比如，我以前也会不由自主地根据一个人的英语发音是否标准来判断他的英语水平。这一次之后，我就会觉察到这一点。

在我的教育工作中，有些孩子会歧视农村来的孩子，或者歧视插班生，以前我只会告诉孩子们不要这么做，但现在我可能就会带领孩子们去阅读方言、朗读方言，去领略其中的美，从而理解什么是多元性。于是这样的远见又带给我新的行动，产生新的可能，并带来了新的“味道”。

最后，也是最重要的一点，“三见”从什么时候开始？从今天开始。在每一天具体的工作和生活中，我们都可以问一问自己：今天我“三见”了吗？我能不能主动去看看更多的东西，问出更多的“为什么”？或者在发现自己说出“咦？”“啊哈！”“嗯？”等拟声词的时候，能不能及时抓住并重新定义自己以前的认知？或者用新的认知指导自己的行动，从而创造不一样的未来？

欢迎你也成为一位“群岛三见客”。

EDUCATION 3.0

31 什么样的组织架构适合教育 3.0 的创业团队

任何设计系统性产品或者服务的组织，都必然产生以下设计结果，即产品的结构就是该组织沟通结构的写照。

——康威定律

组织架构有多重要

有一个教育创业团队给我发了一份他们的业务计划书，说是希望打造一款真正面向教育的、灵活敏捷且以人为本的教育产品。

我翻开这份计划书的中后部，便看见了一张层级分明的组织架构图，如图 5-1 所示，心里不禁暗叹：如果你们的团队真是按照这张图来沟通和运作的话，那么要开发出你们心目中的“灵活敏捷且以人为本”的产品，着实存疑。因为“产品必然是一个组织沟通结构的缩影”。

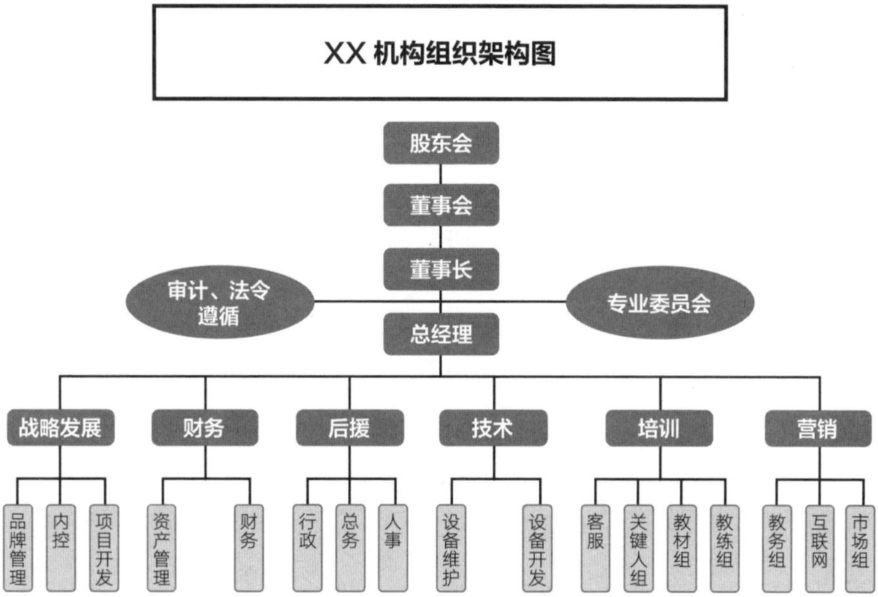

图 5–1　层次分明的组织架构图

这句话来自康威定律。梅尔文·康威（Melvin Conway）是一位毕业于凯斯西储大学的数学博士，参与了多个知名的软件开发项目，如 Pascal 编辑器的开发等，成为知名的科学家和技术开发专家。康威在他的职业生涯中观察到一个现象：团队开发的产品是对公司组织架构的反映。这个观点被称为“康威定律”：

> 任何设计系统性产品或者服务的组织，都必然会产生以下设计结果，即产品的结构就是该组织沟通结构的写照。

说白了就是，什么样的组织架构，就会产生什么特性的产品和服务。另外，组织架构的本质并不是一张事先画出来的框架图，而是基于人们在真实情境下与谁沟通、如何交互、如何协作而产生的关系图。

我们来看图 5–2，这是一副刊登在《纽约时报》（*The New York Times*）上的漫画，是设计师马努·科内特（Manu Cornet）绘制的国外六大科技公司的组织架构图，这六家公司分别是亚马逊、谷歌、Facebook、微软、苹果和甲骨文。

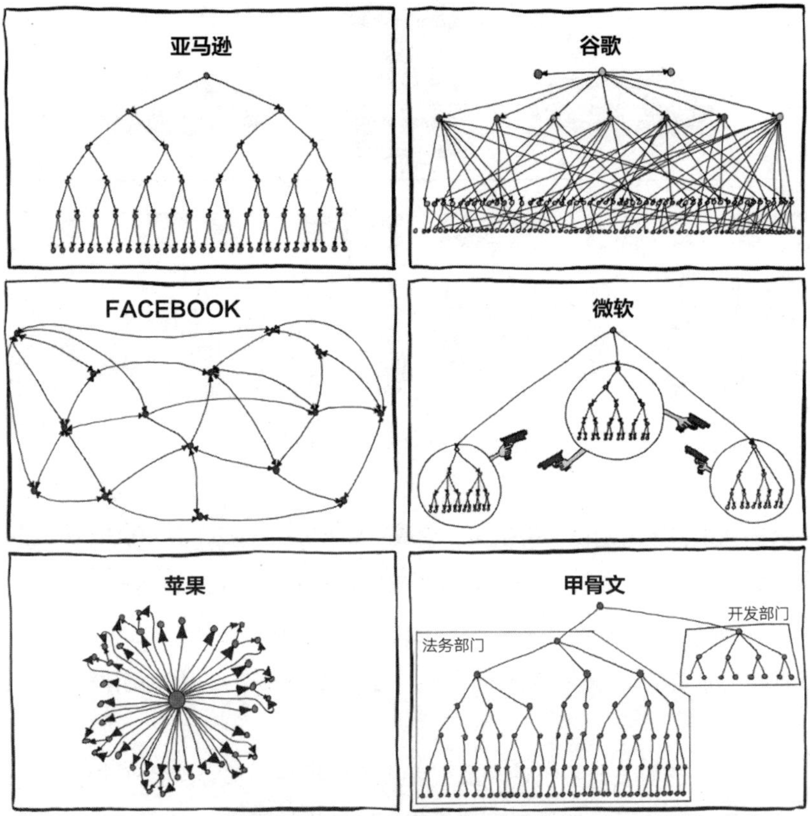

图 5-2 六大科技公司的组织架构图

资料来源：https://bonkersworld.net/organizational-charts。

从图中可以看出：亚马逊有着严格的等级制度；谷歌也有清晰的等级，但是部门之间相互交错；Facebook 就像一张分布式的网络；微软则是各自占山为王、“三足鼎立”，虽然有 CEO 高高在上，但是内部已经乱作一团；而苹果之前一直是乔布斯一个人说了算；最具讽刺意味的是最后的甲骨文，法务部门远远大于开发部门。如果映射到不同公司的不同产品气质，相信大家顿时会心领神会。

当然，这些都是 2011 年的组织架构模式了，如今几乎所有的大型公司都在进行组织转型。尤其是微软，2014 年印度裔 CEO 萨蒂亚 · 纳德拉（Satya Nadella）上任以后，带来了截然不同的公司文化，并由此推动了微软一系列的产品创新和战略变革，让微软在时隔多年后的 2020 年，超越了谷歌、苹果等公司，市值再次跃居全球第一。有意思的是，纳德拉在他的自传《刷新》（*Hit Fresh*）一书的前言中，提到了这幅《纽约时报》上嘲讽微软公司文化的漫画。他说，正是这幅漫画坚定了他大刀阔斧变革组织的决心，彻底去除微软原先"各自为政、竞争至上"的企业文化。

康威定律界定的是组织的架构和沟通方式决定产品的形态。那么为什么提到沟通方式？为什么沟通会影响产品和整个系统的运作？

很简单，越是由知识工作者组成的组织或者社群，主要的产出力量就越是来源于人。**对一个由知识工作者为主体构成的组织来说，取得高效协作的前提就是人与人之间沟通的有效性。**

关于组织架构的三个假设

由此，很多人就会产生一个新的疑问：成立公司或者创立组织，不是往往都会先画一张组织架构图，才能去招人吗？难道不是有了这样一张图，才能知道什么事情找什么人，从而确定彼此的工作权限和边界；有了这样一张图，看起来才像个公司或组织，而不是一个"草台班子"？

其实，用线框画出组织架构平面图的做法，暗含着三个假设。

第一个假设：所有公司的组织架构都是类似的，与所处的环境、行业、团队背景、时代变化等没有关系。

德鲁克在几十年前就曾预言，未来的时代都是“知识工作者”的时代。他还进一步论述道：“知识工作者比科技、信息或电子商务更可能改变组织的未来。”而知识工作者能够创造价值最重要的因素就是“自我管理，自我认可，自我创新”。德鲁克在他的文章中指出，这样的人能够做到：

- 坚持追求自己设定的目标与愿景；
- 尊重工作的完整性，不流于平庸；
- 将终身学习融入生活之中；
- 建立一套自己检验绩效的方法；
- 一旦工作发生改变，就会用新思维接受新工作的挑战。

那么我们想想，本章开头那个创业团队所构想的组织架构能够真正支持和帮助像这样的“知识工作者”们高效沟通、敢于创新、敏捷调整吗？

第二个假设：一个创业组织和一个成熟组织是一样的。所以成熟组织像什么样，我们也要做一个微缩版的复制品，这样看起来就更加正式，更像一个组织。

但是很显然，一个创业组织所面临的情境，与成熟组织是截然不同的。成熟组织经过多年的经验积累，对大部分情况尽在掌握：我们已经知道前面是什么情况，也知道如何做；我们具备了所需的技能与经验，只需要准时完成。这就像在操场上跑接力，起点、路线、终点都很清楚，你只管加速跑就可以了。

创业组织却往往是：我们不知道前面是什么情况，更不知道该如何去做，只能摸索着前进。就像丛林中的小分队：视线不清，资源不够，既看不见前方的路线，也不清楚哪里是终点，所以要行动为先，不断学习，团队中的每个人也都要能背靠背地保持警惕，互相支援，随时补位，身兼多职。

此时，一个固化的、事先确定好的、一成不变的组织架构还能否支持团队成员灵活地“互相支援、随时补位”呢？更不用说在这个变化的时代，即便是成熟组织也会一步跌入 VUCA 时代的茫茫大海，一切都需要从头摸索，传统的管理工具和组织理念已经越来越不能契合组织真实的发展需求。

第三个假设：线框结构看起来非常清晰，谁管谁、谁做什么都清楚无误，层层上报、上传下达，沟通效率应该很高才是。如果要新增产品或者项目，那很简单，依葫芦画瓢，多画一些线框，也就是加部门、加人就行了。10 个不够，找 20 个；20 个不够，找 50 个。你觉得这个说法有道理吗？

在敏捷运动（Agile movement）中，有一本很有名的书叫作《人月神话》（*The Mythical Man-Month*），其中提到这样一个观点：**为了赶进度而增加人员，就像用水去灭油锅里的火一样，无奈大家还是前赴后继地这么做。**为什么会有这样的情况？这本书也给出了简洁的答案。

> 沟通成本 =$n(n-1)/2$，沟通成本随着项目或者组织的人员增加呈指数级增长，其算法的复杂度是 $O(n^2)$。举例来说：
>
> 5 个人的项目组，需要沟通的渠道是 5(5–1)/2=10；
>
> 15 个人的项目组，需要沟通的渠道是 15(15–1)/2=105；
>
> 50 个人的项目组，需要沟通的渠道是 50(50–1)/2=1225；
>
> 150 个人的项目组，需要沟通的渠道是 150(150–1)/2=11175。

所以，光靠加人，不仅没有效果，还会增加大量无效成本。如果把这个算法再放入层层上报、逐级审批的传统组织架构中，那完全可以想象组织沟通成本的爆炸性增加状况。

因此对于一个社群或者组织来说，急着去设计具体产品是没有用的，因为系统性的沟通方式，也就是人与人之间的结构，会带来系统设计的问题，进而影响整个系统的开发效率和最终的产品结果。

《巴巴爸爸》带来的启示

我们该带着什么样的思路去看待组织架构呢？

群岛教育社区一直在研究和推动基于变化敏捷响应的“拓治 TOTs”（Team of Teams）组织发展模式，以变动的圈层为主体，让组织架构变得更为灵活，并支持和鼓励每一个工作伙伴充分发挥两个角色的职能：既是随时感应外界变化的“传感器”，也是主动推动内部变化的“响应者”，在这个过程中充分发挥每个个体的能量和创意，体现“生而为人”所应感受到的尊重、成就和价值。

由此我们就会发现，整个组织的样子也在不断发生变化。但如何更形象地描述这个“不断变化的样子”呢？我和好友伯驹的一次对话，让我想到了一个绝佳的比喻。

伯驹是一家大型组织的 CEO，他谈到这几年推动组织变革的感想时说：

> 以前会认为组织变着变着终究会固定下来，成为某个固定的样子，或者可以归类到某个组织类型里去。到了现在，我越发感到组织的形态

一直在变，既无法归类也无法定型。而这样的变化，才是一个组织更为活生生的样子。

伯驹的表述一下子让我想起了 20 世纪 80 年代的经典动画形象：巴巴爸爸。《巴巴爸爸》是我最喜欢的动画片之一，不知道更年轻的读者是否看过。

巴巴爸爸一家的身体都是球形的，有头和胳膊，但是没有腿。从体形上来说，男性更圆一些，女性则更苗条一些。所有人都可以自由变换形态，但他们的脸和颜色不会变，所以很容易被认出来。巴巴爸爸在遇到巴巴妈妈之后生了 7 个孩子，一家人性格各异。

一位建筑设计师这样写道："现在回过头去想想，《巴巴爸爸》其实是一部真正的建筑思想启蒙动画片。"

《巴巴爸爸》的核心理念是：**形式追随功能**。不管遇到什么样的困难，只要一念"可里可里可里，巴巴变"，这个软咕隆咚的粉色胖子就可以变成需要的形态。在缺失铁轨时，巴巴爸爸可以变成铁轨桥，帮助火车安全通行；在失火的大楼前，巴巴爸爸变成了楼梯，帮助人们逃生；在公园的湖面上，巴巴爸爸还可以变成小船，让小朋友们尽情玩耍……

《巴巴爸爸》的原创作者是儿童文学作家德鲁斯·泰勒（Talus Taylor）和他的建筑师妻子安娜特·缇森（Annette Tison）。他们二人在创作这一系列的连环画时，的确参考了当时先锋的环保建筑思潮，并将人与空间的交互等理念融入其中。也正是这样的理念，让巴巴爸爸一家的每个人物形象都有了充分而愉悦的生活空间，同时又能够携手解决很多难题，帮助更多的小伙伴。

人与空间的交互关系形成了建筑结构，而人与人的交互关系则形成了组织架构。一个真正支持响应外界变化、回应真实问题，并鼓励每个个体发展的现代组织，不就和巴巴爸爸一样吗？

正如微软现任 CEO 纳德拉所说：“组织的核心就是人，以及人独有的特质——同理心。”

> 大部分人在内心深处都有着共同的人性追求：自由发挥影响力和创造力，让自己的人生有意义，对他人有价值和贡献。而组织架构的作用，正是为了支持人所独有的特性，而非限制和控制。

那么，亲爱的创业者，你想为这个世界提供什么样的教育产品，又将通过什么样的组织架构，来支持团队的协同工作呢？或者，翻开你们团队内部的管理文件，其中的那张组织架构图是什么样的呢？

让我们带着对组织架构的思考，重温一下《巴巴爸爸》吧！

32 只有突破“人的物理有限性”，才能实现指数增长

打造一个模式，释放每一个个体的自主学习能量和自组织行动能量，是实现指数增长的重要路径之一。

前文曾提到，关心教育的人，往往可以分为三类：教育爱好者、教育工作者、教育创变者。而关注群岛的读者里，有很多就是第三类人——教育创变者。教育创变者的特征是什么？文中也做了解释：

- 首先，教育创变者不只要关心教学内容和方法，更要解决实际问题；
- 其次，教育创变者不只要想出一个“点子”，而且要开创一种“模式”。

“模式”这个词如今被说得太多了。你跟任何一个投资人谈，都会谈到商业模式；跑到基金会去，人家也会问你要一个模式。可是“模式”到底是什么意思？和“初创团队”又有什么关系？计划书里虽然也写了商业模式，但估计大部分人从来没有细想过，只不过是因为投资人或者基金会一定要看，也就模仿着写一个。要开创一种“模式”，这会不会离我们太远了？

创业创的是一种“升维的可能”

我想先谈谈自己的看法。我就是一个创业者，开办过几家大小不同、类型各异的公司和机构。和很多初次创业的人一样，我最开始也不理解“商业模式”这个词的意思。创业，不就是自己单干吗？别人做什么，我也可以做什么，而且我相信自己能够比他们做得更好：质量更好，价格更低，服务更优，团队更人性化，离职的人更少，替换成本更低……如果能找到好的上下游资源，那么就更好了……

其实，我从来没有考虑过开创“模式”。我的模式与大部分同行是一模一样的，我们是在同一个维度里竞争。尤其是对那些新的小公司而言，在同一个维度里竞争，意味着你只能“苦干”，否则无法赶上前面的人。

这就像门口有一家超市，我们觉得不错，能挣钱，于是我们也开了一家差不多的，只不过我们更聪明、更努力，所以做得更好一些，或者原先那家卖的是黄瓜，我们这里卖的是苹果。但是，这叫单干，不叫创业，因为并没有一个新的“模式”产生。

第一个把零售小店做成加盟店的人，开创了一种模式；第一个把超市搬到网络上，并打通了线上、线下全流程的人，开创了一种模式。

从纯粹的创业角度来说，所有的一切围绕的都是“提高效率”。一些有教育理想的朋友一听“效率”就皱眉头，觉得很不人性。其实，效率是一个中性词，指的就是提高“投入产出比”。**所有的创新所带来的结果，都是在满足某个需求的过程中，不断地优化投入产出比，也就是不断降低边际成本。**无论这个需求是物质性的满足，还是情感心理性的满足，也无论投入产出比的目标是利润，还是带给人们的福祉，道理都是一样的。

《三体》里有一个词很出名，叫作“降维打击”：如果三体人和我们在同一个维度里生活，我们是没办法对他们实施降维打击的。同理，如果我们在同一个维度里竞争，效率之间的差距，也就是投入产出比之间的差距是有限的：超市 A 和超市 B，效率之间的差距是有天花板的。

> 创业创的就是一种“升维的可能”：你创造了一种新的维度，这个维度重新组合了所有的元素，其效率远远超过现有维度里的作业者，这叫作“模式”。

所以，硅谷创业公司孵化器 YC 的联合创始人保罗·格雷厄姆（Paul Graham）说过一段话，来描述创业者该做什么：

> 如果你们几个人组建了一个公司，找了工程师，租了办公室，帮助客户一个个做网站，这不叫创业，因为无数个小公司都在做类似的事情。
>
> 如果你们开发了一套软件，能够让网站创建过程实现自动化，需要用的工程师总量大大降低，这算不错，但还不够，因为你们还需要花费大量的精力挨家挨户敲门推销这个服务。
>
> 如果你们能够有一套软件帮助用户自动创建网站，还有一套体系让用户帮你们传播，甚至变成你们的一分子，而不是靠自己逐个敲门推销，那你们就具备了创业公司必须具备的能力：指数增长的能力。
>
> 也就是说，从这一刻起，你们已经在这个领域创建了自己的升维模式，那些一个个帮客户做网站的公司在效率方面无论如何都比不上你们。

影响效率的最核心要素是“人的物理有限性”

很多教育从业者特别喜欢深度研究某个教育专项的内容，比如研究如何阅读，这很好；研究性教育，这是应该的；研究 PBL，这是必需的……但是如果我们想成为一名教育创变者，而不仅仅是一名教育工作者，那么就要评估：**作为教育创变者的自己，在有限的时间内，思考重点该如何分配？**

我们的创业起点往往是这样的：因为特别热爱某个教育专项或者特别关注某个教育议题，于是自己研究，接着做成课程，租个办公室或者教室，开始招生……从此开启自己的创业之路。之后想要发展的话，说起来只有两条路：要么到处开分店，规模不断扩大；要么期待找个渠道合作方，购买自己的课程或者方案，业务总额越来越大。

但是，要开分店的话，就意味着要招更多的老师，租更大的房子；要找渠道合作方的话，说真的，找好的渠道绝不容易，竞争异常激烈，而且如果自己不掌握用户、只提供内容的话，渠道维护是很危险的。所有这些都意味着在营收增加的同时，成本也在大量增加，而且边际成本看起来没有下降的趋势。招生越多，老师越多，管理成本也就越高。管理 7 个人、管理 25 个人和管理 300 个人的成本，不是一个简单的倍数关系。

老师虽然多，但优秀的老师只有那么几个，怎么办？培养成本无限高，怎么办？优秀老师要跳槽，怎么办？学生越多，各种学习管理的事情也就越多，老师们都管不过来了，怎么办？即便是使用微信，但是一个群 500 人，10 个群 5 000 人，各种服务要求层出不穷，根本忙不过来，怎么办？

如果“人”的问题无法突破，那么实现指数增长是不可能的。

如何创造“效率上的升维模式”

近年来，越来越多的人对教育现状感到不满，跳入教育创新和教育创业领域的人也越来越多，这是一件好事。然而，大家往往专注于课程内容本身，研究得越来越透，操练得越来越好，但对产品的服务设计和未来的事业模式往往没有任何新的想法，只是在沿袭习惯做法或者行业传统。

如何具备“指数增长的能力”，创造“效率上的升维模式”？有一个方向，我认为是教育领域的创业者本应该去做，但很少有人真正尝试的，那就是借助这个时代快速提升的技术条件和社会条件，释放每一个个体的学习能量和行动能量。

> 这个时代的每一个人都是钢铁侠，无论是在信息收集、传递能力还是在影响他人意愿的能力上，都大大超出了过去。而“社会化”事业模式的机会恰恰蕴藏其中。

在群岛的这些年里，我们看过起码上千份教育领域的商业模式书，谈到发展，无非还是开分店和与渠道合作这两种。这些当然都是可以去做的，但是作为一个想要推动教育改变的创业者，没有更大的升维想象力，也没有花时间去思考潜在的方向，还是很遗憾的。

我们在群岛课堂曾经讲过“黑客增长”①：黑客增长的背后，带来的就是效率的指数增长。但是，很多人对指数增长是有误解的。如图 5–3 所示，这里的竖轴指时间，横轴指效率，也就是投入产出比。不是单纯的人数，也不是营业额，也不是分店数，也不是课程数，而是“成本与收益的比值”。

当然，效率指标还可以定义为社会效应投入产出比，或者环境效应投入产出比。很多国外的社会企业，或者三重标准企业②，包括我们的合作伙伴、著名的使命性技术开发公司思特沃克（Thoughtworks），都是通过多重指标来定

① 黑客增长指创业型团队通过用户研究和业务模式设计来实现低成本、爆发式的增长。

② 三重标准企业指对利润的增长、人的成长和地球的保护这三方面都重视的企业。

义产出。但无论如何，横轴代表的都是每个平均投入所带来的产出。

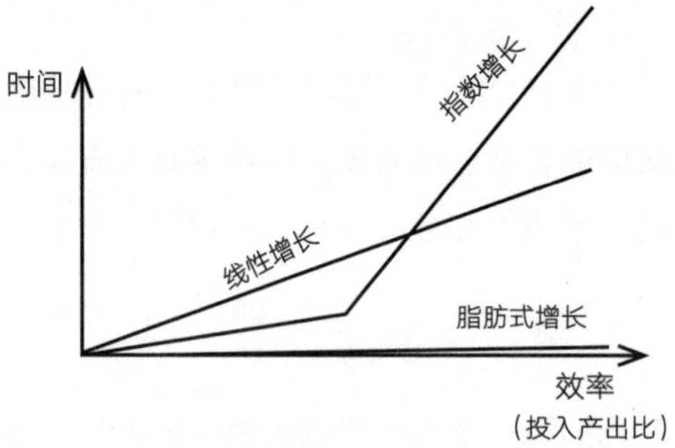

图 5-3 三种增长模式

什么是线性增长？就像前面说的，我们在同一个维度里竞争，只不过我做得更好一些，比如，竞争对手的投入产出比是 1∶1.2，我的投入产出比是 1∶1.8。

什么是指数增长？在很长一段时间内，创业者很可能都要不断投入，但是“深挖洞、广积粮、缓称王”，一直摸索一个模式，一旦成功，突破效率维度，那么后期的迸发是惊人的。线性维度里还在竞争 1∶1.8 的投入产出比呢，我做到了 1∶10，甚至 1∶50。这不是降维打击，这是升维打击。

什么是脂肪式增长？这来自德鲁克一句非常经典的话：“任何没有带来效率提升的增长，增加的都不过是组织的脂肪。”什么意思？比如，我们服务 10 个学生，成本是 1 万元；服务 100 个学生，成本是 10 万元；服务 1 000 个学生，成本是 100 万元……看起来我们做了很多事，其实从创业的角度而言，并没有通过产品设计和组织重塑来提高效率。我们的投入产出比是恒定的：永远是 1 个学生 1 000 元，甚至成本还经常随着规模的扩大而增加。

如果创业公司在最开始忙着接各种不同的项目，做的是不同的用户和场景，期待能满足不同的需求，那么表面上看有现金流了，大家也忙得不亦乐乎，做的也都是与教育相关的事，但作为创始人的我们一定要思考：这些到底是可以促进整体效率增长的业务，还是看起来体积很大，感觉不错，但其实都是脂肪式增长的业务？

很多创新教育的初创团队在遇到投资人时，都是做下面这些事情：

- 首先讲情怀：我要改变教育；
- 然后谈课程：我的课程是多么独一无二；
- 接着谈团队：我们特别厉害，老师们讲得多么好，用户多么喜欢；
- 稍微成熟点的，比如到了天使轮的就会讲：我们有良好的渠道合作，或者我们的收入已经是多少了……

坦白地说，和我聊过“模式可能性”的，比如“该如何在这个领域里产生升维可能”，或者用简单一点的话来说，“我们将怎样提高投入产出比，以至无人可及”的创业者实在太少了。创业一开始，当然不可能马上做到这一点，但是能够这样思考，而且是持续认真思考的创始人，真是一个巴掌能够数得过来。

融资对创业团队确实很重要，而一个好的投资人，首先关注的就是效率提升的可能性，因为这是他作为投资人的首要任务：如何投入 1 元钱，长出 1 000 元；而不是投入 1 元钱，收回来的只是 1.5 元。这也是作为一个创始人，是否在真正创业的一个标志：“我是否在认真思考有可能的指数增长空间？因为，这是我作为创始人的直接责任和任务。”

我们常说，投资要看团队。其实，这个时代，大部分和你站在一条起跑线上的人，都是不错的：有情怀，有勇气，有专长，甚至还有渠道。但是人和人之间对模式的想象力有着巨大的鸿沟，除了想象力，每个团队的快速学习能力也极其不同，甚至天差地别。

作为想推动中国教育变化的创业者，在当前的教育环境下，更应该意识到：教育问题这么多，要推动变革，小固然是美，而大是必需的。

> 教育创业，不仅仅是苦心孤诣地干活，也不仅仅是情怀漫天的坚持，而是一个“不断想象如何拓宽未来教育边界”和“持续学习能响应未来的工作方法”的过程。

改变思考习惯，成为开创新模式的创业者

谈了这么多，作为教育创变者，我们到底该怎么做呢？群岛相信和践行的方法论只有四个字：知行合一。说起来简单，但做到很难。

诺贝尔经济学奖得主丹尼尔·卡尼曼（Dainel Kahneman）在《思考，快与慢》（*Thinking, Fast and Slow*）一书中说：“我们的大脑更倾向于相信眼前的东西，不擅长选择未来的、看不见的东西。”[①] 我们虽然也会在理智上相信很多“我们认为有价值的理念”，但是在工作和生活中执行的时候，却依然会为了减少可能的未知风险而没多想就由本能做主，或者不知不觉就随了大流。**知行不合一是正常的，而知行合一才是需要不断刻意练习的。**

作为一个开创不一样模式的创业者，我们的思考习惯和认知模式更是需要不断地刻意练习。这样的思考重点，主要有 3 个。

① 继《思考，快与慢》之后，丹尼尔·卡尼曼酝酿 10 年，将其对人类判断缺陷的思考在《噪声》（*Noise*）一书中进行了深刻阐释。本书中文简体字版已由湛庐引进，浙江教育出版社 2021 年出版。——编者注

第一，身为教育创变者，不能仅仅把大部分的精力放在具体课程的设计、项目的执行、某个教育理念的深度钻研上。这些事情，在起步时是必须要做的，但是随着业务的发展，创始人需要去思考一些更重要的、跟创业底层逻辑有关的东西。什么是创业底层逻辑？其并不仅仅是快点找一个大渠道方，解决当下的客户流量问题，或者找下一个分店，研究如何租房子的问题，而是研究如何打造一个模式，从而让组织具备“指数增长的能力”，创造“效率上的升维可能”。

第二，对底层逻辑的思考要从什么时候开始呢？难道我其他事情都不做了吗？当然不是。我自己也是一个创业经历超过 10 年的创业者，深知在当下的中国创业不易，也很了解起步时的千难万难。

我年轻的时候，跟一位好友哀叹创业好累。我是这么说的：“就像你在无尽的海水里游泳，每一次把头探出来想换口气，看看沙滩放松一下，但是很快，又一个浪头打过来，你不得不全力以赴闷头去应付。”她笑了，说：“不就是‘按下葫芦浮起瓢’的过程吗？”

初创团队人少事多，作为创业者当然什么都要做：上课，和同事一起研发内容，到外面找渠道、找合作……都是逃避不了的事。日复一日，事事涌来，千头万绪，时间很快就过去了。

> 既然我们是那个想要创业的人，就必须腾出一些时间，与“合适的伙伴”们一起学习、思考和探讨那些“重要而不紧急，却有可能在未来带来指数增长模式”的事情。

更关键的是，“重要而不紧急”这个说法用在创业上其实是不正确的，因为创业和一般的熟练操作项目不同，**创业面临的是在未知领域里摸索：对未来模式，也就是那颗指向未来的北极星，要有自己的持续思考和大致判断。**唯有如此，我们才知道当下的每一个动作究竟该如何做，才能向北极星趋近；遇到障碍时，又该如何调整才更为合适。否则，不思考北极星在哪里，仅凭着本能开船，遇到了冰山根本无从判断，更无法绕开；那这位“船长”一定是不合格的。

第三，对于初创期的教育创变者来说，那个能够撬动未来指数增长的切角到底在哪里呢？

关于这个问题，可能不同的人有不同的看法，对未来也有各自的判断。我自己的看法是：**打造一个模式，释放每一个个体的自主学习能量和自组织行动能量，是实现指数增长的重要路径之一。**

为什么这么说？

不同的创业类型，都有其特殊性。有的纯粹是资源导向型的，自带庞大的垄断资源；有的是资本导向型的，靠拥有一般人买不起的硬件来获得优势；有的是纯粹技术导向型的，靠技术来奠定基础。而对教育领域的创业者来说，技术上，哪怕是教育技术，都没有绝对优势，也没有自带垄断资源，更不是资本导向型，但是如果结合“社会化学习”的教育理念，快速打造一个能够释放所有个体能量的超级组织，也许就是真正走向指数增长的可行角度之一。

这里释放的不仅是团队内部每个人的能量，还包括用户的能量，甚至包括相关社区的能量。想想看，如果孩子们也学会了我们学过的各种个人赋能方式，他们会怎么做？我们还需要那么多的老师来逐层管理学习者吗？如果员工都能快速敏捷地响应变化，我们还要花费很多管理成本吗？如果家长都能够围绕我们的共同目标进行自组织，释放他们的能量，又会怎样呢？

一旦掌握了构建这样一个超级组织系统的能力，我认为，在未来，各位教育创变者都将大有作为。人工智能也罢，万物互联也罢，这些技术将成为我们超级组织系统的好助手，而不是对手。同样，投资也罢，渠道也罢，只有我们成为这样一个超级组织系统，它们才会跟上来，因为它们在其中看到了指数增长的可能。

这也就是为什么凯文·凯利说，“在未来，及时获得比永远占有更重要”。因为只有充分获取，才有可能释放个体的能力和能量。

群岛的愿景

首先，群岛提倡的是“面向未来的教育 3.0 愿景”，推动的是基于社会化学习的教育方法。因为我们相信这能够释放每个学习者的能量，为每一个人带来真正的自由，从而共同构建一个德鲁克所说的“自由而机能健全的社会”。

其次，群岛希望教育创变者能够打造一个基于“社会化的事业模式”。因为我们相信，这才有可能释放社群里每个个体的力量，从而创造指数增长的可能性，从而“不但美，也能大”，或者“不但大，依然美”。

再次，群岛期待每一个创业团队本身都能够成为基于个人赋能，高效响应，快速协作的“社会化团队”。因为我们相信，这既能够释放每个工作伙伴的行动力，又能够让每一个个体和组织本身，在创业之路上不断进化，灵活而丰盈。

最后，群岛期待每一个认同并实践教育 3.0 的教育创变者，大家的“底层教育理念”“产品和事业模式”“内部组织形态”三者的内在核心、方法论、呈现气质等都一致，从内到外，都能知行合一。

这条路绝对不容易，并不一定能实现，更不意味着每个人都能成功，但是至少值得我们去学习、摸索和尝试。

当然，无论是社会化学习、社会化商业模式还是社会化工作组织，都需要方法体系去支撑，更需要一群同道者主动学习和刻意练习，而不是坐在那里讲讲理念就可以实现的。“学习在窗外、他人即老师、世界是教材”的教育理念，在传递给我们所影响的学习者之前，更应该首先在教育创变者自己的工作和生活中持续而深入地实践。同样，在群岛这个大社群里，我们分享交流真实的教育思考、教学实践、创业洞见，让分散在各地的教育创变者借助网络看见彼此，也期待这些分享中的一个方法、一段追问、一次或许不算成功的尝试，能带给大家新的启发和洞察，开启一段自我觉察、刻意练习、化为习惯的行动。

当越来越多践行教育 3.0 的教育创变者出现，并彼此相连时，我们将有信心看到一片教育的新大陆。

延伸阅读

VUCA 再度袭来，你的创业团队能否敏捷应对？

面对越来越模糊和不确定的前景，创业团队需要更敏锐的感知力，才能更敏捷地应对瞬息万变的环境。作为教育创业者，我们该如何让自己的团队变得更敏捷呢？

扫码阅读全文

33 又穷又忙，难道就是创业者的宿命

长期高强度的焦虑和忙碌会对人的心智带来极大的损害，而创业者的心智才是其在创业期最宝贵的资源。

在外人眼里，创业是一件风光又刺激的事情，而创业者们知道，“又穷又忙”才是自己最日常的状态。

“又穷又忙”说白了就是又没钱，又忙碌。钱的问题会永远折磨着穷人，而时间的问题则会永远困扰着忙碌的人。从这个角度来说，除非是少数条件极为优越的创业者，“又穷又忙”大概是大多数创业者的日常处境。更糟糕的是，这种状态往往意味着越穷越忙，而且越忙越穷。

“穷忙”是一种恶性循环

这种现象乍一听有点反直觉。不是说勤能补拙吗？那么同样的道理，勤也

能补穷才对，很多励志故事就是这么告诉我们的呀！

现实世界是残酷的。有一本我认为很重要的书，叫作《穷忙》（*The Working Poor*）。这本书通过对一个个具体案例的深入描述，告诉我们为什么穷人会深陷贫困之中无法自拔。比方说一个人很穷，所以不得不同时做很多份工作，因此又会很忙，结果没有时间学习知识技能，只能一直从事低附加值、低收入的职业，身体健康也深受影响，还连带着损害了家庭关系和下一代的成长。这个人还有可能刷爆了自己的信用卡，无法按时还款，结果信用记录变差，无法享受很多服务，进一步丧失了摆脱困境的机会。

创业者的境况未必都那么惨，但是“穷忙”的本质是一样的。创业需要各种资源：资金、设备、人才、管理技能、关系网络、市场渠道……创业者往往在这些资源方面很“穷”，于是不得不很“忙”。

拿资金来说，因为缺钱，所以创业者就到处找钱，把主要的时间和精力都放在了跟潜在的投资人接触，一遍遍地陈述自己的创业方案，一次次地参加各种创投大赛上，结果本来找钱是为了更好地创业，而找钱的过程却耽误了创业的进程。反过来，因为创业迟迟未有起色，找钱就变得更加困难。于是创业变得既没有钱，也招不到人，还没法测试产品，更没法开展市场推广，创业完全陷入困境，创业者疲于奔命。

保罗·格雷厄姆在他的文章《如何赚钱》（*How to Raise Money*）中专门谈及这个问题。他给创业者的建议是：

因为融资是如此让人分心，初创公司应该要么全心全意去完成融资，要么想都不要去想它。当你决定要融资的时候，你需要专注于把它快速搞定并回到自己该做的事情上。

融资并不会帮助创业者成功，它只是一种达到目的的手段。创业者的首要任务是尽快搞定它并回到自己该做的事情上去：创造产品、和用户沟通等才是通向成功的道路。关于融资，令创业者最吃惊的事情之一是它竟然这么令人分心。当你开始融资时，其他的一切都顾及不上。问题不在于融资所消耗的时间，而是它已成为你心中的头等大事。创业者不能长期承受那种程度的分神，因为早期创业公司的增长主要靠创始人的带动，如果创始人的心思在别的地方，增长通常随之急剧下降。

让创业者忙碌的事情除了找钱，还有找想法。他们出没于各个场合，大会、论坛、讲座……不断地吸收各种信息，希望从中获得启发和灵感。这种“跑会式”的学习方式是一种完全被动的信息输入过程，却几乎成了他们唯一的成长方式。他们花费了大量时间，到头来收获的可能只是一堆碎片式的信息和看起来都很有道理却难以相互统一的观点见解。

这些创业者还经常会急切地约见各种大咖、大佬、专家、前辈，希望获得指点。他们最爱问的问题是“您觉得我这个想法可行吗？”他们最期待的回答是某个现成的解决方案或者具体的资源对接。且不论有多少人会认真倾听你创业想法的来龙去脉，并在仔细思考后给你提供咨询意见，如果是连你自己都没想清楚的事情，又怎么能指望别人去为你想清楚呢？

> 任何创业方案的有效性都首先依赖于对用户需求的深入理解和洞察。创业者不应该把大量的时间花在向专家求证上，而是应该尽可能多地去和自己的目标用户深入地打交道。

创业的过程绝非一帆风顺，会不断遇到各种挑战，各种意外。于是很多创业者就“眉毛胡子一把抓”，事无巨细，来者不拒，每天都在扮演救火队员的角色。有些创业者在下意识里认为反正“没有功劳也有苦劳”，相信天道酬勤，所以虽然自己也不确定忙得是否有意义，但是笃信忙总比不忙好，忙总是会有好的结果。这种心态我称之为“滑西瓜皮”，不知道方向，滑到哪儿算哪儿。他们本质上属于撞大运型的创业者。更有甚者，对于忙碌的状态，他们欣然接受并乐在其中，以为这种状态让自己与传说中的硅谷创业者更神似了几分，也在不断“灭火”中品味着被需要的快感。

可就是在这样不断的灭火中，创业者消耗了自己的精力，再也无暇专注于那些对创业真正重要的事情，也没有工夫去思考为什么会有这么多“火”需要灭。长此以往，只会落得身心俱疲。

长期高强度的焦虑和忙碌状态会对人的心智带来极大的损害，而创业者的心智才是其在创业时最宝贵的资源。人的心智是有一定容量的，长期的饱和状态会让人无暇分清主次，去思考那些真正重要的决策。一个人如果处在严重的焦虑状态下，其认知能力和执行控制力都会显著下降，从而被削弱了分析、判断和逻辑推理的能力，并且变得更加冲动，对自己的情绪难以控制。

社会心理学家保罗·皮夫（Paul Piff）在一次 TED 演讲中描述了一个著名的实验结果。对一批农民的测试发现，在农作物收获之前，农民会处在严重的焦虑状态之中。此时，他们认知能力的测试成绩会比在农作物收获之后，也就是农民不再处于焦虑状态下时下降 10%！

适度的焦虑对保持专注和激发创造力是有好处的，正所谓“急中生智”，我们也经常会在截止时间之前以最高效的状态完成任务。但过度的忙碌和焦虑会让人疲于应付迫在眉睫的琐事、急事而无暇他顾，更遑论有余力去畅想，去创造，去有效决策。

如何摆脱“穷忙”的恶性循环

“群岛三问”是群岛教育社区每一位教育创业者都很熟悉的思考框架：

- 我们为谁服务？
- 我们解决什么问题？
- 我们创造什么价值？

这三个问题绝不像它们看上去那样简单，需要创业者深刻了解用户，快速测试、迭代自己的产品。这正是创业者们摆脱“穷忙”状态的必由之道。

根本而言，创业时最稀缺的既不是钱，也不是人，而是时间。在钱烧光之前，你还有几次转型并重新起飞的机会？在市场窗口期关闭、更多竞争者可能出现之前，你是否能验证自己的解决方案是有效的，并且为之找到持续的增长引擎？创业者一旦明白了工作重点，并且掌握了与之相关的方法论和工具技巧，尽管依然忙碌，却忙碌得更有方向，更有节奏，在有限的创业期内，也更容易取得成果。一旦业务模式验证成功，收获到一批早期用户，后续的资本投入便成了顺理成章之事，“穷忙”的恶性循环也会因此被彻底打破。

除此之外，我还有两条建议供创业者参考，它们都有助于帮助创业者摆脱“穷忙”的境地。

第一条建议来自凯文·凯利。他认为在今天这个时代，及时获得比永远占有更重要。这个观念的最好体现就是今天在“分享经济”这个概念下诞生的各种商业模式。比如，你出行其实不必买车（占有），手机上装一个约车 App 就可以随时随地按需用车（获得），总支出成本会大大下降。对广大创业者而言，这是一个重大的观念转变。

创业者自认为很“穷”，往往是从“占有”的角度来看的，如果从“获得”的角度看，则未必。办公室为什么一定要租个全天候的？可以在联合办公空间里按需租用；协同办公系统为什么一定要自己独立开发？可以利用大量现成的免费协同工具实现功能；工作人员为什么一定要全职雇用？可以动员社群的力量，或者按职能和角色寻找合适的外包人员或者志愿者。当然，这需要比传统人力管理更高的技能；市场推广为什么一定要花钱打广告？可以将自己的创业过程变成一种值得分享的故事，或是通过巧妙的设计以便于用户传播自己的使用体验。当然，这也需要比传统市场营销更高的技能。

事实上，**创业者需要在创业之初就仔细辨明自己最需要的核心资源是什么，以及如何巧妙而节省地获取这些资源。这个过程不仅是在“以勤补穷”，更是在“以智补穷”。**从这个角度来说，创业应该成为创业者生活中一种更为高级的乐趣。

第二条建议是精益理念的核心思想：“及时响应，适时响应（Just-in-Time）”。也就是说，根据真实的动态变化，只在恰当的时间，去调配恰当的资源，做恰当的事情。

在和创业者深入接触的过程中，我看到过太多“憋大招”型的创业者。他们关起门来努力思索，用心研发，仔细打磨，力图让自己的解决方案一经推出就获得满堂喝彩、赢得大片市场。这么做的问题，一是创业的过程太“重”，二是创业的风险太“高”。为了“憋大招”，就得把设计、生产、营销的全过程一次性全部完成，各项所需投入巨大。等东西真的做出来了，要是根本不受市场欢迎，那么前面的投入就全部打了水漂。所以“憋大招”型的创业者是最容易陷入“穷忙”境地的。把创业的过程拆分，按照业务模式验证的不同阶段匹配相应的资源，做相应的投入，才是对资源的最有效利用，也会让自己忙碌得更有价值。这一点，相信熟悉设计思维、精益创业这些理念和方法的创业者都深有体会。

最后我想指出的是，有一些创业者，特别是在教育创业的领域，他们的行为更像是“教育活动家”，而不是“教育创业者”。他们频繁出没于各种会议、论坛，做各种发言和分享，而疏于研究用户、测试产品、构建团队等创业时期真正重要的事情。他们之所以如此，并非不知道自己作为创业者的工作重心应该放在哪里，而是要么因为不擅长又不知所措而逃避，要么是陶醉于外界施加的光环而沉迷其中。他们的社会活动有时确实能带来一些资源，特别是在教育领域，故事和情怀是可以打动很多人的。但是，任何一个真正的教育创业者都不免要扪心自问：我的这些行为让我对用户有了更深入的了解吗？我的业务模式变得更加完善了吗？我的营收中有多少来自真实的用户？我能持续地为用户创造价值吗？最重要的是，我要到何时才能如自己所期待的那样去改变教育？

EDUCATION 3.0

34 忘记那些教育名词吧，请关注用户需求

新的教育理念、教育内容和教育方法，要怎样才能让客户理解和接受呢？试试从了解对方的真实需求入手吧。

这几年，我遇到了很多有理想、有情怀的教育创业者。他们中有不少人都有一个共同的烦恼：新的教育理念、教育内容和教育方法，要怎样才能让客户理解和接受呢？比如有一个团队致力于推动少数民族地区青少年批判性思维能力的培养，但是他们发现自己发出去的招募广告效果甚微，报名者寥寥。在面向学校推广的时候，学校领导答复说："这些东西可能对国外的小孩或者国内发达城市的小孩比较有用，我们这里用不上。"团队在屡次受挫后，只好承认自己的理念相对于当地的实际情况太超前了。

也许吧。但是如果我们换一种方式再试试呢？现在的这种方式更像一种"推销"，告诉对方我们这个产品多么好，多么重要——批判性思维可是联合国教科文组织认定的21世纪人才必须具备的核心素养啊！发达国家的学生从幼儿园开始就要学，你们不好好学怎么行？可是对方不是这么思考问题的。对

方首先想要知道的是："这个东西对我有什么用？能解决我的什么问题？"所以我们是不是应该先从了解对方的真实需求入手？

这项工作对很多教育创业者来说是一个很大的挑战。一来，深入理解用户、洞察其需求是需要经过训练才能熟练掌握的技能；二来，更重要的是，有些教育创业者往往在心理上很难过这一关：把自己的教育产品真正当作一种需要满足用户需求的"商品"。作为一个有理想、有情怀的教育创新创业者，他们的本能反应很可能是：如果一味听市场的，听客户的，满足他们的需求，那我的理想呢？我认为有价值的东西呢？真正的教育怎么办呢？

别激动。比坚守理想更难的是实现理想。基于用户需求的设计并不等于一味迎合用户的设计。用户说我就是不爱学习，就想看电视剧，我们当然不会真的任由他们这么做；我们要做的是理解电视剧对用户有何吸引力，如何将这些有吸引力的元素纳入我们希望用户接受的教育中去。能够把用户的需求和自己的理念相结合，用自己的产品去解决用户的问题，并在这个过程中传播自己的理念，这需要高超的产品设计和业务模式开发能力。这种能力远比高喊理想更有挑战，也更有乐趣。

2010 年，我在伦敦结识了一家学生环保组织，他们想在伦敦南部一些少数族裔和低收入社区推动环保理念。他们精心设计了许多宣传海报，张贴在社区各处，希望吸引社区居民来参加关于环保教育的工作坊。一张海报上是密布的烟囱和浓烟，配文是："这难道就是我们想要给孩子的未来吗？"另一张海报上是南亚地区被洪水淹没的村庄，配文是："他们的苦难和我们有关！"还有一张海报上是北极熊漂浮在茫茫大海上，配文是："它找不到回家的路了。"

实际效果是海报白做了，工作坊也白设计了，因为根本就没有人来。他们不得不转换思路。环保理念当然重要，但这些社区居民最在意什么？他们现在面临的问题是什么？如何将他们的实际需求和环保主题相结合？

当时金融危机肆虐全球，很多居民本来收入就低，这下受到的影响更大了。于是，这个组织重新设计了一系列工作坊，主题围绕“如何降低家庭水电气的开支”，结果受到社区居民的热烈欢迎。在学习如何通过绿化、安装太阳能板、堆肥等活动实现节能的过程中，居民们不知不觉地接受了很多环保理念。

据说世界上有两件事最难，一件是把自己的思想装进别人的头脑里，另一件是把别人的钱装进自己的口袋里。从这个角度来说，教育创业者可谓同时在做这两件世上最难的事。

破解这天大难事的关键就是围绕用户需求去设计产品。我们的教育产品再好，理念说得再天花乱坠，只要不能解决用户的问题，他们就不会觉得跟自己有什么关系。我们那些先进的教育理念、优秀的教学实践是需要透过好的产品设计，以润物细无声的方式传播出去并能被他们接受的。

批判性思维当然很重要，但对不同的用户也要有不同的产品设计考量。对于关心时政又对不同声音深感困惑的人，我们可以告诉他们，掌握了批判性思维才能在信息的海洋里明辨真伪、独立思考；对于要出国留学、积极备考的人，我们可以告诉他们，掌握了批判性思维有助于做逻辑题和写好作文。甚至有时，我们设计的产品里根本不必出现“批判性思维”这几个字，也许它只是一本绘本、一段视频、一次体验课，但是批判性思维的训练和应用贯穿其中。

洞察用户需求反过来也有助于我们对自己的教育理念有更为透彻的理解。群岛社区里有一个团队是做食育的，他们组织家长和孩子一起做饭，一起种蔬菜，一起观察种子的发育生长，还有自然旅行等活动。有一次，群岛的另一个团队好奇地问：“小朋友一般都很调皮，你让他放一勺盐，他可能偏要放两勺。那你们怎么保证做出来的菜一定好吃呢？”这个团队的创始人哭笑不得，回答说：“我们不是烹饪学校，我们不是在教小朋友做菜。”

于是问题来了，他们究竟在做什么？

这个团队仔细思索了创业的缘由。他们认定父母的陪伴以及和孩子的共同成长对孩子的一生非常重要，同时他们也观察到，在很多亲子活动中，家长都是在陪孩子玩，而不是和孩子一起玩，也就是说，孩子在玩，家长在旁边看着或者干别的事情。

创业团队在和家长深度接触后发现，造成这种现象主要有两个原因：一是家长不知道如何有效参与；二是家长工作一天下来已经很累了，再难以投注精力参与。这就是用户的痛点。基于这样的洞察，这个团队想到，围绕食物展开的亲子活动也许既便于家长参与又不会带给家长太多压力，毕竟食物是每日的寻常所见，饮食又是每天都会进行的日常活动。此时，这个团队意识到，根本而言，自己做的并不是食育，而是帮助家长构建儿童成长过程中的亲子关系。虽然他们非常相信食育的力量，但是对食育最好的推动恰恰是忘记“食育”这个名词。这几年，他们基于日常亲子场景、旅行途中的场景以及“幼升小”的真实需求重新设计了自己的产品形态。

我在现实中观察到，有一些“教育创业者”是非常难以改变的，他们把自己的教育理念当作神圣的信仰，把自己的教育产品当作一把锤子，满世界寻找钉子，或者满眼看到的都是钉子。他们希望用自己的教育产品去改变人，但是不会费心去了解用户需求，因为他们“早已洞悉世人”。他们更不会为了用户需求对自己的教育产品做出改变，因为那意味着一种妥协和屈尊，意味着教化工作的失职，是对教育本身的背叛。这样的教育创业者要么是典型的“学习爱好者”，他们要找的不是用户，而是“同修”；要么是“教育先知”，他们要找的也不是用户，而是信徒。

事实上，这两类人不仅不是教育创业者，连教育工作者也算不上。任何真正的教育工作者都知道以学习者为中心，激发他们的学习热情，支持他们发现自己的兴趣和特长，用面向真实世界的教育帮助他们获得想要的生活。**教育如此，教育创业亦如此。唯有面向真实用户的需求进行的教育创业，才是真正的知行合一。**

EDUCATION 3.0

35 警惕教育创新中的几头巨兽

资源，并不是越多越好。免费，并不是“不要钱”就好。很多时候，一头看不见的巨兽，正悄悄地跟在后面。

在英国读书的时候，我有时会在报纸广告上看到售价只有 1 英镑的欧洲古堡或者庄园出售。大惊之下，我很快就明白了：这些古堡外观宏伟，但内部破旧不堪，缺乏维护；同时，这些建筑往往具有历史意义，当地政府会对其重新改造有诸多限制和要求；加之购买古建筑除了需要资金，还要缴纳烦琐的法律相关费用。1 英镑看似便宜得不可置信，但能够真正“拿到手、住起来、住得好”，最起码要在后期多花费上百万英镑，更不用说投入的无限精力了。如果不是资金足够雄厚、时间无限充裕的话，估计还没等装修得见雏形，口袋就已空空如也了。

这样的古堡看起来很美，其实就是一头饕餮巨兽。没有能力喂饱它的人，倾其所有也只能半途转身离去。这是常有的事。

这就像很多心怀“面朝大海，春暖花开”理想的年轻人，不管三七二十一，好不容易筹集了一笔钱开咖啡馆、开民宿，认为只要装修得“有特色”，体现得足够有品位，自然会客似云来。至于用户到底是谁，如何让他们知道店铺开张，地段是否匹配，人员和管理能否跟上，半年内销售如不理想是否还有后续资金维持，投入的装修、设备等硬成本如何折旧，需要多久能够收回……这些问题一概是不考虑的。似乎“只要我把房子租好、装修好，人们自然就来了”。创业嘛，总要冒冒风险的。

很多人还这样安慰自己：我又不要赚钱，我要的是自由和理想，所以只要保本就行，保本总没有太大问题吧？可是，等房子装修好，团队也找齐了，顾客却没有如想象中那样蜂拥而至，或者有限的客流和收入只够每个月交房租，或者好不容易坚持下来，经营慢慢有了起色，结果房东不续租了。

一些教育创业者也是如此。从某种角度来看，很多教育创业者和“文艺青年”们有点像：心中都有一个特别具象的理想图景。对文艺青年们来说，这幅图景是一个充满个人独特品位和情调的与众不同的咖啡馆；对教育创业者们来说，则是一个独立的、不受干扰的、可以让他们实现各种教育理想的校园、中心、基地……

于是，有的教育创业者刚刚开过两期暑期营，测试了一些新的教学方法，拿到了一笔 50 万的投资，就要花 40 万去租赁场地，打造自己的“创新学校”。也有的总共才几百人用户，营收一年不超过 20 万，就要拿出几十万的积蓄来改造数万平方米的公园；而这个公园的场地租期只有 5 年，光改造就可能会花上一年半载时间。大家众口一词地和我说：“创业嘛，总要冒些风险的，我们做好心理准备了。”

是的，创业是要冒风险，但是风险和危险是两个不同的概念。当我问起我所关心的问题：用户类型摸清楚了没有？这一类用户的基数大概有多少？有什么渠道会吸引他们来？他们在这个新场地所体验的价值和在老场地有什么特别不同之处？为了这份不同，这些用户愿意多支付多少钱？多久收入能够达到平衡？如果较长时间需要持续投入，后续的钱从哪里来？ 5 年租约很快到期，出租方与我们长期签下去的可能性大吗？……

遗憾的是，这些问题大家要么没有认真考虑过，要么虽然考虑过，但是语焉不详，更没有什么好的后备方案。每个人都相信，“只要场地拿下，装修够好，人们就一定会来”；每个人都相信，“自己的运气一定会比其他人好一些”。其实，尤其对初创团队来说，很可能是在拿自己有限的人力和资金，不停地喂养一头巨兽。

也有教育创业者和我说，课程没有人报名，最大的问题就是没有自己的场地、校园、自主空间，很多布置都不尽如人意，所以达不到教学效果。同样，当我询问：人们没有选择这个课程，真的是因为场地吗？会不会有其他的原因，比如说课程本身的价值并不是这一类人所需要的？我们能够准确地回答出那个“群岛三问”吗？要解决用户的问题，在现阶段有没有更加灵活或者便于调整的方式？这样的方式，有没有经过测试，验证了什么假设？……

说得再直接点，有什么证据能够表明，假设有了场地，立刻就会有大量用户蜂拥而至、马上买单？即便我们需要实体，在目前的初创阶段，投入大量资金去购买就是唯一的选择吗？

很可惜，能够回答这些问题的人并不多。我们固执地拎起那个锤子，“因为场地不好，不独立、不到位，所以没有人来上课”；然后拼命地找那颗唯一的钉子，“所以我现在要租赁、购买、装修那个场地”。“因为没有资金来装修场地，所以我们这么好的教育理念没有人来用，所以我们目前最重要的事就是花费时间和精力去找一笔钱，让我们去租赁、购买、装修那个场地。”……

巨兽的幻象，遮蔽了教育创业者的眼睛。

还有一头巨兽，更可怕。

2010 年，我在韩国考察社会企业，席间和韩国著名的慈善商店“美丽小铺”的 CEO 聊起了一个类似的话题。美丽小铺的初衷是通过销售人们捐赠的闲置衣饰和家居物品等，促进公众参与到保护自然和循环利用的行动中来。短短 10 年间，美丽小铺在韩国各地开设了上百家店铺，以其公益的理念、专业的服务和质优价廉的二手物品吸引了从普通百姓到中产家庭的大量消费者。显而易见，店中的各种商品都是由企业和个人捐赠而来，是完全免费的，也有很多企业愿意帮助他们，提供志愿者和设备等。

但是，唯独美丽小铺的店铺，大部分是按照市场价格正常租赁的。我很奇怪这一点：“难道没有地产公司或者商铺捐赠闲置不用的空间吗？这种闲置空间应该很多吧？”

“是有很多捐赠的，”美丽小铺的CEO回答道，“但是我们后来全部退还了。”

“为什么？”我更加好奇了。毕竟店铺租赁费用可不是一个小数目，是成本里的重要一块，免费使用不是更好吗？

对方答道：“对于慈善商店来讲，如何方便消费者过来购买是最重要的，所以地点很重要。很多捐赠的场地，地段往往不太好，不太方便，还有的很长时间没有人用，内部比较陈旧。为了这些免费的场地，我们还需要重新装修、配备团队，要投入精力去管理。但是事实证明，地段不好不合适，再努力也没有用，那份免费是没有用的。”

原来，美丽小铺在最开始的时候，也因为“公益属性”获得了一些免费使用的闲置场地，但是，在接受了几次教训以后，团队不再以“免费不免费”，而是以“对消费者来说方便不方便”来评估场地。前者，是从自己的角度出发，“对我们自己划算不划算”；而后者，是从用户的角度出发，“对用户来说有没有价值”。如果对用户没有价值，再“免费”其实也没有用，更不用说“免费的场地”后面，往往还跟着一头需要持续喂食的巨兽。

很多时候，我们因为“已经有了一个免费的场地／场所／看起来重要的资源”，不由自主地拼命要“用上”，不断围绕这个“免费”，持续投入各种人力和精力，却忽视了，在“免费”的背后，是否与我们应该提供给用户的价值相匹配？一个看似“免费”的东西，到底是资源，是累赘，还是“陷阱”？

资源，并不是越多越好。免费，并不是“不要钱”就好。很多时候，一头看不见的巨兽，正悄悄地跟在后面。

那么，什么时候可以投入重资产呢？也许，是一个好的场地或者独立运作的校园确实能够为我们的用户带来价值，或者为我们带来竞争力的时候；也许，是当你的用户有一定基数，而且大家打破了头都要参加的时候，这时候投入重资产是一个带动用户体验升级和价值升级的过程；或者，是重资产折现允许时间很长，重资产即刻可用，团队也完全能消化的时候；或者，是在资金非常充裕，可以有空间腾挪来做整体改进的时候……

其实我想说的并不是创业的时候不该去投入，更不是不该冒风险，而是在投入和冒险之前，应该先通过各种测试和评估，来明确自己的用户和所能提供的价值重点；在核算投入和风险概率的时候，从用户价值的视角出发，而不是仅仅从“内部成本”出发；在接受各种资源，甚至免费资源的时候，一定要考虑用户、产品以及模式的匹配性。

教育创业者们，一定要小心，不要让那些看不见的巨兽吃了你。

EDUCATION 3.0

36 让自己成为原动力发起者

“成为一个原动力发起者”是未来的关键竞争力，而由它建立和形成的服务价值网络将会提供明显的竞争优势。

——唐纳德·诺曼

（Donald Norman）

我曾经去过冰岛，那里有世界上最神奇也最古怪的自然景观。非常有意思的是，这个国家的人口只有区区 30 万，却几乎每家人都天然成了“家庭旅游公司”，他们根据自己农场附近的景观设计出“冰湖潜水”“冰川攀登”“渔村雾海”“马骋荒原”等各种稀奇古怪的路线。更重要的是，就如大家都知道的旅游服务那样，每一个服务商提供的不仅仅是那条路上的向导，还包括一系列其他的服务，比如接机、租车、餐饮、住宿、拍摄……涉及多个实体。而这些实体，并不全由这家人自己经营，而是靠和别的家庭“合纵连横”才能完成。

他们建立和提供的其实是一个服务价值网络。建立这样的服务价值网络，并不意味着这个家庭企业自己要去提供和扩展各种各样的局部服务，以满足特定用户的广泛需要；他们真正需要去做的是，能够“引入其他组织所拥有的能力，并将这些能力集成在一起提供给用户”。

这需要两种能力。第一种能力是将其他公司的能力集成在一起，为核心用户提供价值的能力。当然，为了协调网络里所有服务提供者和用户之间的交互，还需要第二种特别的能力，那就是监控这个服务价值网络的质量，能够在必要的时候做出调整。具备这样能力的组织，我们可以称为“原动力发起者”。

宜家就是这样一个原动力发起者。当我们谈起宜家的时候，想到的创新总是他们设计出了可自行组装的家具，用户能够顺利地将其拖回家，自己动手组装，从而降低了企业的制作成本和仓储费用，而用户也因为家具价格的降低而愿意自行承担组装工作。但其实近年来，越来越懒的消费者们更愿意“出点儿钱让别人完成”，而不是全部由自己动手组装。于是，宜家推出了这样的系列口号：“您可以选择自行运输，但您不必一定自己做”“您可以自行组装，但您不必一定要自己做”……

与此相匹配的是，宜家配备了各种各样的外围服务伙伴，由他们外包，负责运输、组装、提供购物贷款和房屋保险等，形成可满足更广泛需求的无缝服务。宜家一方面始终强化自身的核心竞争力——制造家具，另一方面则不断提高作为一个原动力发起者该有的能力——促进这个服务价值网络发展的设计能力、协调能力和质控能力。

著名的设计师唐纳德·诺曼曾说：**“成为一个原动力发起者”是未来的关键竞争力，而由它建立和形成的服务价值网络将会提供明显的竞争优势。**

在这一点上，苹果公司做得更加到位。提到苹果公司历史上最有价值的产品，其实不是 iPhone，而是 2001 年那一款最早的 iPod。实际上，iPod 也不是一个新的产品，在它之前，早在 1993 年，就有无论是外观还是功能都与 iPod 类似的一款数字播放器 Diamond Rio 面世。可惜这款产品最终在市场上消失不见，创业公司也宣布破产。为什么？ iPod 既然是沿袭 Diamond Rio 的设计和功能，为何能够获得狂热追捧呢？也许，最关键的差异不是在技术或者乔布斯的强大气场上，而是因为这两个团队采取了不同的发展路径，iPod 拥有服务价值网络。

Diamond Rio 是一款不错的产品，但是它假设了一个前提："用户自己可以找到路径去下载音乐"或者"用户自己就可以从 CD 上翻录音乐"，然后按照 Diamond Rio 的指示输入播放器。事实上，如果大家试过就知道了，即便到了今天，CD 翻录或者通过音乐公司的网络路径去下载，对普通人来说依然是件麻烦事。而当年，受制于网络速度、文件格式、人们的认知等因素，这更是难上加难。

而在 iPod 面市之前，其实苹果公司的数字文件下载平台 iTunes 就已经出现了。这个平台其实就是一个服务价值网络的统一入口，无论是唱片、图书、App，还是音乐人、出版公司、App 开发者，统统纵横交错地隐藏在这个入口后面。对用户来说，只要购买一台 iPod，就天然拥有了一个服务价值网络。他们进入了一个隐含的全方位服务网络，而这个服务网络提供的大部分东西，都不是苹果公司生产的。

苹果公司扮演的角色就是一个服务价值网络提供者，也就是一个原动力发起者。

作为一个原动力发起者，需要不断考虑：

- 如何理解用户需求的复杂性；
- 如何设计出能满足这些需求的服务价值网络；
- 如何找到与这些需求相匹配的服务能力来源；
- 如何集成这些能力来源。

作为一个想要推动教育发生变化的原动力发起者，我们还有与纯商业产品开发者不太一样的地方。

比如，如果用户是孩子，那么最重要的服务能力来源之一就是家长，而家长并不具备足够的能力，且无替代性。那么，我们必须做的就是提升这些家长的能力。由此，家长便成了我们的间接用户，一样需要我们提供一个能力提升服务价值网络。

比如，我们还需要具备能够将服务价值网络赋能给当地的能力。对于纯商业机构来说，赋能不赋能主要是效率和利润上的考虑。对于有理想的教育创业者来说，赋能于当地社区或者教育工作者，让他们有意愿、有能力、有资源解决自己的问题，恰恰是更为重要的问题解决基础。也就是说，在网络里找到和培养新的原动力发起者，是未来发展中至关重要的战略。

比如，在服务价值网络里，提供服务的这些网络节点即提供商本身也是从服务价值网络中获益的，包括得到合理利润、减少交易成本、获得品牌背书收益等。那么，我们也需要思考的是，在我们的服务价值网络里，这些网络节点得到的收益是什么呢？什么能够激励他们保证质量、愿意互动、不断提升呢？

比如，我们既是整个服务价值网络的原动力发起者（并不包揽一切），也是整个网络里的重要服务节点之一，那么我们作为节点的独有核心又会是什么？如何保持？如何优化？如何找到平衡点和最适合的定位？

这些，都是我们在未来的道路上，可以一直去探索和尝试的内容。祝每一位成为原动力发起者的教育者走得越来越有价值！

EDUCATION 3.0

37 创业者做事“憋大招”为什么都是错的

真正优秀的产品永远处在“未完成”的状态，
真正优秀的组织永远处在“创业”之中。

因为工作关系，这些年我和几百位创业者进行过面对面的深入交流，观察到了一些典型的创业陷阱。“憋大招”就是其中一个。

有一次，我在北京出差，便遇到了这么一位创业者。从他事先发给我的介绍中，我了解到，他 30 多岁，正在做儿童思维训练方面的教育创业。

见面那天，他穿着正装，领带打得一丝不苟，精神饱满地站在一幢二层小楼的门口等着我。把我迎进屋后，他说：“这是我新装修的教室，要不我们先参观一下再说业务的事儿。”我说没问题。然后他便领着我一边各处看，一边详细地介绍每个房间的设计和功能，以及一些专业而细致的考量：“注意到了吗？我们小区是很热闹的，但是我这里一点儿声音都没有，隔音的。”

参观完，我们在一张桌子旁坐下，他掀开了自己的笔记本电脑。我以为他会像很多创业者那样打开一份精美的 PPT 演示文稿做讲解，然而并没有。他指着屏幕问：“看到我的电脑桌面了吗？这张图就是我的研究成果。”我这才注意到，屏幕上是一幅思维导图，字多而密，各种线条穿行其中，乍看像是一块集成电路板。

他告诉我，他曾在一家大型跨国公司工作过 10 年，接受过公司的各种专业培训，受益良多，特别是在思维方面。于是他就想到，如果孩子们从小就能接受这些方面的训练，对他们的成长该有多大的好处啊！由此，他萌发了创业的念头，并开始研发这套课程。

我耐心地听他讲解完整张图，问他这套课程研发了多久。他说整整两年。这两年里他没有工作，没有收入，多亏妻子的支持，他才能全身心地创业。我接着问他，课程已经给多少孩子上过了。他有些不好意思地回答：“两个。”一个是他自己的孩子，另一个是邻居家的孩子。我问为什么不多找一些孩子来体验一下呢？他说之前一直处在打磨阶段，现在终于觉得可以拿得出手了，所以想找人聊聊，看怎么更快地向市场大规模推广。

我不知道应该说什么，只好盯着屏幕继续问了一些关于课程的问题。临走时，他执意问我有什么建议。我犹豫了一下，说课程感觉挺好的，不妨多找一些孩子来试一试效果。他顿了顿，告诉我他压力确实挺大的，这幢二层小楼是跟物业租的，3 年租金都交了，装修还花了 50 多万元。我问他还没有学生，为什么要先花这么多钱做一个空间呢？他说，教室不弄得好一点儿，家长不信啊。我点点头，握手告别。

类似这样的创业者，我后来还遇到过一些。我注意到他们经常会说出一些相似的话来解释自己为什么会苦心孤诣地“憋大招”。我试着总结了一下，常见的有以下 6 句。

“前期要保持低调，推出后一炮而红”

我遇到的创业者里并没有什么人会自比乔布斯、扎克伯格这类人物，也没有人指望在宿舍里、车库里玩乐般地捣鼓一番就能从 0 到 1 地推出一个爆款。他们是脚踏实地、吃苦耐劳的。他们相信天道酬勤，苦尽甘来。他们有着一种朴素的价值观：做事情不要太张扬，特别是还没做成的时候。他们能够忍耐创业时的各种艰辛，并期待在成功的那一刻享受巨大的喜悦。如果之前遭遇过误解或委屈，在最后的那一刻也将全部化解，扬眉吐气。此时，他们也许会想起金庸笔下那些苦孩子出身的主人公们——曾经忍辱负重，尝尽人间冷暖，一番磨难之后重出江湖，已是武功盖世、顶天立地的大英雄。

创业者有这样的想法或做法完全可以理解，只是需要提醒自己两点。第一，“低调”的意思是保持谦卑的心态，而并非不到最后一刻绝不对外透露任何信息。事实上，在创业过程中，真正的创业者总是会不断地和用户交互，对环境保持敏感，并持续做出大胆的尝试。第二，“一炮而红”不仅在现实中很难实现，甚至根本不应该成为创业者的目标。

> 对真正的创业者而言，创业的目标永远是回应这样一个看似简单，实则很难回答的问题：“我在为谁，解决什么问题，创造什么价值？”也就是“群岛三问”。

其实还有一点，对创业者而言或许是更难做到却更为重要的：**不要把所有的快乐都寄托于最后成功的那一刻，而要享受过程中成长的每一刻。**哪怕自己的创业最后失败了，还是可以问问自己从中学到了什么，下一次可以做出哪些改变和新的尝试。

“我是完美主义者，我有工匠精神”

“工匠精神”这个词已经流行了好些年。罗永浩做锤子手机时就一直强调要有工匠精神，也因此激励了很多创业者。他们对自己要推出的产品精益求精，力求带给用户最完美的品质和体验。所以，这有什么问题吗？

为了准确理解“工匠精神”这个词，我特意到网上查了一下。百度百科给出的解释我是认可的：

> 工匠精神，英文是 Craftsman's spirit，是一种职业精神，它是职业道德、职业能力、职业品质的体现，是从业者的一种职业价值取向和行为表现。工匠精神的基本内涵包括敬业、精益、专注、创新等方面的内容。

看到了吗？工匠精神指的并不是最终结果务必尽善尽美，而更强调的是实现完美的过程和方式。

确实有一些工匠是一个人闷声不响地持续打磨自己的技艺，不断修改完善自己的作品。但请注意，这和我们说的创业有一个根本的区别：**持续提升技术、工艺是在解决一个确定的问题，而创业在本质上是在解决不确定的问题。**创业是在开创一种业务模式，产品的研发只是其中的一个环节。甚至产品的研发本身也不是一个纯粹的技术问题，还要考虑如何让一个技术上可行的方案被用户接受并买单。如果说前者多少还是一个确定的问题，后者则显然是一个不确定的问题。

因此，创业过程中的工匠精神是对自己的事业有品质的追求，并持续提升自己的能力，迭代自己的产品，创造更好的价值。在这个过程中，创业者将会不断面对机遇和挑战，面对各种无法预知的问题，并在行动和反思中探寻答案。

正是在这个意义上，**真正优秀的产品永远处在“未完成”的状态，真正优秀的组织永远处在“创业”之中。**

“不完美的产品，影响用户体验”

还有些创业者是明白上面这些道理的，他们担心的是用户不明白，担心因为产品还不够好，影响用户体验。

此时，创业者有必要了解一个非常重要的知识点：早期用户，也叫“早期接纳者”。创业者必须明白，按照接纳自己产品的时机和考量因素，目标用户是有不同类型的。很多创业者都很关心怎么把自己的产品推向“主流市场”，提供给“大规模用户”。这当然很重要，但并不是创业初期需要考虑的问题。主流市场上的大规模用户是跟风的，他们只会等一款产品已经被证明是好的才去使用。

创业者在打磨产品、验证模式的早期阶段，最应该关注的用户类型是“早期用户”。

早期用户有这样几个特征：他们的需求特别迫切和强烈，他们已经主动在寻找解决方案，他们可以接受你的产品不够完美，他们甚至愿意主动和你一起探讨如何改进你的产品。

仔细回忆一下，你接触过的用户中有符合这些特征的吗？你觉得他们会在乎你的产品不够完美吗？不会，他们会和你一起把产品变得完美。

去找到这样的用户吧，和他们坐下来好好聊聊。在群岛，因为创业小岛们有着共同的教育理念和底层价值观，所以经常会彼此“贡献”自己的“岛二代”，即自己的孩子作为试课、磨课、测试产品的对象。此时就更无须担心影响用户体验了，因为每一个体验都会被及时复盘和反思，推动产品的持续改进。

“不完美的产品会损害品牌形象”

对“早期用户”而言，创业者大可不必担心不完美的产品会损害自身的品牌形象。开头提到的那位创业者精心打造了那幢二层小楼，期望以此赢得广大家长的信任。他显然没有意识到自己创业的阶段还处于早期，完全无须考虑怎么吸引大规模的用户，而应该首先找到一批早期用户，和他们一起持续迭代自己的产品。这些用户不一定在意教室是不是自己运营的，是不是有隔音效果，而是只要有个空间能上课就行。

> 真正的创业者在面对自己的早期用户时，不仅不会掩饰自己产品的不完美，反而会大大方方地告诉对方需要改进的地方，老老实实地讲解自己的产品思路和对业务模式的构想，并召唤对方的参与并向他们寻求建议。

事实上，群岛里有不少小岛在创业初期正是这么做的。“蜂窝儿童宇宙”是群岛最早支持的一批小岛之一。蜂窝从成立之初就一直有一个稳定的早期用户群体。他们始终陪伴着蜂窝的成长，和它一起一点点打磨产品，并主动向其他人推介。他们是如此的喜爱蜂窝的产品，以至于当蜂窝的创始人在群里发红包请大家帮忙推介课程时，大家的反应是：“不用发红包，义不容辞！”甚至有人生气地说：“你以为我们在乎的是这个吗？”

所以，创业者们与其去艰难且不切实际地塑造一个完美的品牌形象，不如对自己的早期用户坦诚相待，让彼此与有荣焉。

“如果我问用户需要什么，他们只会告诉我，一匹更快的马”

标题中的这句话，很可能是创业领域被引用最多，同时又被误解最多的名人名言之一。亨利·福特（Henry Ford）说的这句话，既对，也不对。

对的地方在于，如果你在那个还没有出现汽车的年代去问人们需要什么，人们确实想不到汽车，只能围绕马来提需求；不对的地方在于，出现这个回答的原因不是用户太笨，不知道自己到底要什么，而是问法不对。本质上，福特的问题问的不是需求，而是满足需求的手段，是解决方案，而不是问题本身。

用户当然没理由替你想解决方案，也很难想到超出现有产品的方案。这理应是创业者的工作。同时，用户当然知道自己的“需求”是什么。在福特生活的年代，人们的需求是快捷、便利、舒适、经济地从一个地方移动到另一个地方。这个需求至今仍然存在，也在通过源源不断推陈出新的交通方式、出行方案来获得满足。

再举一个例子加深理解。群岛支持过一个创业团队，在一个偏远的县城做儿童学习中心。有一次，我问那位创业者是否有竞争对手，他说没有，他们是县城里唯一一家提供这项服务的。后来，我们聊天时，这位创业者提到一个有趣的事情。孩子的妈妈们有一次聚在中心里闲聊，好几位都提到给自己的孩子报了县城里唯一一家跆拳道馆的课程。报名费按照当地的标准是很高的，因为跆拳道这种运动即便在大城市也算是一项小众的运动，但是妈妈们仍然毫不犹豫就交钱了。后来，妈妈们还提到，在自己身边的很多家庭里，大人整天就知道打麻将，连孩子都学会了。而她们自己是绝对不会让孩子学会这个的。

聊到这里，我和那位创业者都意识到，儿童学习中心是有竞争对手的，就是那家跆拳道馆，以及任何能够使这些妈妈觉得可以帮助自己孩子摆脱当地环境影响并带来新的身份认同的地方。

所以，到底什么是需求？

“我不是在‘憋大招’，我只是不知道自己做得到底对不对”

如果你总是闷在屋里，用没事找事的忙碌来掩饰自己不知道该做什么、做得对不对，那么你永远也无法找到你想要的答案。

精益创业思想里有一个很有趣的词，叫 GOOB（Get Out of Building），意思是想得差不多了，就该走出办公室，去找真实的用户，在真实的场景下验证自己的想法。美国作家亨利·米勒（Henry Miller）说过一句批判主流教育的话：“如果你教的是救生，应该是穿 T 恤而不是救生衣，应该在深水区而非浅水区。”用在创业者身上同样合适：“如果你干的是创业，应该多多接触真实的用户，从他们那里获得反馈，和他们一起设计、改进自己的解决方案，而非一个人闷在屋子里冥思苦想、埋头苦干。”

创业者们，现在就站起来，走出去，找到自己的早期用户，和他们聊一聊吧！

38 创业者如何找到好导师

导师，应该是能够帮助我们思考，和我们一起将珍珠串成珠链的人。

十几年前，作为创业者，我加入过一个创业孵化器。那个年代，“创业”尚属于少数派才认可的名词，孵化器更是少之又少。对方也指派给我一位创业导师，并告诉我可以随时约见这位导师，获取帮助。遗憾的是，要约上这位导师并不容易，他的时间很难确定。好不容易在咖啡馆里见了一次，他似乎并不知道我在做些什么。于是，我又从头到尾复述了一遍自己的想法，对方随意问了几个问题，告诉我他可以帮我介绍某某人，提供一些什么资源，就结束了。

这次会面看起来算是有效的。事实证明，后续的介绍也帮我们解决了一些问题。但是，从咖啡馆出来的那一刻，望着川流不息的街道，作为创业者的我怅然若失，却说不清楚原因。

如今，创业这个词不再新鲜，导师更成了每一位创业者的标配。年龄在

35 岁以上的人，如果没在什么地方担任过“导师”，简直都不好意思在行业里混。现在人们面临的情况不是导师太少，而是太多。尤其对于有社会理想的事业，很多人都愿意为创业团队提供建议，添柴加火，用自己的经验和专业给予帮助。但是，建议就和资源一样，多不一定就是好事。

一方面，似乎每个人的身边都不缺导师，另一方面，好的导师却并不多见。那么，怎样才能称得上一个好的导师呢？

导师的真正作用

“导师”的英文单词 mentor 起源于荷马时代。在荷马史诗《奥德赛》（*Odyssey*）中，孟托（Mentor）是奥德修斯的忠实朋友，常常为其提供建议，同时也是其子忒勒马科斯的老师。逐渐地，这个经拉丁文演化而来的希腊人名 mentor 在法语和英语中成为一个专有名词，意为“贤明的顾问”，并在 1750 年被首次记载：“导师——智慧的，可被信任的顾问或老师。”同时，mentor 源自印欧语词根 men-，在希腊语中又有“思考”之意，这也是荷马为这个人物取这个名字的原因。

由此，我们可以发现，导师的作用应该是“帮助我们思考”。但实际上，太多的导师却是一个车载导航仪。我在上海开车，什么都可以不带，但车载导航仪无论如何都要有。无论去哪里，它会明确无误地告诉我：“下一个街角需要转弯；前方两公里拥堵，建议换一条路；前方 800 米有测速需要降低速度……”尽管上海的高速公路层层叠叠，道路弯弯绕绕，看上去十分复杂，但是车载导航仪告诉了我一切“将要发生的事”，我虽然手握方向盘，却无须思考，只需跟着执行。当有一天发现没带车载导航仪时，我整个人都慌了：习惯了导航的我，根本不记得路，更不知道如何根据现有情况去思考和辨别。

我们常常说创业就像一次旅行，永远不知道下一步会遇到什么，只能摸索着往前走。与明确无误的上海道路不同，创业本身就是在探索，没有任何天才能够知道前方的路径。哪怕是一位行内知名的、有多年经验的或者德高望重的导师。

伟大的科幻作家阿瑟·克拉克（Arthur Clarke）说过：

> 如果一位有名望的老科学家告诉你某件事是可能的，那么他很可能是对的；然而如果他说某件事是不可能的，那么他极有可能是错的。

这是不是意味着我们根本不需要导师？也不是，一个好的导师永远都是稀缺资源。关键在于，你是需要一个随时告诉你下一段路程该往左还是往右的“导航仪”导师，还是需要有人告诉你“如何决策”“如何思考”呢？

同样，这也并不意味着，有任何问题只能去问导师。**导师是帮助我们思考的人；但是帮助我们思考的素材，可以通过各种途径得到。**

领域里的专业人士，可以总结已经发生过的经验；我们的用户可以叙述真实应用的感受；我们的利益合作方告诉我们他们关注的重点；谷歌、知乎、行业调研报告、各种知识性文库……都可以告诉我们很多信息。所有这些，就像一颗颗散乱的珍珠。而导师，应该是能够帮助我们思考，和我们一起将这些珍珠串成珠链的人。

从医患关系中获得的启示

在《最好的告别》（*Being Mortal*）[①] 这本书里，葛文德医生讲到了临床医生和病人的三种关系。

---

① 美国著名外科医生阿图·葛文德（Atul Gawande）在本书中讲述了关于衰老与死亡的智慧。本书中文简体字版已由湛庐引进，浙江人民出版社 2015 年出版。——编者注

第一种是最古老也是最传统的关系，即“家长型”。我们（医生）是医学权威，目的是确保病人接受我们认为对他最好的治疗。我们有知识和经验，负责做出关键的抉择。如果有一粒红色药片和一粒蓝色药片，我们会告诉你：“吃红色药片，这对你好。”我们可能会给你讲讲蓝色药片，但是，我们也可能不讲。我们告诉你我们认为你需要知道的东西。

这种“医生最明白”的模式虽然经常遭到谴责，但目前仍然是普遍的医患交往模式，尤其对于易受伤害的病人——虚弱的、贫穷的、年老的以及所有容易听从指令的人。

第二种关系被称为“资讯式”关系。同家长型关系正好相反，特别是对于那些谁也无法预测未来会怎样，哪种医疗手段更有效的疾病，我们（医生）告诉患者事实和数据，其他一切随患者裁决。“这是红色药片的作用，这是蓝色药片的作用”，我们会说，“你想要哪一个？”

这是一种零售型关系。医生是技术专家，患者是消费者。医生的工作是提供最新知识和技术，患者的任务是做出决定。越来越多的医生成为这个样子，医生这个行当也变得越来越专业化。我们对患者的了解越来越少，而对科学的了解越来越多。总体而言，这种关系越来越受欢迎。你会得到检查、药片、手术，以及你想要并接受的风险，你拥有完全的自主权。

事实上，这两种类型的关系都不是人们想要的。我们既想了解信息，又需要掌控和裁决，同时也需要指导。

第三种医患关系被称为“阐述型”关系。在这种关系中，医生的角色是帮助患者确定他想要什么。阐述型医生会询问：“对你来说，什么最重要？你有些什么担心？”了解答案后，医生会介绍几种可能的选择，并和患者一起探讨哪种最能够帮他实现优先目标。

这种方式又称为共同决策模式，这样的医生，是真正愿意同患者进行共同决策的医生。这位医生既不把自己视为这次战斗中的总指挥，也不仅仅是做一名技师，而是站在患者立场上的咨询师和顾问。

更重要的是，为了充分照顾患者的需要，医生要做的不能仅仅是理解患者的愿望。愿望是反复无常的。每个人既希望治好病，又希望不那么痛苦，不那么恐惧。如果医生只听信患者暂时的一级愿望，可能根本就不能服务于患者的真实愿望。所以，在某个时刻，医生还需要帮助患者一起权衡他们更大的目标，甚至质疑他们，让他们重新思考其考虑失当的优先选项和信念。这种做法不仅是正确的，而且也是必需的。

如果把上面这段话里的“医生”和“患者”，替换为“创业导师”和“创业者”，逻辑几乎是一样的。

找到理想导师的 7 条原则

往往只有患者去找合适的医生，很少有医生主动去找合适的患者。找一位好导师，归根结底是创业者自己的事，而不是一件被安排的事。

那么，作为创业者的我们，该怎么去找到一位最适合自己的导师呢？7 条原则供大家参考。

原则 1——在和任何人开启一段“见面”“谈话”“咨询”关系之前，先问问自己：“我为什么要找他？”这是一个找珍珠的过程，还是一个串珠链的过程？你希望通过这次见面从对方那里获得什么？一个新技能，一些新消息，一些资金，还是学习的机会？是一次性的询问，还是持久的学习？你是需要一次紧急的确认，即马上就能知道结果，还是希望有人和你聊聊你的事，而并不一定要马上得到结论？你是希望就一个问题得到一个回答，还是希望体验思考和学习的过程？

原则 2——如果你需要的是导师，也就是帮助你思考的那个人，接着要追问自己的问题是："如果我和导师花时间在一起讨论了这个问题，我会如何应用？下一步的行动有可能是什么？"如果你还没有考虑过这些，那可能讨论还为时尚早。我见过太多的人，随口就向业内的某位专家或者导师层面的人提议："× 老师，您有空给我指导指导吧！""您什么时候有空，帮我们咨询咨询。"仿佛在他们的眼里，人的智慧和时间，无论是自己的还是别人的，只要是无形的，都没有成本，更不在意产出。

原则 3——在探讨中，尽量不要问导航仪式的问题，比如，"我该往左还是往右？"或"我找谁可以拿到这些资源呢？"；而是问一些开放性问题，比如，"面临这样一个局面，我该如何思考呢？从哪些方面探索，可以帮助我做决策？"和导师一起回顾和梳理："事情是怎么发生的？当时各方的情绪是怎样的？有哪些阻碍和痛点（把当时的自己当成用户，画出自己的用户体验地图）？如何防止下一次发生同样的情况？"和你的导师一起玩"What If"（如果……怎么办？）或者"How Might We"（我们可以怎样？）的设计思维游戏，一起寻找更多的可能性。记住：**导师，是你思考过程的一部分，而不是解决方案的一部分。**

原则 4——如果你问过好几个不同的导师，获得不同的答案，尝试着不要根据"因为他是谁"来判断答案，比如因为他更权威，因为他更有经验，因为他和我们关系更紧密、更了解我们……所以听他的更好一些。这是思维上的偷懒。试试看一些更可取的做法：

- 提炼出不同导师回答的重点；

- 重新做梳理和整合；
- 将这些点结合起来；
- 如果有明显矛盾的点，深入思考为什么。

原则 5——把决策时间落在“不远的未来”这个维度，也就是“最小可用未来”上。为什么这么说？再有经验的导师，给出的答案也是基于过去的经验，所以首先把时间基点落到未来，而不要局限于用现在的条件去做判断。但同时为什么要落到不远的未来呢？因为无尽的未来，很可能会让当下的决策失焦。对于一个刚刚起步的创业团队来说，“最小可用未来”是更能够帮助自己决策的范围。那么，这个“最小可用未来”究竟有多小呢？这个范围的定义，也许在一开始寻找导师探究之前，就可以先去思索。

原则 6——找出你自己的解决之路。你应该由自己做出以下判断：

- 自己的应用环境；
- 决策的适用范围；
- 如果不这么做，区别是什么；
- 下一步如何改进，明确的行动指向。

原则 7——记录和反馈你所学到的东西。老话说“有借有还，再借不难”。大部分的导师，特别是社会创业领域的导师，在意的不是辅导费用，而是自己的时间和智慧是否真正产生了影响力。他们期待的是能够及时获知：“然后呢？后来怎么样了？我们上次的讨论对你有帮助吗？”可惜，很多人在郑重其事地向某位导师咨询后，再也没有了声音。你真的尊重过别人的时间，思考过别人的智慧吗？所以，最重要的一条就是记录和反馈你所学到的东西！尝试做到如下这些：

- 见面前，准备好自己的思考，搜集好相关的素材（珍珠）；
- 探讨时，保持真实的倾听，确认对方的含义，并重述一遍自己的理解，比如“我能够重复一下您刚才说的吗？看一看我是否理解得更正确”；
- 探讨后，在下一个行动点上，与你的导师分享后续的行动和思考。

最后，如果回到“导师”这个词的英文含义上，别忘了它还包含一个重要的意思——“信任”。**信任的前提是互相深入了解，而互相了解的催化剂不仅仅是时间，更应该是有效的相处时间。**所以，我们和导师之间，建立的是一段长期的关系，而不是一次两次的咨询。

教育创业者们，准备好找导师了吗？如果你已经有了可信任的导师，恭喜。如果还没有，就赶快去寻找吧！

延伸阅读

试错、复盘、迭代，就是在精益创业了吗？

近年来，“精益创业”越来越多地出现在各类机构的话语体系里，凡是涉及创新或者新业务的开发，“迭代”“试错”“MVP”之类的名词就会反复出现。但是，到底什么是“精益”，什么是“试错”，你的理解正确吗？

扫码阅读全文

穿越虫洞，遇见未来

年轻的传媒人方可成曾经这么说：

> 越是这样的时代，越需要智慧和行动力……事实上，在这个时代，再全面的管控也会因为技术的进步和各种力量、不同介质的存在，有许多“孔洞”的存在，使得有智慧、有勇气、有行动力的人能够利用这些缝隙和空间，甚至即兴地做出一些事情来。

这段话让我感同身受地想到了自己所处的创新教育领域，想到了群岛社区里的教育创变者们，想到了更多类似的面孔。

他们人数真的不多，但也不那么少。每个人都在自己力所能及的范围里，吭哧吭哧地在那座高墙上凿洞。凿的甚至不仅仅是孔洞，而是虫洞。

> 穿过这些虫洞，孩子们可以瞬间接触到一个完全不同的世界，因为他们进入了一个全然不同的维度。哪怕穿越的时光甚是短暂，当孩子们回来的时候，他们看待世界的眼神俨然已经不同。

我常常会报名参加一些稀奇古怪的活动，或者投身和自己的价值观完全不在一个认知体系里的群体。这种情况下，我往往需要控制表情，抑制自己的呼吸，内心尽情呼啸着各种忽而不屑、忽而嘲弄、忽而可笑、忽而悲哀的戏份，一次活动下来，累出一身大汗。

我曾经看到一个教育投资圈里的大人物为自己“收购式增长、外延式扩张”的成功经验传道授业：

> 我们投资团队根本不看价值观，能拉流量的就是好汉。价值观啥的，既不实在，沟通起来又累。看教育团队你先看前台，凡是冷脸不会对家长说好话的那些，哪怕营业额再差，也一定要拿下来。为啥？道理很简单。这样的机构还能活着，肯定有一定的优势，我们趁他们营业额差的时候低价拿入，然后稍微包装一下，教材改一改，老师培训培训，再投钱做一些广告，两个学期，营业额就上去了，估值不就上去了吗？

下面几百号大大小小的“教育投资人”纷纷点头：“有道理，难怪发展得这么快”“就该这么做，我们过去的‘投’法太实诚了”……

看到这里，我想起了在群岛里流传的一首小诗，是瑞士诗人于尔克·舒比格（Jürg Schubiger）的作品：

> 洋葱、萝卜和西红柿，
> 不相信世界上有南瓜这种东西。
> 它们认为那是一种空想。

南瓜不说话，

默默地成长着。[①]

我们都是南瓜，我们不说话，默默地干着我们的事——那些南瓜认为南瓜该干的事。

可是，南瓜也有失落的时候。那天，当我在手机上看到 V. S. 奈保尔（V. S. Naipaul）过世的消息时，我的记忆一下子闪回到在乌干达旅途中匆匆读完的《非洲的假面剧》（*The Masque of Africa*）。书中透出的英式冷幽默和绅士之刻薄的背后，正是“异乡恰是故乡”的无奈和茫然，它让我也呆愣在那里，失落了很久。

奈保尔的作品，从来就是一场关于祖国、民族和个体身份认同的大纠缠。他在《大河湾》（*A Bend in the River*）这本书里的决绝之词：“我们（非洲人）从未想过为外部世界做出贡献，于是内外皆失。”他还写道：“离去，有时是一种遗弃。离开，是对某地和当地人的一种评判。”

这几年来，身边尽是离去的决定。在各种纠结与不安中，我也常会为各种问题感到焦灼，不知道该怎么想，该怎么做。

有段时间，我读了历史学家许倬云的一些书，深受影响。他说，自己年轻时是民族主义，老了日益倾向世界主义。百岁老人周有光也给过我很大启发。他说：“以前我们以中国的角度看世界，现在该以世界的角度看中国。”

我茅塞顿开，不再为现状感到悲观、纠结。只要欣然融入全人类的发展潮流，无论离开还是留下，世界都可以很大。

---

① 译文出自廖云海译作《当世界年纪还小的时候》，四川少年儿童出版社，2006 年 10 月出版。

即便这个世界就这样了，我们也可以凿开一个个虫洞，做好一只只南瓜，既不悲观，也不放弃，无论在哪里，至少还有全人类可寄予希望。

那么，你也是一只南瓜吗？

周贤

内 容 提 要

科技的发展、时代的巨变给当下的教育行业带来了极大的挑战，工业时代的教育方式已过时，未来的教育如何发展，行业形态如何变化，教师具备怎样的能力才能培养出能驾驭未来的下一代？

中国教育创新先锋顾远在这本书中清晰梳理了教育随时代变迁的发展脉络，从工业时代的教育1.0形态，即课堂式学习，到当下的教育2.0时代，即素质教育变革所倡导的社群式学习、项目制学习，到未来的教育3.0形态，即社会化学习，不仅构画了未来教育蓝图，为教育创新实践者指出一条有法可循的理想路径，更是预判了教育发展新趋势，为教育从业者指出未来职业发展方向，让家长也能从这本书中看到教育发展的未来，为孩子的教育做出明智决策。

本书法律顾问　北京市盈科律师事务所　崔爽律师

图书在版编目（CIP）数据

教育3.0 / 顾远，周贤著. --北京：中国纺织出版社有限公司，2022.8（2025.7重印）
ISBN 978-7-5180-9732-6

Ⅰ. ①教…　Ⅱ. ①顾…　②周…　Ⅲ. ①教育研究
Ⅳ. ①G40-03

中国版本图书馆CIP数据核字（2022）第134976号

责任编辑：刘桐妍　　责任校对：高　涵　　责任印制：储志伟

中国纺织出版社有限公司出版发行
地址：北京市朝阳区百子湾东里 A407 号楼　邮政编码：100124
销售电话：010—67004422　传真：010—87155801
http://www.c-textilep. com
中国纺织出版社天猫旗舰店
官方微博 http://weibo.com/2119887771
天津中印联印务有限公司印刷　各地新华书店经销
2022年8月第1版　2025年7月第6次重印
开本：710×965　1/16　印张：23.25　彩插：2
字数：310千字　定价：99.90元